김동인 문학 연구

장초봉 지음

어문학사

작가의 말

오늘날 근대 문학에 관한 학계의 연구는 그 텍스트와 작가뿐만 아니라 문학사적으로도 광범위하게 진행되었으며 그 성과 또한 괄목할 만하다. 그러나 문학이 점점 퇴색해 가는 현재 상황에서 여전히 데드록(deadlock)의 연구 분야가 존재하기 마련인데, 그 지점이 바로 후학들의 연구 타깃이 되고 있다.

김동인에 관한 연구도 마찬가지로, 그의 리얼리즘 문학부터 시작해 역사 소설까지 분석적 이목이 머물지 않은 곳이 없다. 그러나 여전히 부족한 점이 있다. 많은 비평들이 텍스트와 서사의 표면적 현상에 주목하면서 본질적인 측면을 홀시하고 있기 때문이다. 본서는 톨스토이, 졸라, 와일드, 다야마 가타이 등 해외 작가의 작품들과의 비교 연구를 통해 김동인 문학의 핵심은 '냉소서사'라는 결론에 도달하게 되었다.

그러나 김동인 '냉소서사'의 특징은 톨스토이나 졸라의 비판적 서사와는 달리 작중 인물 전체가 사정권에 포함되지는 않는다. 그는 경멸의 강도를 높이기 위해 인물들을 강자와 약자로 양분한 후 오로지 후자만을 선택해 냉소서사의 과녁으로 삼았기 때문이다. 그의 모든 작품에서 강자는 도덕과 법적 올가미에서 탈선하는 특권을 부여받지만 약자는 그 어리석음과 무지함으로 인해 동정심의 보호막에서 이탈하여 냉소적 태도의 겨냥 대상이 되었다. 김동인이 '냉소서사'라는 첨단 무기를 개발한 이유는 한 마디로 당대 문학의 거장이던 이광수를 앞서기 위한 전략이었다. 이광수와 동일한 리얼리즘 문학으로는 그와의 겨룸에서 이길 수 없었으므로, 김동인은 과감하게 리얼리즘에서 탈피하여 명확한 목적의식 아래 자연주의, 탐미주의 문학 사조를 취사선택했던 것이다. 대중 즉 약한 자들에 대한 이광수의 계몽 문학에 반기를 들며 반계몽, 즉 약한 자들에 대한 경멸—'냉소서사'를 개발해 내기에 이른 것이다.

많은 시간과 심혈을 기울여 집필한 논문이지만 처음으로 햇빛을 보게 되는 책이므로 부족함이 없지 않아 존재할 것이다. 그렇지만 이 책에는 많은 사람의 지지와 도움이 스며 있다. 우선 경제적으로 아낌없는 지지를 보내 주신 어머니와 아버지한테 진심으로 고마운 마음을 전하고 싶다. 그리고 박사 논문 집필 과정 내내 따뜻한 지도와 편달을 주신 김명인 지도 교수님께도 머리 숙여 사의를 표한다.

박사 논문을 책으로 출판하기까지는 생각보다 오랜 시간이 걸렸다. 졸업 후 개인적인 사정이 많은 데다가 직장을 구하느라 바삐 돌다 보니 어쩔 수 없이 늦어진 것이다. 사사로운 일상생활에 심취해서 중요한 일을 소홀히 할 때면 항상 옆에서 일깨워 준 마누라한테도 고맙게 생각한다.

끝으로 이 어려운 상황에서 흔쾌히 출판을 허락해 주신 윤석전 사장님과 예쁜 책을 만들기 위해 고생하신 조은별 편집님께 진심으로 고마운 마음을 전한다.

2025년 10월 26일

중국 목단강에서

서론

1

　김동인(金東仁; 1900~1951, 이하 맥락에 따라 '김동인'과 '동인'으로 병칭)은 자연주의·탐미주의·리얼리즘과 같은 다양한 사조에 기초한 문학관으로 창작 활동을 전개해 왔다는 점에서 동시대의 다른 작가들과 차별화된다. 뿐만 아니라 이광수가 『무정』에서 다소 주춤하면서 완전한 과거 시제를 도입하지 못한 것에 비해 과감하게 '쓰다' 체를 도입함으로써 문체의 근대화를 꾀하기도 했다. 이 밖에 삼인칭 서술자의 시점을 사용한 객관성 확립, 간결하고 명확한 문체 등 소설에 다양한 기법을 장착하여 현대 문학사의 발전에 기여했다.

　동인의 작품에 대한 연구는 그의 문학관 수립에 영향을 준 리얼리즘·자연주의·탐미주의 등 문학 사조별로 세분화되어 비교 문학적으로 진행되는가 하면, 작품에서 인물들에게 부과되는 '죽음'의 양상, 여주인공들의 성적 이미지 등에 대한 정신 분석학적 분석과 같은 텍스트에 대한 미시적 접근으로 이루어져 오기도 했다. 동인의 문학에 영향을 준 외국 작가들의 작품에 대한 비교 연구는 주로 전파 과정이나 수용 경위에만 관심을 두었을 뿐 텍스트 간의 깊숙한 혈연관계에 대해서는 무심했다고 할 수 있으며 자연주의·탐미주의 경우처럼 동인이 일본 문학의 영향보다 졸라나 오스카·와일드의 영향을 더 받은 원인에 대한 규명 등도 아직 제대로 이루어지고 있지 않다.

동인과 일본 작가 간의 비교 연구는 그동안 선행 연구자들에 의해 꾸준히 진행되어 많은 성과를 거두었지만, 그에 비해 톨스토이(Lev.N.G. Tolstoy; 1828~1910)와 졸라(Emil Zola; 1840~1902)에 대한 연구는 상대적으로 훨씬 뒤떨어졌다고 생각한다. 본서는 톨스토이 및 졸라와 동인 사이의 영향 관계에 주목하여 이들 작품 텍스트들의 깊은 혈연관계를 찾아내고 이를 통해 통속적 역사 문학과는 다른 그의 순수 문학 작품들을 관통할 수 있는 새로운 미학적 특징을 조심스럽게 제시하고자 한다. 그것은 바로 약한 자에 대한 적의와 경멸을 동반한 냉소적 경향이다. 동인이 여러 서구 문학 사조들을 섭렵한 것은 자신의 이와 같은 미학적 특징을 완수하기 위해서였다. 그리고 이러한 미학적 전략과 문학 사조를 취사선택한 데에는 이광수 계몽 문학에 대한 공공연한 반발과 도전 의식이 가로놓여 있기도 하다. 그리고 이러한 이광수에 대한, 무모하기까지 한 도전과 살벌한 경쟁의식의 깊은 내면에서는 태생적으로 약한 자 즉 서민에 대한 반발을 품을 수밖에 없었던 부르주아 출신이라는 신분적인 타성도 강하게 작동했을 것으로 보인다.

동인이 영위한 문학의 역정은 리얼리즘·자연주의·탐미주의라는 무려 세 개나 되는 문예 사조에 걸쳐져 있다. 일반적으로 하나의 문예 사조는 지배적이었던 기존의 문예 사조를 전복하는 지점에서 산생하기 마련이다. 그리고 새로운 사조의 탄생은 기존의 작가들에 대한 비판과 거부를 통한 차별화에서부터 시작될 수밖에 없다. 자연주의 문학의 창시자라 할 수 있는 졸라의 경우만 일견해도 우리는 이러한 주장이 설득력이 있음을 금방 알 수 있다. 졸라에게 자연주의는 리얼리즘의 대가인 발자크와 플로베르의 위대한 명성을 추월하기 위한 전략적 책략의 일환이었다. 왜냐하면 당시 발자크와 플로베르가 리얼리즘 문학의 정상을 정복하고 있었고, 그러한 문학 사조의 시스템 안에서는 그 누구도 도저히 이들과 경쟁의 대상이 될 수 없었기 때문이다. 이들과 경쟁할 수 있는 경로는 오로지 하나, 차별화 전략이었다.

졸라가 말한 "선배들이 개척하지 않은 새로운 분야"의 발견이란 곧 이들과의 차별화 선언이나 다름없는 것이다. 결국 그가 찾은 차별화는 플로베르와 발자크가 홀시한 생활의 암흑면에 관찰 렌즈를 맞추고 과학적인 해부 묘사를 도입한, 자연주의라는 새로운 문예 사조의 발견이었던 것이다.

동인의 경우도 졸라의 전략과 별반 다르지 않았다고 생각한다. 당시 조선 문단을 주름잡던 이광수의 독주를 견제하고 그와 우열을 겨루기 위해서는 그가 채택한 리얼리즘의 시스템에서 이탈하여 새로운 시스템을 가동해 그와 차별화해야 그나마 일말의 가능성을 운운할 할 수 있다고 판단했을 것이다. 김동인은 몇 가지 서사 전략을 동원하여 이광수라는 벽을 넘어갈 발판으로 삼고자 했다. 이를테면 사상적 측면에서 이광수의 계몽주의와 사회성을 과학주의와 생물성으로 대체한다든지, 기교적 측면에서 이광수의 이상화와 사회 개량을 무개입·무이상·무해결로 대체한다든지 하는 것과 같은 작업들이다. 이러한 전략은 첫 번째로 약한 자에 대한 냉혹의 미학을 중심으로 구성되어 있음을 필자는 이 책에서 주장하려고 한다.

이광수는 톨스토이를 계승하여, 계몽과 교화를 통해 민중을 사회 개량의 중심 역량으로 만들 수 있다는 긍정적 사상을 구축했다. 그는 대중이 어리석고 무지한 것은 낡은 유교 도덕과 봉건적 관습의 악영향 때문이며 그것을 계몽의 힘으로 퇴치하기만 하면 대중은 새로운 사회 개량의 주력군이 될 수 있다고 간주했다. 하지만 이광수의 사상과 문학을 전복해야만 하는 동인은 자연주의 힘을 빌려 그의 이 사상에 수술의 메스를 들이댄다. 그에게서 약한 자들이 계몽의 대상이 아니라 경멸의 대상이 되는 것은 이들이 어리석고 무지하기 때문이다. 하지만 이 때문에 동인 문학은 "춘원 문학에 대한 반발이라는 한계를 극복하지 못한다"라는 딱지를 늘 붙이고 다녀야만 했다.

다른 한편으로 동인은 약한 자들의 대척 세력으로서의 '강한 자'들에 대해 굉장히 우호적인 시각을 드러내면서 이들을 사회 변화의 대안으로 제시함과 동시에 공공연히 비호하고 감싸 주기 시작한다. 그가 보기에 강한 자들은 박식과 지혜로 삶을 지혜롭게 살아가는 선각자들이기 때문이다. 탐미주의 시기에 들어와서는 이 사상을 확대하여 영웅

숭배 사상으로 승화시킴으로써 사회와 인간의 운명을 그들에게 맡기려고 시도했다. 이들에 대한 서사는 적의와 냉소가 아닌 생략과 방관 또는 찬미로 일관되었다는 것이 필자의 판단이다.

이광수와 변별되는 동인의 특징은 문체 혁신과 과거 시제 도입에서도 나타난다. 이광수도 물론 과거 시제를 사용했다. 하지만 일관되지 못했고 철저하지도 못했다. 과거 시제가 없는 기존의 문체로도 계몽과 교화를 통한, 현실을 겨냥한 이상화 효과는 충분했기 때문이다. 하지만 동인의 경우는 달랐다. 그는 과거 시제라는 문체 수단을 빌려 리얼리즘적 단순 원근법에 의해 가려진 현실의 배면과 이면 더 나아가 암흑면을 동시에 노출시킴으로써 약한 자에 대한 경멸을 표면에 드러내야 했기 때문이다.

한편 약한 자들을 향해 개발해 낸 냉소 미학이라는 자궁만으로는 약한 자를 대신할 영웅의 형상을 잉태해 낼 수 없다고 판단한 동인은 그 해결책을 탐미주의 이론에서 찾았다. 그것은 영웅주의였다. 영웅주의는 약한 자들이나 기존 윤리 체계에 대한 적의와 냉소와 짝을 이루는 귀족주의의 양대 경향으로 약한 자들에 의해 두절된 사회 진화의 지속성을 담보하기 위한 방법론이었다. 동인은 사회 변화와 발전에 대한 모든 기대를 영웅의 탄생에 걸고 있다. 그것은 사회 발전을 대중 계몽을 통해 이룩하려는 이광수와는 전혀 다른 '사회 진화론'이라고 할 수 있다. '약한 민족'은 이광수가 생각하는 것처럼 이들에 대한 계몽을 통해 진보하는 것이 아니라 영웅의 천재성에 의해서만 그것이 가능하다는 게 동인의 '사회 진화론'이다.

  이광수를 배격하고 한국 문학의 개척자가 되기 위해 그의 문학 사상에 정면으로 반하는 예술 지상주의 문학의 기치를 높이 들었던 김동인—그의 문학은 이처럼 다분히 귀족주의적인 것이었다. 그가 창작한 문학 작품 중에 우리에게 가장 깊은 인상을 남긴 것이 있다면 그것은 아마도 예술에 대한 숭배와 약한 자들에 대한 경멸적 적의와 냉소로 점철된 그 도도한 귀족주의일 것이다.

2

  이른바 '순수 문학'을 표방했던 동인의 문학 활동이 활발하게 전개되었던 시기는 근대 문학 형성의 초창기인 20세기 초반에 해당한다. 이 시기의 한국 문학의 특징은 그 창작 주체가 유학생이며 창작 방법에서 외래 문예 사조에 의존하였다는 두 가지로 개괄할 수 있다. 당대를 풍미했던 최남선, 이광수, 주요한, 염상섭 등 거의 대부분의 작가·시인들이 이 범위 안에 포괄된다.

    이 책에서 필자가 중점적으로 살펴본 태동기의 경우로는 최남선의 시에 끼친 바이런과 테니슨의 시 세계, 폴 베를렌과 김억, 김소월, 김영랑의 시 세계, 보들레르와 황석우, 박용희, 서정주, 김동명의 시 세계, 투르게네프와 김억, 경재, 윤동주의 시 세계, 모리스 메테를링

크와 김소월 및 박목월의 시 세계, W·B·에이츠와 김소월 및 박목월의 시 세계, 트럼블 스티크니의 시 「기억의 여신」과 정지용의 시 「향수」의 관계, 키츠의 시 「나이팅게일에게 보내는 송가」와 김영랑의 시 「두견」의 관계, 이사카와 타쿠보쿠(石川啄木)와 김기진, 정지용, 백석의 시 세계, T.S.엘리엇과 김기림, 박인환, 민재식, 송욱의 시 세계, 스테펜 스펜더의 「바다 풍경」과 호세—마리아 드 에게디아의 시 「꽃핀 바다」와 김기림의 시 「바다와 나비」, 라이너 마리아 릴케와 박용철, 김춘수, 김수영, 박양균의 시 세계 등을 들 수 있다.[2]

이렇듯 한국 근대 문학 형성에 미친 외래 문예 사조의 영향은 광범하다. 그 범위는 결코 시 장르에만 국한되지 않는다. 소설 장르도 마찬가지다. 그러므로 동인의 경우도 예외일 수는 없을 것이다. 그의 소설 특히 전기 소설 역시 일본을 통해 수용된 러시아, 프랑스, 일본 등 외래 문예 사조의 직간접적인 영향 아래에서 창작되었기 때문이다. 좀 더 구체적으로 열거하면 러시아의 톨스토이, 프랑스의 졸라와 아일랜드의 와일드, 에드거 앨런 포, 일본의 다야마 가타이(田山花袋) 등의 외국 작가들의 영향이 작품 속에서 드러나고 있다. "문학적 기초가 없던 동인은 일단 여러 사조를 받아들일 수밖에 없었다."[3] 따라서 김동인의 문학에 대한 연구는 작가에게 직간접적인 영향을 미친 이들 외국 작가들의 작품을 배제한 상태에서는 진행이 불가능하며 이들 작품들과의 비교를 통해서만 김동인 문학의 면모를 파악할 수 있다.

그러자면 우리는 책 등을 병렬시켜, "여러 나라의 문학에서 차용된

유사한 페이지·장면·형태·그것들의 차이와 유사성을 밝히는"[4] 비교
문학론을 이 책의 방법론으로 채택할 수밖에 없을 것이다. 본 연구는
비교를 통해 수신자 김동인을 도달점으로 하여 역으로 출발점인 발신
자와의 "공통분모를 추적"[5]함으로써 수용 또는 영향 관계를 낱낱이 밝
혀내려고 한다.

> 수신자의 연구는 한 작가의 외국 문학으로부터의 표절이나 모방
> 및 그 밖의 영향 요소를 적출해 내는 것으로, 원천의 연구가 된다. 이
> 원천 연구는 그 영향의 도달점인 수신자로부터 출발점인 발신자를
> 찾는 것이 된다. …… 원천 연구에서 비교 분석학자는, 수신자가 발
> 신자로부터 받아들이는 과정에서 외국 문학의 원전에 의한 직접적인
> 수용인가, 아니면 번역 작품을 통한 수용인가를 밝히고, 그다음에는
> 그것을 어느 만큼 소화하고 있으며, 그 결과 그것이 자신의 작품에 어
> 떻게 반영되어 있는가를 면밀히 검토해야만 한다.[6]

그런데 김동인 문학 작품과 외국 문학 작품의 비교 연구는 "한국의
초창기 서구 문예 사조의 도입 양상이 짧은 기간에 한꺼번에 여러 사조
가 뒤엉켜서 소개"[7]되었다는 한국 근대 문학의 외래 문예 사조 수용의
특수성으로 인해 복잡한 양상을 띠고 있다. 톨스토이·졸라·가타이 등
외국 작가들의 영향이 개별적으로 나타날 뿐만 아니라 복합적으로도
나타나고 있기 때문이다. 예를 들면 톨스토이의 영향은 여러 작품들에
서 졸라나 가타이 등의 영향과 혼합되어 복합적으로 나타날 뿐만 아니

라 「약한 자의 슬픔」에서처럼 단일하게 나타나기도 하는 것이다.

　　발신자나 수신자나 또 전달자의 연구에 있어서도, 이런 여러 가지
　　요소들을 단독으로 분리시켜 다루어 그 결과를 일일이 검증하고 정
　　확하게 그 한계를 정하기 위해선 차용 또는 영향의 관계를 검증하지
　　않으면 안 된다.[8]

　그럼 지금부터 김동인의 순수 문학 작품과 톨스토이·졸라·가타이 등 외국 작가들의 작품들을 비교하여 김동인만의 문체와 표현 방식의 형성 과정을 밝혀 보도록 하겠다. 더 말할 것도 없이 동인의 이 세계관·예술관·주제 의식 등은 작가의 의식적인 모종의 의도와 긴밀하게 연결되어 있을 것이 틀림없다. 작품 속에 깊이 감춰진 이 은유에 대한 탐구야말로 이 책의 연구 대상이 될 것이다. 필자는 이 책의 담론을 통해 동인이 무엇 때문에 리얼리즘에서 자연주의에로, 다시 자연주의에서 탐미주의에로 이행하게 되었는지에 대해 연구 초점을 맞출 것이다.

차례

I.

김동인과
톨스토이 문학
비교 연구

1장
개관

1. 초기 톨스토이의 리얼리즘의 영향

1) 자연주의와 리얼리즘의 친연 관계

김동인의 자연주의 연구 담론이 리얼리즘에서부터 시작되는 데에
는 그럴 만한 이유가 있다. 물론 그 첫 번째 이유는 동인의 초기 작품
(「약한 자의 슬픔」, 「마음이 옅은 자여」)이 톨스토이의 리얼리즘 영향을 받았기
때문이다. 그 밖에 리얼리즘과 자연주의의 혈연관계도 담론의 당위성
을 입증한다. 자연주의 계보를 추적하면 "리얼리즘의 극단적 발전",
"리얼리즘의 후신으로서의 자연주의"[9]라는 결론과 직면하게 되기 때
문이다. 백대진(白大鎭)은 1915년 『신문계(新聞界)』에 발표한 자연주의 문학
을 주창하는 글에서 프랑스 자연주의나 졸라에 대한 언급은 없이 톨스
토이의 문학을 자연주의 문학의 전범으로 제시함으로써 자연주의를
리얼리즘으로 혼동하고 있다. 졸라 자신도 미술 비평에서 두 용어를
구별하지 않았다.[10] 이런 이유로 『프랑스 문학사』에서는 리얼리즘 완

성자인 플로베르와 졸라를 같은 자연주의 범주에 포함시키고 웰렉은
자연주의를 리얼리즘의 범주로 분류한다.

> 하우저어(Arnold Hauser)도 「자연주의와 인상주의」에서 지적하고 있
> 는 바, 리얼리즘과 자연주의의 경계선은 매우 유동적이어서, 그 발전
> 과정의 계단을 양분하는 것은 무모한 짓인지도 모른다. …… 예술에
> 있어서의 자연주의와 리얼리즘의 구별은 오히려 복잡하게 만들 우려
> 마저 있는 것이다.[11]

> 김동인의 주조主潮를 한마디로 말한다면 그는 분명히 자연주의적
> 사실주의자이다.[12]

두 문학 사조의 이러한 모호성 때문에 김동인의 자연주의도 리얼리
즘의 과정을 경과하지 않고는 생성될 수 없었다. 동인의 초기 문학 활
동 무대는 일본이었다. 그런데 "일본의 자연주의 탄생에 자극제 역할"
을 했던 건 프랑스 자연주의 문학뿐만 아니라 "러시아 현실주의 문학
도 작용"했다. "다야마 가타이(1872~1930)도 창작 초기 졸라와 모파상의
작품에 편향되어 자연주의에 빠졌다."[13] 플로베르와 모파상, 톨스토이,
투르게네프 등 리얼리즘 작가들은 모두 자연주의의 탄생에 비옥한 토
양을 제공했다.

동인은 자신이 간행하던 잡지 『창조』에서 공개적으로 그들이 표방
하는 문학관은 리얼리즘이라고 밝히고 있다. "리얼리즘이야말로 문학

의 진미眞味"[14]라고 선언하면서 스스로를 리얼리즘 작가임을 자인하고 있다. 동인의 초기 리얼리즘 작품이 형성된 과정이 "단눈치오의 「죽음의 승리」, 「프란체스카」, 도스토예프스키의 「불쌍한 사람들」, 아리시마 다케오(有島武郎)의 「선언」 등의 영향을 받아 만들어진 결합체"[15] 일 수도 있지만 가장 큰 영향을 준 작가는 톨스토이였다는 사실을 우리는 아래의 담론을 통해 확인하게 될 것이다.

여러분은 우리에게서 무엇을 얻으시려 하십니까. 한낱 재미있는 이야깃거리입니까? 저 통속 소설의 평범한 도덕입니까? 또 혹은 '바람에 움직이는 갈대'입니까. …… 우리는 다만 충실히 우리의 생각하고 고심하고 번민한 기록을 여러분께 보이는 뿐이올시다.[16]

동인과 『창조』 동인들이 "충실"하려 했던 문학 가치관은 진실('진미')에 대한 그들의 "생각"을 "기록"하는 리얼리즘주의였음을 알 수 있다. 그런 의미에서 동인의 초기 작품이 "리얼리즘이나 자연주의를 의도하고 쓴 것은 아닌 것"[17]이라는 주장에는 설득력이 결여된다고 할 수 있을 것이다. 동인의 초기 리얼리즘 수용은 자연주의에로 전환하기 위한 창작 실험이었을 수 있으며, 또는 초기 리얼리즘 수용으로 인해 그의 자연주의 수용이 용이해졌다고 분석할 수 있을 것이다. 필자가 김동인 자연주의 문학 연구의 담론을 리얼리즘으로부터 시작하는 이유도 여기에 있다.

2) 톨스토이와의 인연

동인이 톨스토이를 알게 된 것은 개인적인 성장 환경과 유학이라는 사회적인 문학 환경과 연관이 있다. 개인적으로 유지의 집안에서 출생한 동인은 제헌국회制憲國會 부의장副議長까지 지낸 이복형 동원(東元)의 영향을 받아 불과 13, 14세라는 소년 시절에 벌써 톨스토이와 그의 대표작『부활』을 알게 된다.

> 여(余)가 톨스토이라는 이름을 처음으로 안 것은 13, 4세 때이다. 그 때 여의 장형 동원이 모 사건에 걸려서 윤치호 씨 등과 영어의 몸이 되었을 때「톨스토이 부활」이라는 책자를 차입하여 달라는 편지 때문에 그 책을 구하러 다니느라고 톨스토이라는 이름을 기억하였던 것이다.[18]

뿐만 아니라 경제적으로 유족한 부잣집 아들이라는 성장 환경도 서적 구입에 필요한 자금 조달을 용이하게 함으로써 톨스토이의 작품과 만날 수 있는 기회를 넓혀 주었다. 톨스토이 작품이라면 "책가의 고하를 무론하고 책 제호의 호오를 무론하고 사들여서 중복으로 산 책자도 적지 않았다"[19]라는 말에서도 그의 여유 있는 경제력을 알 만하다. "부잣집 아들이라 동인은" 톨스토이 소설뿐만 아니라 "당시 갓 나온 세계 문학 전집을 비롯, 문학 서적을 많이"[20] 사들였다고 한다. 동인의 재력은『창조』를 간행하는 비용을 그가 전담한 데서도 나타난다. 동인이 구입한 "톨스토이·도스토에프스키·체홉·투르게네프·고리키 등 19세기에서 20세기 초에 걸친 러시아 작품"과 "입센·모파상……졸라, 바이론 등 서구 작품"[21]을 빌려서 탐독했다는 주요한의 회상을 통해서도 경제적 부유함이 동인과 톨스토이의 인연을 밀착시키는 작용을 했음을 짐작하게 한다. 특히 동인은 "노서아의 소설을 번역한 …… 『소년 문학 문고』 전7권을 모조리 사다 읽었다."[22]

일본 유학이라는 사회적 환경도 톨스토이에 대한 동인의 이해와 관계를 가속화하는 요인으로 작용했다. 유학 시절 동인이 문학에 입문하던 당시의 일본은 대정기大正期였는데 이때는 "톨스토이즘이 전성기를 이루던 시기"[23]였다. 특히 동인이 "문학가로서 골격을 형성하고 …… 문학적 자각을 지니게 된 1915~1919년대는 톨스토이 숭배열이 고조되고 있었던 시기"[24]였으며 일본의 서구 문학 수용과 번역은 이보다 훨씬 이전부터 진행되어 동인이 톨스토이 문학과 접촉할 수 있는 문학적 환경이 마련되어 있었다. 막부 정권은 네덜란드에 이어 두 번째로 "1865년 7월 야마노치 사쿠자에몬(山內作左衛門) 등 여섯 사람을 러시아에 유학을 보내"[25] 군사 기술과 러시아어를 배우도록 하면서 러시아 문학의 번역에 가능성을 열어 놓았다. 19세기 80년대를 전후하여 벌써 "도쿄, 오사카, 규슈, 나가사키 등지에는 10곳의 번역 중심이 있었는데 셰익스피어, 유고, 졸라, 바이론, 투르게네프 등 작가들의 작품 대부분이 일본어로 번역"[26]되었다.

일로 전쟁(1904~1905) 후에는 러시아의 투르게네프, 톨스토이, 고리키, 도스토예프스키, 체호프 등 현실주의 작가들의 작품들 또한 대량으로 일본으로 들어왔다.[27] 13, 14세 때『부활』을 얻어 달라고 한 동인의 회상을 통해 당시 이미 "진작 완역된 일본어 번역"[28]본이 있었음을 알 수 있다. 한국어로도 1909년부터 1918년까지『소년』지를 통한 최남선의 톨스토이 소개를 필두로 1910년대『청춘』호에『부활』의 줄거리가 소개되었고 1918년에는 박현환이 번역한 신문관판『해당화』가 나왔으며 1920년대 초에는 춘계생이 번역한『부활』이 "한국어 중앙일간지『매일신보』에 장기간 연재"[29]될 만큼 이미 대중 속에 광범하게 소개되었다. 이러한 문학 환경은 동인의 톨스토이의 숭배와 리얼리즘 수용에 결정적인 영향을 미쳤던 것이다. 톨스토이 리얼리즘의 이러한 영향은 그가 창간한『창조』는 물론 그의 초기작인「약한 자의 슬픔」과「마음이 옅은 자여」에서 확연하게 드러나고 있다. 동인이 톨스토이를 귀감으로 삼게 된 이유는 다름 아닌 "그 귀신 울릴 만한 기묘한 사실묘사"[30] 즉 리얼리즘이었다. 그렇다면 이 지점에서 동인이 구체적으로 톨스토이의 어떤 영향을 받았는지가 궁금해질 수밖에 없다.

2. 톨스토이 창작 기법의 수용과 결별

1) 인형 조종술·채찍의 수용

동인은 "톨스토이야말로 나의 경모하여 마지않는 작가 …… '솔톨스토이'를 경모"[31]한다고 공공연히 그에 대한 존경을 나타내고 있다. 김동인이 톨스토이 리얼리즘에서 수용한 창작 기법은 "인형 조종술"

과 "채찍" 두 가지로 귀납할 수 있다. 물론 그 목적은 작가를 신격화하여 인물에 대한 심판의 주체로 격상시키려는 데 있었다는 점을 미리 말해 둔다.

> 그리고, 그 인생을 자유자재로, 인형 놀리는 사람이 인형 놀리듯 자기 손바닥 우에 올려노코 놀렸다. 거꾸로도 세워 보고, 바로도 세워 보고, 웃겨도 보고, 울리워도 보고, 자기 마음대로 그 인생을 조종하였다. 톨스토이의 위대한 점은 여기 있다.[32]

이처럼 "'자기' 세계를 마음대로 조종"[33]하는 톨스토이의 인물 조종술이 동인의 마음을 유혹했던 것이다. 톨스토이는 조종술을 통해 소설 속의 인물을 통제하는 한편 "채찍"을 통해서는 독자를 통제했다. 소기의 목적을 이루기 위해 텍스트 속의 인물과 텍스트 밖의 독자를 동시에 강요하는 수단으로 이용하고 있다. 이러한 상황은 그의 소설 『부활』에서 극명하게 드러나고 있다. 네흘류도프와 마슬로바는 톨스토이가 설정한 목적을 위해 조종당할 뿐만 아니라 인물의 입이나 화자의 말(채찍)을 통해 독자에게 설교하고 있다. 마슬로바와의 성관계가 100루블로 이미 결산된 사랑임에도 네흘류도프가 그녀의 구원과 결혼에 매달리는 행위는 죄에 대한 회개와 참회라는, 작가가 설정한 목적에 따라 조종된 결과물이다. 작가는 자신의 목적에 따라 남녀 주인공을 손바닥 위에 올려놓고 인형 놀리듯 자유자재로 조종한다.

한편 톨스토이는 "적극적으로 채찍을 들고 민중의 앞에서 방향을 강교強教"[34]한다. 여기서 "민중"은 독자일 것이다. 작가는 소설 속에서 네흘류도프의 입과 화자의 말을 통해 "채찍"을 들고 독자를 향해 설교하고 있다.

'아, 그 돈!' 그는 그때와 같은 혐오와 공포를 느끼면서 그 순간을 상기했다. '아아. 얼마나 비열했던가!' 그때처럼 그는 소리 내어 말했다. '오직 비열한 인간이나 철면피만이 그런 짓을 할 수 있는 거다!' 그는 외쳤다. '정말로 나는,' 나는 하더니 그는 멈추었다. '그처럼 나는 뻔뻔스러운 인간일까? 그렇지 않다면 뭐란 말인가!'[35]

그 이후로는 한 번도 마음의 정화를 하지 않은 채 너무나 오랫동안 지냈다. 그래서 마음속의 불결함도 더욱 심했고, 양심이 요구하는 것과 그가 보내고 있는 실생활과의 차이도 엄청나게 컸다. 그는 이러한 차이에 몸을 떨었다. 그 차이가 너무도 크고 더러웠으므로 처음에는 이미 늦었다고 생각하고 절망했을 정도였다. …… '비록 이로 인해 뜻밖의 무슨 일이 일어난다 해도 나는 나를 구속하고 있는 이 허위를 깨뜨려 버릴 것이다. 그리고 모든 사람에게 진실을 말하고 진실을 실행하자' 그는 단호하게 소리 내어 말했다. …… 그리고 그녀, 카추샤에게는, 나는 당신에게 죄지은 비열한 사나이다. 앞으로 당신이 짊어질 운명을 덜어 주기 위하여 무엇이든 하겠다. 라고 말하자. 그렇다 그녀를 만나 용서를 구하자, 어린애가 잘못을 빌듯이 그녀에게 용서를 구하자. 그는 걸음을 멈추었다. '만일 필요하다면 그녀와 결혼을

하자!'[36]

카추샤의 운명 역시 톨스토이의 배후 조종에서 자유롭지 못하다. 이미 100루블에 끝나버린 애정임에도 불구하고 그녀는 네흘류도프에 대한 미련 속에서 허우적거린다. 네흘류도프가 탄 열차를 따라 그녀는 "플랫폼의 젖은 판자 위를 …… 넘어지지 않도록 애쓰면서 층계를 뛰어 내달렸다"[37] 하지만 카추샤는 임신을 하자 모든 미련을 버리고 모성애에 심취한다. 복수조차 버린 채 매춘이라는 타락에 빠져들고 네흘류도프의 참회와 청혼조차 거절하는 그녀의 행동은 조종술이 아닌 상식으로는 전혀 이해할 수 없다. 네흘류도프에 대한 그녀의 용서에서는 "원수를 사랑하라"라는 작자의 채찍질—설교가 들려온다.

동인도 톨스토이를 본받아 초기 자신의 소설에서 "조종술"과 "채찍"을 차용하고 있다. 조종술의 경우 「약한 자의 슬픔」에서는 K 남작의 형상 부각에서 표현되고 있다. K 남작은 선각자의 이미지와는 정반대로 작자의 인위적인 조종에 의해 심리와 언표의 노출이 봉쇄됨으로써 그에 대한 독자들의 도덕적 판단의 흔적을 감추고 있다. 한편 K 남작의 의사 표시 권리를 변호사에게 일임한 것은 K 남작과 엘리자베트와의 사이에 완충 지대를 확보함으로써 도덕적 비난의 화살을 변호사에게로 돌려 그 강도를 완화시키려는 목적에서 고안된 것이라 할 수 있다. 가정 교사의 의무도 제대로 이행하지 않는 데다 정신 이상까지 있으며 누구 애를 임신했는지도 확인되지 않는다[38]는 의심은 두말할 것도 없이 K 남작의 생각일 것이지만, 변호사의 입을 통해 발화되는 순간 비난의 화살은 그에게로 집중될 수밖에 없다. 이러한 결과는 그야말로 조종술의 마술이라고밖에 할 수 없다.

K 남작의 경우 성관계는 욕망의 해결일 뿐 엘리자베트의 임신과 축출 낙태와는 아무런 연관도 없다. K 남작에게 불륜은 생리적 문제일 뿐 도덕적 문제가 아닌 것처럼, 엘리자베트에게도 성관계는 경제적 문제일 뿐 도덕적 문제는 아닌 것으로 조종되면서 K 남작에 대한 도덕적 비난은 완화된다. 이러한 조종은 강자를 합리화하고 비호하려는 의도에서 비롯된 것이라 할 수 있다. 카추샤의 경우 성관계가 경제적 또는 생리적 문제가 아니라 애정 문제이며 네흘류도프의 경우 육체적·경제적(100루블) 문제이던 데로부터 도덕적인 문제에로 전환되는 것과는 상반된다. 이러한 차이는 톨스토이의 경우 채찍(서사)은 도덕적 설교의 도구로 사용된 것에 반해 동인의 경우에는 약한 자(엘리자베트)에 대한 경멸과 비난의 도구로 사용된 것에서 기인한다. 강함은 K 남작의 경우처럼 외부 압력에 굴복하지 않는 줏대(의지)의 결과라면 약함은 엘리자베트의 경우처럼 외부 환경의 압력에 타협하는 무의지의 결과로 인식되기 때문이다.

톨스토이의 그림자는 역시 초기 작품인 「마음이 옅은 자여」에서도 동일하게 드리워져 있다. 동인의 조종술에 의해 K는 스스로의 의지의 힘으로 운명의 억압을 극복하는 인물로 부각되는 반면 Y와 K의 아내는 운명의 억압에 순종하는 의지박약자로 그려지고 있기 때문이다. K

는 두 번의 자살 충동을 죄다 자신의 의지로 극복해 낸다. 반월도半月島에서의 "청류벽의 바위들과 철학자의 '사랑가'"[39]와 금강산행 열차에서의 "베토벤의 <월광소나타>"[40]를 들으며 삶의 욕구를 되찾는다. 뿐만 아니라 동인은 조종술을 동원해 유부남인 K의 불륜을 "그들보다 무엇을 더 아는 듯하여-그것이 무엇인지는 모르지만-그들보다 한층 높은 사람"[41] 즉 강한 자라는 이유 하나로 공공연하게 합리화함으로써 그를 비호한다.

> 사랑―남녀의―은 끝까지 맹목적이라야 한다. …… 맹목적이라야 할 사랑에 육적이니 영적이니 구별할 필요는 없다. …… 남녀의 사랑이란 그 근원은 육의 환락에서 비롯하였다. …… 참새정을 아는 사람은, 사랑의 영적·육적 구별을 하지 않고, 영적보다 오히려 수적獸的 육적肉的으로 그들의 참<순純>을 발휘함이 아닌가.[42]

하지만 K와는 달리 약자인 Y는 "아버지가 가라니 가지 않으면 안 되는"[43] 여자에게 주어진 운명에 따라 "섬 무지렁이에게 오십 원에 팔려"[44] 가게끔 운명 타협적인 인물로 조종된다. 뿐만 아니라 그녀에게는 약한 자라는 이유 하나 때문에 무자비한 채찍―경멸과 냉소가 쏟아진다. 톨스토이의 "채찍" 끝에서 빌려온 서사― 이후 김동인 순수 문학의 대동맥을 도도하게 관통하는 주류 서사― 경멸과 냉소서사는 이렇게 그 화려한 모습을 드러내게 된다.

Y는 간녀! 음녀! 색마!…… 마음이 옅은 계집이여!⁴⁵

약자에 대한 동인의 경멸과 냉소서사는 톨스토이의 무절제한 답습에 그치지 않고 초기 작품에서부터 "그만의 세계"를 창조하는 맹아로 싹트고 있음을 발견할 수 있다. 물론 이 작품의 결말에서 보이듯이, 톨스토이의 영향 때문에 아직은 "그만의 세계"가 양자 사이에서 방황하고 있는 것도 사실이다. 작품 전반에 걸쳐 강자의 자존심을 견지하며 부당함을 합리화해 오던 K는 느닷없이 결말에서 톨스토이식 설교로 급선회한다. K는 아내의 무덤 앞에 엎드려 뜨거운 눈물을 흘리며 여자의 인권을 무시한 악사조惡思潮에 취해서 저지른 자신의 헤일 수 없는 죄를 자복하며 용서를 구한다.⁴⁶ 동인이 톨스토이의 영향에서 완전히 벗어나 이른바 "자신만의 세계"를 구축한 것은 자연주의 문학을 수용한 뒤의 일이다.

2) 톨스토이와의 결별

하지만 주목할 점은 김동인은 톨스토이를 이처럼 숭배하고 답습했지만 아이러니하게도 그의 그늘 속에 오래 머물지 않았다는 사실이다. "고정 관념화 되어 김동인의 전 창작 생활을 지배"⁴⁷했던 "인형 조종술"과 "채찍(설교)"을 포함한 톨스토이의 리얼리즘 기법은 김윤식의 주장과는 달리 초기 작품 한두 편에서만 발견될 뿐 그 후의 소설들에서는 점차 자취를 감추기 시작했다. 그 빈 공간을 메운 것이 다름 아닌 자연주의와 탐미주의였다. 거기에는 반드시 그에 상응하는 어떤 이유가 있을 것이 틀림없다.

동인이 톨스토이 창작 기법에서 문제 삼은 것은 조종술보다는 "채찍" 서사의 불합리성이었다. 톨스토이의 "채찍" 서사에는 도덕적 설교라는 목적성이 탑재되어 있었다. 동인은 그가 "적극적으로 채찍"을 휘둘러 독자들에게 주어진 "방향을 강교強敎"[48]하는 횡포한 설교자였다고 비난하고 있다. 그리하여 톨스토이가 "채찍"을 휘둘러 강요한 "사랑은 위협조를 띤 가면"[49]에 불과하다고 동인은 일갈한다.

> 그는 독기를 가지고 우리 앞에 막아서서, 예배당에 가지 말고 예수를 믿으라고 위협을 하는…… 필요 없는 한 횡포한 설교자가 되어버렸다.[50]

그런데 동인이 톨스토이의 이런 "설교 채찍"에 더구나 반감을 가지도록 한 것은 그의 경쟁자인 이광수의 창작 수법과도 맥을 같이한다는 사실에 있었다. 동인의 채찍(경멸과 냉소서사)이 작중 인물 속의 약한 자를 향해 있는 반면 톨스토이와 이광수의 채찍의 대상은 동일하게 텍스트 외부의 독자를 겨냥한다는 점에서도 두 사람은 닮아 있기 때문이다. 그 이유 또한 "사랑"의 설교 즉 계몽에 있었다. 이광수는 진작부터 "자신의 작품 활동에 있어서도 톨스토이의 여러 사상적 측면을 이상주의적 계몽주의의 형태로 받아들였던"[51] 것이다. 그리하여 이광수도 톨스토이의 채찍을 넘겨받아 "칼을 뽑아 들고拔劍 위협하여 사람에게 선을 행行케 하려 했다."[52] 『무정』이 설교로 시작된 것처럼 그는 "언제든지 소설을 설교 기관說敎機關으로 삼았다."[53]

> 춘원은 문학을 일종의 사회 개혁의 무기로 보았다. 이상 건설의 선
> 전기관으로 삼았다. 그 태도 내지는 주의를 우리는 옳다 보지 않는 것
> 이다. 그런 관계로 춘원이 『창조』의 동인으로 있는 2년 나마 『창조』
> 에서는 춘원에게 소설을 부탁하지 않았다.[54]

동인은 톨스토이와 이광수의 이러한 도덕적·계몽적인 문학관을 수
용할 수가 없었다. 그러한 사정은 동인이 "육당이나 춘원의 계몽주의
적 노선에 반기를 들고 교훈적 문학관을 배격"[55]하기 위해 『창조』를 창
간했다는 취지에서도 잘 나타난다. "창조 동인들은 모두 춘원의 관념
적인 이상주의 문학에 대하여 반기를 들고"[56] 나섰던 것이다. 톨스토이
를 수용한 이광수에 대한 반발에 너무 집착한 나머지 "동인 문학이 춘
원 문학에 대한 반발이라는 한계를 극복하지 못하는"[57] 이상한 현상까
지 초래될 정도였다.

환언하면 동인이 톨스토이와 결별하게 된 결정적인 이유는 이광수
에 대한 반발이었다고 할 수 있다. 이광수가 칼을 뽑아 들고 강요한 선
을 포함한 온갖 것을 동인은 '미美' 안에 잡아넣음으로써 채찍에 내장
된 "설교"를 거세시킨 후, 약자를 경멸하고 냉소하는 서사로 둔갑함으
로써 "악을 선보다 위에 놓고"[58] 약한 자—"인간을 평가 절하하는"[59] 서
사 도구로 삼았다. 물론 그와 같은 문체 실험은 그가 자연주의 창작 방
법을 수용한 후에 나타난다.

복녀는 열심으로 송충이를 잡았다. 소나무에 사다리를 놓고 올라 가서는, 송충이를 집게로 집어서 약물에 잡아넣고, 또 그렇게 하고, 그의 통은 잠깐 사이에 차고 하였다. 하루에 삼십이 전씩의 품삯이 그의 손에 들어왔다.[60]

시체에는 세 사람이 둘러앉았다. 한 사람은 복녀의 남편, 한 사람은 왕 서방, 또 한 사람은 어떤 한방 의사―왕 서방은 말없이 돈 주머니를 꺼내어, 십 원짜리 지폐 석 장을 복녀의 남편에게 주었다. 한방 의사의 손에도 십 원짜리 두 장이 나갔다.[61]

선과 악이 명확하게 대치되는 이 두 단락의 묘사는 이광수의 소설과는 달리 그 어떠한 권선징악의 흔적도 발견할 수 없다. 송충을 잡는 정당한 노동으로 품삯을 받는 선한 행위나 살인의 범죄를 숨기기 위해 시체를 매매하는 악한 행위는 도덕적으로도 법적으로도 선악으로 분리되지 않는다. 시체와 송충은 돈으로 환산되는 단순한 물건일 따름이며 그 상행위에는 도덕이나 법과 같은 제한은 존재하지도 않는다. 동인에게 이 두 가지 사건은 도덕적인 것이기에 앞서 똑같은 사실이라는 점에서 선악을 초월하는 미美적인 동일성을 가지고 있다. 명약관화한 바 톨스토이와 결별하게 된 그의 목적은 단 하나 차별화 전략을 통해 이광수와 어깨를 겨루거나 그를 능가하기 위한 데 있었다. 이광수가 대중 계몽을 통해 사회를 개량하려고 시도할 때 그는 그에 맞서 무지하고 어리석어 도저히 계몽이 불가능한 대중―약한 자들을 경멸했으며, 이광수가 소설을 통해 선을 권장하고 악을 징계할 때 그는 더럽고 추하고 비도덕적인 악을 미美에 포함시켜 선과 똑같이 표현해 냈다. 동인의 이러한 문학적 방법상에서의 차별화 전략은 마치도 자연주의 무기로 플로베르와 발자크를 능가하려 했던 졸라의 수법과 유사하다고 할 수 있을 것이다.

결국 동인은 톨스토이와 결별함으로써 그를 닮은 이광수의 그늘에서 탈출할 수 있었을 뿐만 아니라 그 이후에 자신의 소설에 수용한 졸라의 자연주의와 와일드의 탐미주의 수용을 통해 당대 문단에서 이광수와 대등한 두각을 드러낼 수 있게 된다. 이광수에게 내던진 그의 야심 찬 도전장은 이광수가 배제된 자연주의라는 특정한 공간에서 행해진 그의 과감한 소설 실험에 의해 유종의 미를 거둘 수 있었다.

2장
김동인과 톨스토이 작품 비교 분석

1. 인물·스토리·플롯의 수용

1) 한국 근대 문학과 외국 문학의 관계

비교 문학적인 관점에서 검토할 때 한국 근대 문학은 서양 문예 사조와 외국 작가의 영향 아래 급성장했다고 할 수 있다. 근대 문학의 선구자들인 최남선과 이광수는 물론이고 그 뒤를 이은 김동인과 염상섭, 주요한 등 작가들의 성장 과정도 이 궤도 위에서만 가능성을 획득할 수 있었다. 그것은 서구에서 영양분을 흡수하여 자신의 문학을 개척해 나가던 일본 근대 문학의 환경 속에서 기생했다는 특수성 때문에 파생된 결과물이었다.

어느 시대나, 어떤 분야를 막론하고 문학은 대담하게 다른 나라의 어떤 문학 사조를 답습하는 경우가 있다.[62]

김동인의 문학에 가장 먼저 영향을 준 외국 작가는 러시아의 톨스토이다. 그것은 톨스토이가 한국 근대 문학사는 물론 작가의 문학 활동 공간이었던 일본 근대 문학사에서도 가장 이른 시기에 소개된 것과 밀접한 연관이 있다. 한국 문단에서 톨스토이는 두 가지 경로를 통해 소개되었다. 『소년』·『청춘(靑春)』과 같은 한글 지면을 통한 최남선의 소개와 김억, 이광수, 김동인, 주요한 등 작가들의 번역과 일본의 번역이 그것이다. "문학의 경우는 언어의 차이 때문에 한 나라에서 다른 나라로 이행되는 것은…… 대부분의 경우는 '번역'이 전파의 필수 수단이다."[63] "한국 근대 문학 형성기에 톨스토이는 어느 외국 작가보다도 광범위하게 소개되었으며 우리에게 커다란 영향"[64]을 주었을 뿐만 아니라 『사랑』·『유정』·『재생』 등 톨스토이의 영향을 받은 작품들을 생산한 이광수와 같은 작가들을 배출시켰다. 톨스토이의 소설 중에서도 『부활』은 가장 널리 번역 소개된 작품이다.

『부활』은 1914년 11월부터 『갱생』이라는 제목으로 최남선의 번역에 의해 『청춘(靑春)』지에 실리기 시작했다.…… 1916년에 예성좌(藝星座) 무대에 톨스토이의 소설 『부활』을 각색한 연극 <카추샤> 전 5막이 공연되었다. 1918년에는 박현환(朴賢煥)에 의해 각색된 작품이 서울의 신문관 극장에서 <賈珠謝哀話海棠花(카추샤의 슬픈 이야기)>란 제목으로 공연되었다.[65]

그런데 이들 한글 번역본이나 연극 대본의 원천은 모두 일본어 번역본이라는 사실에 주목할 필요가 있다. "일본에서는 이미 러시아 문학의 보급이 1880년대에 집중적으로 확산되었고, 1920년 초에는 벌써 러시아 대가들의 대표작들이 일어로 번역"[66]되었으며 그때『부활』은 이미 25판이나 재판될 만큼 일본 독자들 속에서 널리 애독되고 있었다.

필자가 이 글에서 「약한 자의 슬픔」과『부활』을 비교 담론의 텍스트로 선택한 것에는 그럴 만한 이유가 충분하다. 「약한 자의 슬픔」은 김동인의 데뷔작이다. 이 소설은 동인 문학의 정체성을 형성하는 데 단초를 제공한 작품이라는 점에 의미가 있다. 우리는 이제부터 이 소설을 동인 문학의 전모를 파악하는 유용한 통로로 삼을 것이다. 작가의 후기 작품들에 나타나는 거의 모든 소설 운영 체제와 서사 전략들이 이미 이 작품의 맥락 속에서 대부분 그 모습이나 맹아를 드러내고 있기 때문이다.

뿐만 아니라 이 작품은 구어체, 과거 시제의 실험적 도입만으로도 소설사에 뚜렷한 흔적을 남겼다고 할 수 있다. 하지만 필자는 이 작품을 김동인 소설 문학의 전반에 영향을 미친 최초의 표품標品이라는 점에 의미를 두려고 한다. 작가가 창작 실천을 통해 구축한 "나만의 세계"의 모습이 이 소설에서 이미 확실한 윤곽을 드러내고 있기 때문이다. 약한 자의 운명에 대한 집착, 주인공들에 대한 작가의 신적 권력의 군림, 냉혹한 자연주의적인 필체, 비극적 결말 등을 예로 들 수 있을 것이다.

한편『부활』역시 톨스토이의 대표작 중의 하나이다.『부활』은 거장 이광수마저 현혹하여 그것을 닮은 소설 『사랑』을 창작하게 할 만큼 그 영향력이 강력한 작품이다. 그러한 영향력은 이광수에 그치지 않고 김동인에게도 깊이 파급되고 있다. 그 대표적인 작품이 다름 아닌 「약한 자의 슬픔」이다.

이 작품의 계보와 양자 간 혈연관계를 밝히는 작업은 비록 어려움이 수반될지라도 김동인 문학의 본질에 접근하는 필수 코스로서 반드시 거쳐야 하는 통과 의례나 다름없다. 물론 그 계기는 동인의 개인적인 성장 과정—가정, 경제, 교육, 창작 환경으로부터 주어진 것일 수밖에 없다. 작가의 성격이나 인생관, 문학관을 형성하는 밑거름이기 때문이다. 이 글에서는 그 범위를 김동인의 소설 창작에 직접적인 영향을 미친 독서 환경에 국한시켜 검토하려고 한다.

국경을 달리한 작가들 간의 영향은 발신자에 대한 수신자의 경탄과 숭배라는 구심력에 의해 운반된다. 톨스토이에 대한 김동인의 숭배는 그 자신의 글에서도 잘 나타나고 있다. 그는 도스토옙스키와 비교하면서 "자기가 창조한 자기의 세계를 자기 손바닥 위에 올려놓고 자기가 조종"[67]하는 톨스토이를 "위대한 예술가"라고 칭송하고 있다.

김동인은 13~14세의 어린 나이 때부터 톨스토이의 이름을 알게 되었다.[68] 그런데 우연의 일치인지는 몰라도 두 사람을 엮어 준 계기는 『부활』이라는 장편 소설이었다. 문제는 『부활』이 우리의 담론 주제인 김동인의 데뷔작 「약한 자의 슬픔」과 밀접한 연관이 있다는 사실이다. 이 작품에 대한 깊이 있는 이해는 『부활』과의 비교를 통해서만 비로소 가능하기 때문이다.

동인이 쓴 단편이 검열에 걸려 말썽이 있었다. 톨스토이의 『부활』
에 나오는 한 장면을 번안한 것이 '표절' 아닌 '외설'로 말썽이 된 것
이었다. 네프류도프가 하녀를 겁탈하는 장면인데 "안 된다. 안 된다"
면서 다리는 사내를 맞아들이는 대목이다.[69]

　주요한의 이 지적은 「약한 자의 슬픔」과 『부활』의 계보 관계를 암
시해 주고 있다. 이 두 작품의 계보 관계는 결코 '표절'이나 '외설'에만
그치지 않는다. 비교 문학의 관점에서 볼 때 「약한 자의 슬픔」은 그 차
용 범위가 "문맥이나 플롯의 '세부 사항'에서 이루어질"[70] 뿐만 아니라
사건, 인물, 구성 등 모든 면에서 『부활』에 빚을 지고 있다는 것이 필
자의 연구 결과이다. 그렇다면 김동인이 소설 창작을 통해 구축했다는
이른바 "자신만의 세계"는 과연 어떤 모습일지 궁금해지지 않을 수 없
다. 자신만의 세계에 타자, 즉 톨스토이가 개입했기 때문에 더욱 그렇
다. 그럼 지금부터 두 작품의 비교 연구를 통해 소설 속에 구축된 김동
인의 "자신만의 세계"의 정체를 낱낱이 파헤칠 것이다.

2) 『부활』과 「약한 자의 슬픔」의 친연 관계

　계보 확인의 가장 효과적인 방법은 발신자와 수신자 관계에서 발상
發祥과 전수 이 양자 사이에 존재하는 공통성을 밝혀내는 것이다. 다
시 말해 수신자 시점에서 발신자로부터 수용한 "영향 요소를 적출하
는 원천 연구"[71]가 될 것이다. 따라서 우리는 「약한 자의 슬픔」과 『부
활』의 소설적 공통분모에 착안함으로써 양자 사이의 혈연관계를 증명

할 수 있을 것이다. 놀랍게도 「약한 자의 슬픔」에는 "하녀 겁탈 장면"을 배제하고도 『부활』과 유사한 장면이 너무도 많다.

	『부활』	「약한 자의 슬픔」
① 연령	마슬로바, 18세	강 엘리자베트, 19세
② 용모	아름다움	아름다움
③ 신분	카추샤—하녀 네흘류도프—공작·평등주의자	엘리자베트—가정 교사 K—남작·선각자
④ 신상	마슬로바—고아	엘리자베트—고아
⑤ 성관계	밤에 은밀하게 이루어진 정사	밤에 은밀하게 이루어진 정사
⑥ 결과	임신·축출·타락	임신·축출·타락
⑦ 대응	복수·자살 미수	복수·자살 미수
⑧ 출산	낙태	낙태
⑨ 플롯	재판	재판

인물, 에피소드는 물론 전반 플롯에 이르기까지 이렇듯 광범위한 동일성은 결코 우연한 일치는 아닐 것이다. 우리는 다음의 지면을 할애하여 두 소설의 친연 관계를 보여 주는 관련 지문들을 분류·대조함으로써 「약한 자의 슬픔」에 미친 『부활』의 영향과 톨스토이에 대한 김동인의 의존 범위를 자세히 검토할 것이다. 발신자의 원천 정보에 대한 수신자의 수용 여부는 서술과 묘사로 구축되는 서사의 유사성에서 나타나기 때문이다.

① 연령의 유사성과 친연 관계

발신자(『부활』)	수신자(『약한 자의 슬픔』)
그녀가 만 열여섯 살이 되었을 때, 여주인 자매의 조카뻘 되는 대학생인 부유한 젊은 공작이 잠시 머무르기 위해 이곳에 왔다.[72]	엘리자베트는 아직 십구 세의 소녀이지만[73]

카추샤는 18살이고 엘리자베트는 19살이다. 두 여주인공은 나이 차이가 단 한 살에 불과한 또래이다. 19~20세기 초반의 18~19세 여성의 공통성은 미혼이라는 사실일 것이다. 이 시기에는 동양에서도 일본과 천주교를 통해 서구 사상이 유입되면서 혼기婚期가 봉건적 조혼의 억압에서 많이 벗어나 있었다.

그런데 톨스토이와 김동인이 카추샤와 강 엘리자베트의 나이 설정에서 미혼 연령을 택한 데에는 그럴 만한 이유가 있다. 당시로서는 미혼 여성의 합의 정사情事는 결혼과 이어지지 않을 경우 생리적·생계적·미래적 문제를 야기한다. 임신·출산·낙태 또는 육아와 생활난·결혼난이 그것이다. 물론 애인의 상실로 인한 심리적인 절망감과 자살 시도와도 연결될 수 있다. 실제로 두 소설의 여주인공들은 모두 번뇌·자살 등의 정해진 코스의 통과 의례를 치르고 있다. 이러한 부정적 결과에도 불구하고 쌍방이 자각적인 책임감을 통감하지 않는 한에서 정사 자체만으로는 도덕적·법률적으로 문제 될 것이 없다. 하지만 그 사이에 양심이 개입하는 순간 혼전 여성의 정사 역시 도덕적 문제로 비화될 가능성도 배제할 수 없다.

만일 두 작가가 여주인공의 나이를 기혼 연령으로 설정했다면 이와는 전혀 다른 결과가 도출될 것이다. 그것은 혼외정사가 당사자들의 의향과는 상관없이 곧바로 도덕적·법률적 문제와 직결되기 때문이다. 뿐만 아니라 갈등 양상도 훨씬 복잡하다. 불륜 당사자뿐 아니라 양측 부부의 내부 갈등과 여성의 남편과 남자의 아내, 남자 대 남자, 여자 대 여자의 갈등 등이다. 이와 같은 설정은 소설의 서사 역량을 분산시킬 수밖에 없다.

톨스토이가 마슬로바의 나이를 18세로 설정한 것은 네흘류도프의 참회 과정이 도덕적·법률적인 압박이 아니라 스스로의 양심의 호소에 따른 자각적인 깨달음임을 강조하기 위해서였다. 반면 김동인이 강엘리자베트의 나이를 19세로 잡은 이유는 "약한 자", "상것", "사람도 아닌", "약한 물건"[74]의 어리석음을 강조하기 위해서였다. 19세의 미혼 여성은 유부녀와 달리 성 파트너에 대한 선택의 자유가 있다. 그럼에도 그녀는 이환을 버리고 도덕적·법률적 질타 대상인 유부남 "남작에 대해서도 애정을 가지고"[75] 불륜을 선택한다. 그 원인은 용기 부족 즉 어리석음이다.

② 용모의 유사성과 친연 관계

발신자(『부활』)	수신자(『약한 자의 슬픔』)
윤기 있게 반짝이는 검은 머리, 균형 잡힌 몸매와 아직 완전히 영글지 않은 앞가슴을 처녀답게 감추고 있는 주름 잡힌 흰옷, 발그스레한 두 뺨, 온화하게 빛나는 검은 눈동자[76]	엘리자베트의 그리이스 조각을 연상시키는 뺨과 목의 윤곽을 들여다보았다.[77]

| 그녀가 들어온 순간 법정 안에 있던 모든 남자들의 눈이 그쪽으로 쏠렸다. 요염하게 빛나는 검은 눈에 흰 얼굴, 죄수복 밑으로 풍만하게 솟아오른 앞가슴에서 그들은 한동안 눈길을 떼지 못했다.[78] | 승객들은 엘리자베트가 올라탈 때에 일제히 머리를 새 나그네 편으로 향했다. 남자들의 애모의 시선이 자기를 볼 때에 엘리자베트는 창문에다 시선을 고정시켰다.[79] |
| 법정에서 모두들 자기를 호기심 어린 눈빛으로 바라보았고, 일부러 자기를 보려고 죄수 대기실로 찾아와 기웃거리는 사람도 있었다고 말했다.[80] | 남자들의 애모의 눈이 자기를 볼 때에는 엘리자베트는 약한 전류가 염통을 지나가는 것 같이 묘한 맛이 나는 것이 어째 하늘로라도 뛰어 올라가고 싶었다.[81] |

　　두 소설에서 여자 주인공의 존재는 똑같이 법정 안과 전차 안의 모든 남자들의 시선을 유혹하는 미모의 소유자들이다. 마슬로바의 "아름다운 모습"과 엘리자베트의 꽃 같은 용모는 주변 남성들의 호기심과 애모의 시선을 불러오기에 충분하다. 마슬로바의 미모에는 재판장과 변호사는 물론이고 헌병, 호송 군인에 이어 죄수들까지도 호기심에 마음이 설렌다. 모든 남자들이 열띤 눈으로 그녀를 바라보고 기웃거리고 흘끔거리다 못해 끌어안기까지 하며 넋을 잃어버릴 지경이다.

　　그런가 하면 엘리자베트의 그리스 조각상 같은 용자容姿 역시 전차 안의 남자들은 물론 동창들과 의사의 시선까지도 빨아들이는 마력을 발휘한다. "조선 제일의 미인, 사교계의 꽃" 엘리자베트에게 날아드는 남자들의 애모의 시선과 몰래 훔쳐보는 곁눈질은 마슬로바에게 흘끔흘끔 던지는 남자들의 시선과 기웃거림을 표절에 가까울 정도로 행간마다에 이식移植하고 있다. 물론 이러한 "영향은 무의식적인 모방"[82]의 결과물일 것이다.

톨스토이는 물론이고 김동인이 여주인공을 미모의 여성으로 묘사한 데에도 그에 해당하는 이유가 있을 것이다. 일단 "젖은 포도알 같은 새까만 눈"을 가진 마슬로바와 그리스의 조각상을 연상시키는 강 엘리자베트의 미모는 네흘류도프와 K 남작을 유혹하여 성적 결합을 성사시키는 조건으로 충당된다는 것은 두말할 필요도 없다. 하지만 그보다 더 중요한 의도를 짚어야 한다. 톨스토이에게서 마슬로바의 미모는 아름다운 여성의 타락에 대한 남자 주인공과 독자들의 동정심을 자극할 뿐만 아니라, 더 나아가서는 그녀에게 불행을 안겨 준 네흘류도프에 대한 적개심을 불러일으키는 작용을 한다고 보아야 할 것이다. 그러한 분위기에서 네흘류도프의 회개는 더욱더 개연성이 높아지고 감동적일 수밖에 없다.

동인은 여주인공의 미모까지는 톨스토이를 모방하지만 미모의 작용에 대해서는 발신자와 전혀 다른 견해를 내놓고 있다. 동인에게서 미모는 동정심 유발이라는 긍정적 이미지가 아니라 여주인공의 운명을 "육肉으로 인한 사랑으로 파멸"[83]과 불행의 수렁에 떠밀어 넣은 화근이다. 미모는 그녀의 절망과 타락에 아무런 도움도 주지 못하는 부정적인 이미지일 따름이다. 심지어 독자들의 싸구려 동정심 한 조각구걸하지 못한다. 그녀를 절망에서 구해 낸 것 역시 미모가 아니라 "용기"이다. 그래서 동인에게 약한 자의 아름다움은 "용기"보다도 못하다. 엘리자베트의 꽃 같은 아름다움은 K 남작의 마음속에서 양심의 가책을 불러일으키는 데 실패하기 때문이다. 아름다움은 동인에게서 타락과 불행과 똑같이 동정이나 양심에 의한 구원의 대상이 아니라 경멸의 대상일 따름이다. 이 경우 동인의 선택은 수용과 배제라는 서로 모순되는 서사 전략의 채택이었다. 미모와 성 결합만 수용하고 양심의 가책과 참회는 배제시킨 것이다. 그 이유에 대해서는 마지막 장에서 상세하게 논할 예정이다.

③ 신분·신상의 유사성과 친연 관계

발신자(『부활』)		수신자(『약한 자의 슬픔』)	
네홀류도프	마슬로바	K 남작	엘리자베트
① 네홀류도프 공작[84] ② 토지는 사유 재산이 되어서는 안 된다는 의견을 내세웠다.[85]	소녀는 반은 몸종, 반은 양녀인 어중간한 존재가 되었다.[86]	조선의 선각자先覺者로 자임하는 남작은 내외의 절節과 안방 사랑의 별은 폐하였지만, 남존여비의 생각은 아직껏 확실히 지켜왔다.[87]	"우리는 상것이고 저편은 양반이 아니냐?"[88]

소설 속 주인공들의 처지나 신분도 약속이나 한 듯이 닮아 있다. 거미줄에 걸린 파리[89] 같은 마슬로바는 하녀 같은 양녀이고 엘리자베트는 주일 교사·가정 교사이다. 그네들의 공통점은 평민—상것이다. 카추샤는 하녀로 온갖 잡역을 할 뿐만 아니라 몸을 파는 매춘부로 살아가고 엘리자베트는 촌에서 죽기보다 더 싫은 농사일을 하며 살아간다. 두 사람 모두 최하층 생활을 하는 이른바 약한 자들이다.

또한 마슬로바와 엘리자베트는 둘 다 고아이다. 마슬로바는 아버지는 없고 어머니마저 세 살 때 병사한 후 "양녀 겸 하녀로 있는 고아"라면 엘리자베트 역시 중학교에 입학했을 때 부모를 여의고 고아가 된다. 집에서 쫓겨났으나 갈 데가 없는 두 여주인공이 의탁한 곳도 이모네 집과 시골의 오촌모五寸母네 집이다.

하지만 동인은 『부활』을 모방하여 여주인공을 가련한 고아로 설정하기는 했으나 그 차용 목적은 톨스토이와는 판이하다. 마슬로바를 고아로 설정한 톨스토이의 목적이 그녀에 대한 독자들의 동정심과 네흘류도프의 양심의 가책을 유발함으로써 남주인공의 회개와 참회에 공감대를 부여하기 위해서인 반면, 동인이 엘리자베트의 신상을 고아로 설정한 목적은 힘도 없고 돈도 없고 권세도 없는 약한 자로서의 그녀의 이미지를 강조하기 위해서이다.

하지만 남자 주인공들의 신분·신상 정보는 이들에 비하면 우월하기 그지없다. 한 사람은 공작이고 한 사람은 남작이다. 뿐만 아니라 K 남작은 부유한 귀족인 동시에 "내외의 절節과 안방 사랑의 별을 폐한"[90] "조선의 선각자"라면 네흘류도프 공작 역시 부자인 동시에 사회 평등을 주장하며 "토지는 사유 재산이 되어서는 안 된다는 의견을 내세웠을 뿐만 아니라 대학에서 이에 관한 논문을 발표한 적도 있었고, …… 토지의 일부를 농부들에게 나누어 준 일도 있었다."[91] 선각자라는 점에서 형제처럼 신통하게 닮아 있다. 굳이 이들의 공통점을 짚으라면 권세와 부를 가진 기득권자 즉 강한 자라는 사실이다.

이들 사이의 성관계는 결합 초기에는 가해자도 피해자도 없었다. 결합 쌍방 모두가 원한 것이었기 때문이다. 하지만 임신·출산 내지는 양육 문제가 대두되자 도덕적 문제로 비화하며 가해자와 피해자로 역할이 분담된 것이다. 그런데 이 문제 해결에서 정신적인 사랑에 속하는 『부활』이 귀족의 양심적 참회로 이어진다면, 육적인 사랑에 속하는 「약한 자의 슬픔」은 엉뚱하게도 이른바 "파리 같은 상것"의 "참사랑"에 대한 깨달음과 이어진다.

즉 네흘류도프의 참회를 의식한 모방이 강한 자인 K 남작에게서 발생하는 것이 아니라 약한 자인 엘리자베트의 심신에 투영된다는 점에서 두 소설의 차이가 드러나는 것이다. 이 같은 차이가 발생하는 까닭은, 톨스토이의 약한 자 부각은 그에 대한 동정심 유발과 양심의 가책을 느낀 강한 자―부르주아의 자아 개조를 강조하는 데 그 목적이 있지만, 동인의 약한 자 부각은 약한 자의 어리석음을 강조하는 데 있기 때문이다. 그리하여 가해자인 K 남작의 책임에는 면죄부가 주어진다. 결국 김동인은 톨스토이의 서사 기법은 수용하였지만 그 도입 목적은 전혀 다른 곳에 있었음을 알 수 있다.

④ 성 결합의 유사성과 친연 관계

발신자(『부활』)	수신자(『약한 자의 슬픔』)
"어머, 안 돼요, 놔주세요" 그녀의 몸은 말과는 달리 네흘류도프에게 바싹 달라붙어 있었다.[92]	"싫어요. 싫어요."…… 엘리자베트는 갑자기 방 안이 어두워지는 것을 알았다. …… 엘리자베트는 정신이 아득하여지고 말았다.[93]

두 소설은 남녀 주인공들의 정사 장면에서도 거절―순종이라는 동일한 공식이 적용되고 있다. 그 거절의 원인이 성 결합을 원하지 않거나 자신의 순결을 보존하려는 의도보다는 타자의 시선이 두렵기 때문

이라는 점에서도 닮아 있다. 마슬로바가 네흘류도프의 성 결합 요구를 거절하는 이유가 "고모님들이 듣는다"[94]라는 것이라면 엘리자베트의 두려움 역시 순결의 상실이나 남작을 원하지 않아서라기보다는 "부인이 아시면" 하는 외적인 이유가 작동하고 있다. 두 여성은 똑같이 말로만 거절할 뿐 행동으로는 남성의 요구에 고분고분 순종하고 있다. 입으로는 "안 돼요"하고 거절하면서도 "몸은 그에게 바싹 매달리는" 마슬로바의 표리부동한 행위와 "남작이 불을 끄고 바삭바삭 옷 벗는 소리"[95]가 들리는데 정신이 아득해진 채 잠자코 기다리는 엘리자베트의 언행 불일치의 행위는 너무나 유사하다.

물론 전자의 경우는 순진한 사랑이고 후자의 경우는 사랑이 배제된 육적인 욕망이다. 하지만 양성 결합이라는 동일한 목적에 다다르는 접근 과정은 놀랄 만치 일치하다. 남성에게 매달리고 정신이 아득해지며 성적 쾌락을 지향하면서도 입으로는 "안 돼요"를 반복한다. 여기서 "안 돼요"와 "싫어요"는 상대방의 요청에 대한 거부 의사라는 점에서는 동일한 뜻이다. 단지 톨스토이가 창조한 사랑에 의한 성 결합이 동인에게서는 육욕에 의한 성 결합으로 나타날 뿐 이야기 구조는 다름없다. 톨스토이는 이 성 결합을 참회를 위한 원죄 또는 양심을 자극하는 삶의 거울로 삼을 때 동인은 약한 자를 배태하는 어리석음의 자궁으로 삼고 있다는 점에서도 두 소설은 차이를 드러내고 있다.

뿐만 아니라 두 소설 모두 간음 사건의 시공간 배치에서 밤과 방 안이라는 동일한 시간과 장소를 선택하고 있다. 「약한 자의 슬픔」에서는 새벽 2시로 설정되었다면 『부활』에서는 밤으로 설정되어 있다. 미리 시간을 통고하는 방식도 동일하다. 『부활』에서 기피 대상인 고모도 잠들어 있고 「약한 자의 슬픔」에서 두려움의 대상인 부인 역시 남편이 두 시에나 귀가하는 줄로 믿고 있기에 감시망에서 벗어난다는 설정도 다를 바 없다. 간통 장면만 놓고 말할 때 이는 외양적인 모방이 아니라 거의 파렴치한 사건 복제라고 단정할 만한 수준이다. 이런 사정 때문에 주요한은 「약한 자의 슬픔」을 톨스토이의 『부활』을 번안한 작품이라고 지적했던 것이다. 그가 언급한 번안은 "네흘류도프가 하녀를 겁탈하는 장면"에 한정되어 있지만, 실제로는 전체가 번안 작품이라는 사실을 우리는 지금까지의 검토만을 통해서도 파악하게 되었다. 번안飜案이라는 단어의 뜻이 "원작의 내용이나 줄거리는 그대로 두고 풍속, 인명, 지명 따위를 시대나 풍토에 맞게 바꾸어 고침"[96]이라고 할 때 김동인의 「약한 자의 슬픔」은 번안을 넘어서 줄거리까지 입수한 모방이라고 해야 할 것이다. 우리는 이러한 주장의 당위성을 아래의 담론을 통해 지속적으로 규명하려고 한다.

⑤ 임신·축출의 유사성과 친연 관계

발신자(『부활』)		수신자(「약한 자의 슬픔」)	
임신	축출	임신	축출
그가 떠난 지 다섯 달이 지난 뒤에야 그녀는 자기가 임신했음을 알았다.[97]	"누가 아이 밴 몸종을 두고 싶어 하나요? 눈치채자 곧 쫓아냈지요.[98]	그의 가슴에는 무슨 덩어리가 뭉쳐서 나오다가 목에서 잠깐 회전하다가 그 덩어리가 코와 입으로 폭발하곤 했다.[99]	엘리자베트는 부인이 친절히 준 돈을 만져 보았다. …… 남작 부인에게 얻은 위로금[100]

임신 관련 묘사에서 두 소설의 유사성은 태동, 산통, 자궁 공간 등 몇 가지 특징에서 잘 드러나고 있다. "꿈틀하더니 툭 부딪쳤다가는 쭉 몸을 펴고" "가슴에는 무슨 덩어리가 뭉친" 동작은 모두 태아의 움직임에 대한 묘사이다. "가늘고 보드라운 뾰족한 것으로 콕콕 찌르고" "가슴은 싹싹 베어 내는 것같이 아팠다"라는 묘사는 산통을 나타낸다. 물론 "쭉 몸을 펴고" "보통보다 십 곱이나 크게 보이는 배"는 태아로 인해 부른 자궁의 공간 또는 배의 크기에 대한 공통성일 것이다.

톨스토이에게 임신은 단순한 생리적인 현상을 넘어 뒤의 이야기를 유도하는, 참회와 재판 과정에 대한 서사적인 잉태이기도 하다. 임신이 없었다면 집에서 쫓겨나지도 않았을 것이며, 축출 사건이 없었다면 타락과 재판도 없었을 것이기 때문이다. 더 나아가 임신이 단초가 되어 빚어진 그녀의 이러한 불행에 대한 네흘류도프의 동정과 양심의 가책 같은 것도 없었을 것이다. 여기서 임신은 스토리 구성 속의 하나의 에피소드라는 사실에 만족하지 않고 이야기를 견인 또는 유도하는, 서사적인 장치로서 동시 작동하고 있음을 알 수 있다.

마찬가지로 동인에게도 임신은 생식을 초월한 사건의 잉태라는 면에서 톨스토이의 소설과 유사성을 띠고 있다. 엘리자베트의 임신은 K 남작 집에서의 축출은 물론이고 그 뒤의 재판과 낙태 등 일련의 타락 사건들을 잉태하는 서사 자궁 역할을 담당하고 있기 때문이다. 임신 사건이 사건의 잉태라는 사실을 인정할 때 결국 동인이 톨스토이에게서 모방한 것은 에피소드와 서사 전략 두 가지를 모두 망라하고 있다.

물론 두 작품은 임신에 대한 관점에서 차이점을 드러내기도 한다.

『부활』에서 사랑의 결과물로서의 임신이 네흘류도프에 대한 복수심을 희석시키는 것과 같이 긍정적으로 수용된다면, 육욕의 결과물로서의 임신은 타락·복수·양육비 소송 등 주로 부정적으로 수용되고 있다는 점에서 알게 된다. 그것은 비극의 원인과 해결이 전자는 순진한 사랑과 양심의 가책에 의한 회개의 결과인 데 반해 후자는 어리석은 욕망과 경제적 보상을 위한 복수의 결과라는 스토리 구성에 따른 것이다. 톨스토이에게 임신은 죄인에 대한 용서는 물론 복수심마저도 단념시키는 강력한 모성애와 인류애로 투영된다. 모성애와 인류애는 임신부라면 누구나 가지는 여성의 특징이다.

동인에 대한 톨스토이의 영향 관계를 입증하는 두 작품의 유사성은 여기서 끝나지 않고 계속하여 나타나고 있다. 임신 사건은 물론이고 임신 사실이 공개된 뒤 집에서 축출당하고 남자에게 버림을 받는 등 일련의 사건 역시 동일한 과정을 거치고 있다. 엘리자베트는 부인의 종용에 못 이겨 쫓겨나고 카추샤 역시 "아이 가진 하녀"라는 이유로 쫓겨나게 된다. 이 두 에피소드의 공통성은 두 여주인공의 축출이 종국적으로 정사로 인한 생활 방식의 변화와 자의에 의한 것이라는 점이다. 두 소설 다 "주인들의 시중을 소홀히 하고" "학교에 안 나가고 병이 난" 것과 같은 생활상의 변화가 축출에 원인을 제공해 주고 있다. 결국 마슬로바는 고모들에게 내보내 달라고 간청하고 엘리자베트도 부인이 만류했지만 가겠다며 행리를 꺼내어 자기 책을 넣는다.

⑥ 미련·복수·타락의 유사성과 친연 관계

발신자(『부활』)		수신자(『약한 자의 슬픔』)	
미련	복수	미련	복수
기차의 속도는 점차 빨라져서 그녀는 뒤떨어지지 않으려고 힘껏 달렸다.[101]	자신에게 아픈 감정을 남긴 모든 사람에게 앙갚음해 주리라 생각했던 것이다.[102]	엘리자베트는 자기도 어찌 되는 지를 모르도록 마음이 뒤숭숭하였다. -염통은 일 분 동안에 여든일곱 번이나 뛰놀고 숨도 일 분 사이에 스무 번 이상을 쉬게 되었다.[103]	이와 같은 남작을 …… 이와 같은 죄인을 …… "아무래도 재판은 해야겠다."[104]

카추샤는 열차를 타고 마을을 지나가는 네흘류도프를 한 번이라도 더 보려고 밤 12시에 역으로 달려 나간다. 마슬로바는 애인을 만나기 위해 달리는 열차를 따라 "머릿수건이 날아가고 치맛자락이 다리에 휘감겨도" "넘어지지 않으려고 기를 쓰며" 플랫폼의 "젖은 널빤지 위"를 종종걸음으로 달린다. 하지만 네흘류도프는 불타는 미련에 몸부림치며 오열하는 그녀를 플랫폼의 비바람 속에 무정하게 내버린 채 그곳을 떠나버린 후 다시는 그녀 앞에 나타나지 않는다.

엘리자베트 역시 재판정에서 남작이 나타나기를 기다리며 "마음이 뒤숭숭"해진다. 그곳이 남작과 대적하는 재판정임에도 불구하고 그에 대한 엘리자베트의 미련은 카추샤 못지않다. 그에 대한 연정이 "염통은 일 분 동안에 여든일곱 번이나 뛰놀고 숨도 일 분 사이에 스무 번 이상을 쉬고" "땀은 빗물 흐르듯 흘러 자꾸 눈과 입으로 흘러들" 정도이다. 결국 이 불행의 책임을 K 남작이 아닌 자신에게 돌릴(내가 잘못했지)

뿐만 아니라 소송을 취소하거나 하더라도 재판에서 "남작에게 져 주고 싶어" 하기까지 한다. K 남작 역시 네흘류도프와 마찬가지로 병원에 다녀온 뒤로는 그녀 앞에서 종적을 감춰버린다.

김동인은 복수 장면도 톨스토이에게서 그대로 옮겨 오고 있다. 엘리자베트는 희망(바람)과 장래(앞길) 그리고 사랑과 벗과 모든 즐거움을 잃어버리게 한 남작을 죄인으로 치부하고 소송을 결심함으로써 복수를 다짐하고 있다. 그녀의 복수는 매춘과 같은 타락의 길을 걷거나 철길에 뛰어들어 "하다못해 죽어서라도" "자기를 유혹한 첫 남자" 네흘류도프에게 복수하려는 카추샤의 복수심과 다를 바 없다. 다만 김동인은 그 복수 과정을 타락이나 죽음 대신 재판이라는 설정을 통해 보여 주고 있을 따름이다. 그것은 한편으로는 『부활』에서의 재판 이야기를 자신의 소설에서 답습하기 위한, 교묘하게 계산된 하나의 서사 변용이기도 하다.

물론 여기서도 두 작가의 서로 다른 세계관은 차이를 생산하는 인소로 작용하고 있다. 카추샤의 복수가 연인에 대한 양심적·도덕적인 징벌이라면 엘리자베트의 복수는 주로 경제적·생계형 징벌이라는 점에서부터 엇갈리고 있다. 그것은 톨스토이가 약한 자인 마슬로바의 성격을 창조함에 있어서 의지적이고 적극적인 측면을 강조하려 했다면, 김동인은 엘리자베트의 성격을 부각함에 있어서 피동적이고 소극적인 측면을 강조하려 했다는 데서 기인한다. 두 여인의 책략이 자신의 파멸을 통해 복수하려 한다는 점에서는 동일하지만, 그것이 의지적 선택인가 타인의 권고인가라는 부분에서는 다른 모습을 취하고 있다. 양육비는 물론 신문지상의 사과 역시 엘리자베트의 경우 의지적 선택이 아닌 타인의 권고에 의해 진행되며, 복수의 포기 설정 역시 패소라는 외적인 요인에 의해 이루어진다는 사실 자체만으로도 약한 자의 무능함에 대한 동인의 경멸적인 시선이 만들어 낸 특수한 픽션이 아닐 수 없다. 마슬로바에게서 복수의 선택과 포기가 모두 그녀 자신의 의지적인 행동으로 이루어지는 것과는 대조적이다. 톨스토이에게서 약한 자의 형상에는 항상 긍정적인 측면이 부여되고 있기 때문이다.

정사 후 버림받은 카추샤의 생활적인 타락은 엘리자베트에게서 그대로 모방되고 있다. 하녀로 전전하다가 이모네 집에 몸을 의탁하는가 하면 종당에는 유곽에 들어가 매춘 생활을 한다. 엘리자베트 역시 서울에서의 도시 생활을 접고 "낮고 더럽고 답답하고 텁고 시시한 냄새 나는 촌집"에서 "광목 바지 입고 상투 틀고 낮이 시커먼 원시적인 촌 무지렁이들" 속에 파묻혀 "죽게 어려운" 모내기, 김매기 등 "손에 익지 않은 일"을 하며 타락의 일로를 걸어간다.

⑦ 자살의 유사성과 친연 관계

발신자(『부활』)	수신자(『약한 자의 슬픔』)
이번에 기차가 오면 그 속으로 뛰어들겠어. 그러면 모든 건 끝나는 거야, 한편 카추샤는 …… 이런 생각만 했다.[105]	"난 죽고 싶어요" 엘리자베트는 쓰러졌다. …… 엘리자베트는 '죽어라' 하고 발이 저린 것을 참고 일어서서 뛰어 방 안에 들어와 꼬꾸라졌다.[106]

두 작품의 유사성은 자살 사건에서도 예외는 아니다. 두 여인은 똑같이 자살을 시도하지만 미수에 그치고 만다. "이번에 기차가 오면…… 뛰어들자. 그러면 다 끝난다"라는 카추샤의 생각과 "나 같은 것은 죽는 편이 나을까? 살 가치가 있을까? 물론. 그럼 자살? 아!" "자살? (그는 사지를 부들부들 떨었다.)"[107]이라는 엘리자베트의 고민은 마치 사전에 두 여자가 입이라도 맞춘 듯이 방불하다.

> 자살의 형태는 이미 데뷔작 「약한 자의 슬픔」과 「마음이 옅은 자여」에서 나타난다. 이 두 작품은 주인공의 자살 시도가 미수로 그치고 말았는데, 동인에 의하면, 이 두 작품의 결말結末을 자살로 끝맺으려고 했으나 뜻대로, 주인공을 죽이지 못했다.[108]

물론 네흘류도프에 대한 증오심 때문에 죽어서도 복수하겠다고 자살을 결심한 마슬로바와 낙태로 인한 비탄과 좌절감에 빠져 자살을 고민하는 엘리자베트의 경우는 다른 점도 있다. 마슬로바의 자살은 그 의도가 타자에 대한 적의에 둔 여주인공의 의지적인 선택이라면 엘리자베트의 자살 소동은 자신의 어리석음에 대한 자탄에 불과하기 때문이다. 전자의 자살 시도는 방법과 목적이 분명한 데 반해 후자의 자살 시도는 생각의 차원에서 그친다는 사실에서도 차이를 드러내고 있다. 이와 같은 결과는 톨스토이가 마슬로바의 긍정적인 측면을 부각하려 했던 반면 동인은 엘리자베트의 결함—약한 자의 어리석음을 부각하려 한 데서 기인된 것이라 할 수 있다. 더 나아가 마슬로바의 자살 시도는 네흘류도프에 대한 일종의 복수 전략으로서 제시되고 있지만, 엘리자베트에게서 자살 시도는 인생의 "즐거움과 반가움"의 부재에 대한 해결책으로 제시되고 있다는 점에서도 마찬가지이다. 불행의 원인을 네흘류도프에게 돌리는 카추샤와는 달리 엘리자베트는 이 "즐거움과 반가움"의 부재의 원인을 K 남작이 아니라 자신의 부족함, 즉 약함에서 찾고 있다. 여성관에 있어서의 톨스토이와 동인의 차이 때문에 빚어진 현상이다. 자살 포기에서도 두 여주인공의 선택은 확연히 다르다. 뱃속의 태아를 살리기 위한 모성애와 죽음과 삶에 대한 선택을 할 수 없는, "모름"에서 출발한 무지는 두 작가가 서로의 목적에 의해 설정된 것이다.

하지만 자살의 시도와 미수라는 사건의 전개 과정과 기본적인 얼개는 두 작품 다 동일하다. 동인이 "결말結末을 자살로 끝맺으려고 했으나 뜻대로, 주인공을 죽이지 못한" 것은 그의 창작에서 『부활』이 얼마나 지배적인 역할을 했던가를 단적으로 역설해 준다. 이러한 유사성은 낙태 사건을 경과한 뒤 재판 장면의 설정으로까지 지속되면서 두 작품의 계보와 친연 관계를 가일층 웅변해 주고 있다.

⑧ 출산의 유사성과 친연 관계

발신자(『부활』)	수신자(『약한 자의 슬픔』)
해산은 쉬웠다. …… 어린아이는 그곳에 가자마자 바로 죽어 버렸다고 한다.[109]	그는, 생각난 듯이 벌떡 일어나서 요강을 내어놓고 번갯불과 같이 빨리 그 속에 손을 넣어서 주먹만 한 핏덩이를 하나 꺼내었다. '내 것!'[110]

태아에 대한 두 여인의 태도는 모성애는 물론 미움까지도 닮아 있다. 마슬로바에게 태아는 "도저히 살 수 없다고 생각될 만큼 그녀를 괴롭히던 것, 그가 미워서 하다못해 죽어서라도 복수해 주겠다던" 네흘류도프 공작에 대한 "저주마저 스르르 사라져 버리게" 할 정도로 귀중한 존재였다. 엘리자베트에게도 태아는 "내 것"으로서 "참사랑"의 존재였으며 차디찬 핏덩이일망정 따스한 정이 느껴지는 존재였다. 그와 동시에 마슬로바에게 아기가 그녀의 인생에 걸림돌이 되는 "하나의 방해물"인 것처럼 "핏덩이를 씹어 먹고 싶을" 정도로 "무한한 미움"의 대상이었다. 낙태와 낳자마자 죽은 아기의 운명조차도 유사하다고 할 때 김동인의 『부활』에 대한 모방은 다시 한번 입증되는 계기가 되는 셈이다.

요강에 핏덩이를 떨군 엘리자베트의 낙태 묘사도 마슬로바의 순산과 닮아 있다. 낙태 당시 요강을 타고 앉은 엘리자베트의 비명과 "엎푸러짐", 가슴의 두근거림과 숨참 등의 현상은 『부활』에서 산욕열의 전파에 의한 에피소드를 재치 있게 변형시킨 것쯤으로 이해할 수 있을 것이다. 요강 안에 떨어진 핏덩이와 양육원에 도착하자마자 죽은 아기의 죽음은 그 기본 서사 구조가 다르지 않기 때문이다.

마지막 예문은 출산 장면은 아니다. 출산 전 태아의 움직임에 대한 상세한 묘사는 『부활』에서는 이 단락에 한정되어 있다. 반면 「약한 자의 슬픔」에서는 단편이라는 제한된 지면임에도 불구하고 출산 전후 태아 묘사가 자연주의적으로 상세하게 진행되고 있다. 톨스토이와 달리 출산 장면과 핏덩이에 대한 김동인의 과잉 묘사는 작가의 자연주의

도입과 연관된다. 이 부분에 대해서는 다음 장에서 상세하게 담론하기
로 한다.

⑨ 재판의 유사성과 친연 관계

발신자(『부활』)		수신자(「약한 자의 슬픔」)	
카추샤	네흘류도프	엘리자베트	K 남작
"아니, 끝나 버린 일이 아니오. 난 그대로 지나칠 수가 없소. 지금부터라도 속죄하고 싶소."[111]	그는 자신의 행위가 아주 추악하고 비열하며 잔혹하다는 것[112]	이튿날 엘리자베트는 남작을 걸어서 정조 유린에 대한 배상 및 위자료로서 5천 원, 서생아(庶生兒) 승인, 신문상 사죄 광고 게재 청구 소송을 경성 지방 법원에 일으켰다.[113]	자기를 끝까지 지우려고 변호사까지 세운 남작이 아니꼽지를 않을까? 그는 외면한 남작을 흘겨보았다.[114]

김동인이 『부활』을 모방하던 중 가장 고민했던 부분이 아마 재판
과정이었을 것으로 짐작된다. 그것은 『부활』의 전반 서사 구조 자체가
재판이 중심이 되기 때문이다. 재판이라는 이 스토리를 소설 속에 도
입하는 건 쉽지만 주인공들의 역할 배분 때문에 더욱 그랬을 법하다.
『부활』의 재판 과정에서 네흘류도프는 참회를 통해 재혼을 이루기 위
한 역할을 담당하고 있다면, 카추샤는 스스로의 선택과 의지에 따라
새로운 사랑과 삶을 찾아가는 역할을 수행하고 있다. 하지만 「약한 자
의 슬픔」에서 K 남작은 소송에서 변호사를 고용하여 엘리자베트와 정
면충돌하는 역할을 소화하고, 엘리자베트는 양육비를 위한 재판에서
패소하는 역할이 배당된다. 재판이라는 스토리 구조만 도입했을 뿐 내

용물은 전혀 다름을 알 수 있다. 왜 하필 이 시점에서 김동인은 자기 개성을 자각하고 모방 문체의 어떤 일부 요소를 배제 또는 변화시켜 자기 몫으로 동화시키려 했을까. 환언하면 지금까지 톨스토이 『부활』의 내용을 그대로 베껴 쓰던 김동인이 왜 갑자기 재판 과정에 대해서만 샛길로 빠져나갔을까 하는 의문이 대두된다.

김동인이 마슬로바의 타락과 범죄 과정 그리고 그녀를 구명하기 위한 네흘류도프의 소송 사건을 생략 또는 변경한 이유를 두 가지 원인에서 찾을 수 있을 것이다. 하나는 단편 소설이 가지는 편폭의 제한이고 다른 하나는 주제의 수요다.

톨스토이가 『부활』을 통해 말하고 싶었던 것은 상류 계층의 부패와 타락에 대한 비판과 그들 스스로의 회개를 통한 사회 개조였다. 네흘류도프의 참회 과정은 송사와 구명 운동이라는 구체적인 스토리의 설정과 결부될 때에만 효과를 발생할 수 있기 때문이다. 하지만 주인공의 깨달음의 과정을 통해 약한 자의 참모습을 그리려고 했던 김동인에게는 구명 운동이나 약한 자에 대한 동정 같은 건 문제시될 수가 없었기에 당연히 생략 대상이었다. 동인은 기발하게도 생략된 이 부분을 이환과의 짝사랑이라는 이야기로 교체해 버렸다. 네흘류도프와 카추샤의 참사랑을 이환에 대한 엘리자베트의 짝사랑으로 대입한 것이다. 하지만 동인에게 참사랑은 톨스토이의 경우와는 달리 카추샤나 엘리자베트와 같은 약한 자의 소유물이 아니었다. 약한 자에게 참사랑은 "그림자"[115] 즉 공상에 불과할 따름이다. 이 그림자는 공상 속에서만 존재할 뿐 현실로 복귀하는 순간 사라지고 마는 것이다.

이렇듯 공손한 학생처럼 톨스토이를 답습하던 동인은 느닷없이 "스승"과의 밀월 관계를 단절하고 소극적인 저항을 통해 이른바 "자신만의 세계"를 창조하려는 욕심을 부리기 시작한다. 그것은 전적으로 단편이라는 특정 장르의 한계성과 약한 자에 대한 특유의 견해에서 비롯된 결과라고 단언할 수 있다.

2. 탈수용—"자신만의 세계"

"자신만의 세계 창조"는 타자의 영향권에서 탈피하는 바로 그 지점에서 시작된다. 다시 말하면 피동적인 수용으로부터의 소극적인 거부에로의 전환이라고 할 수 있다. 비교 문학의 견지에서 볼 때 이러한 서사 책략은 배제·변화 등의 기술적 조치를 통해 '장르'와 '문체'로 귀납되는 발신자의 정보를 수신자의 개성에 맞게 재단하는 창작 수법이라고 할 수 있다. 그것은 이른바 "모사模寫나 모작模作"을 관행으로 삼는 평범한 작가이기를 거부하고 "독창성을 고수"[116]하는 진정한 작가로 성장하는 첫걸음마이기도 하다. 김동인 역시 톨스토이의 『부활』을 거의 모작하고 있으면서도 한편으로는 독창성 즉 자신만의 세계를 창조하는 소설 실험에 나름의 노력을 경주하고 있음이 주목된다.

「약한 자의 슬픔」에서 이러한 탈수용의 윤곽은 재판에서부터 시작된 것이라고 이미 앞에서 지적하였다. 하지만 동인이 『부활』과의 차별화를 위해 소송 사건 이전부터 사소한 공력을 들여 온 것도 사실이다. 그것은 최소한도의 작가적 양심의 발로였다. 물론 이러한 현상은 비교 문학이라는 프리즘에 통과시키면 "환경의 차이와 거리 때문에 오해되 거나 그 진의에서 벗어난"[117] 피동적인 결과가 얻어지거나 아니면 작가 의 의지적인 노력의 결과라고 분석할 수도 있다.

> 진정한 작가는 이러한 모방의 유형에 추정하더라도 어떤 독창성
> 을 고수할 줄 안다. …… 가령 작가는 자기 개성을 자각함에 따라 모
> 방한 문체의 어떤 요소를 배제하거나 그 밖의 요소를 변화시켜 자기
> 몫으로 동화시키려고 한다.[118]

	네흘류도프	K 남작
① 연령	총각	유부남
② 신분	손님	주인
③ 정사	청춘 남녀의 사랑	불륜, 간통
	카추샤	**엘리자베트**
④ 낙태	태아 선택, 복수 포기	복수 선택
	『부활』	**「약한 자의 슬픔」**
⑤ 서사	네흘류도프 중심	엘리자베트 중심
⑥ 재판	네흘류도프의 참회	K 남작의 승소

보다시피 많은 장면과 에피소드에서 톨스토이의 보이지 않는 조종 에서 독립하여 홀로 서려는 동인의 탈수용 노력이 엿보인다. 설령 그 가 톨스토이의 『부활』을 완벽하게 모방하려 했다하더라도 단편 소설

이라는 장르의 한계 때문에 압축·변화·재배치 등의 탄력적이고 수축적인 서사 대응이 없었다면 이 소설은 한낱 무가치한 표절 작품으로 문학사에서 사장되고 말았을 것이다.

필자는 절대적 압력을 발휘하는 톨스토이의 영향을 거부하기 위한 동인의 이러한 "요소 배제"와 "요소 변화" 내지는 "자기 몫으로 동화시키려"는 "자각적 모방"은 장르와 주제의 제약에도 불구하고 "환경의 차이나 거리 때문"이라기보다는 이른바 "독창적"이고 "개성적인", "자신만의 세계"를 구축하려는 창작 의도에서 파생된, 다분히 의지적인 결과물이라고 보는 것이 타당할 것이라고 간주한다. 환언하면 이와 같은 결과는 작가의 어떤 의도된 창작 목적의 부산물에 불과하다는 것이다.

동인이 K 남작을 유부남과 주인으로 설정한 목적은 그에게 연장자와 주인이라는 권력을 부여함으로써 그에 대한 엘리자베트의 종속성을 확실시하기 위한 데 있다. 다시 말해 엘리자베트의 연약함을 상대적으로 강화하기 위해서이다. 불륜인 동시에 무대가인 그녀에 대한 K 남작의 능멸이 정당화될 수 있었던 비밀도 다름 아닌 상술한 권력으로부터 배당된 것이었다. 반면 총각이자 놀러 온 손님이었던 네흘류도프는 이러한 권력이 결여되었기에 정사 후 카추샤에게 그 대가로 100루블을 지불한다. 카추샤는 하녀로서 신분상 약한 자였지만, 애정이라는 측면에서 이 두 청춘 남녀는 분명하게 강한 자와 약한 자로 분화된 K 남작과 엘리자베트의 경우와는 달리 상호 동등한 인격자였다. 따라서 『부활』과는 상대적으로 차별화된 설정은 주제를 살리기 위한 서사 전략에서 비롯된 것이라 할 수 있다.

『부활』에서 카추샤는 한때 분노 때문에 복수와 자살까지 생각하지만 그 뒤로는 네흘류도프와의 첫사랑을 깨끗이 망각해 버린 채 자신의 삶에 몰두한다. 하지만 엘리자베트의 K 남작에 대한 원망과 질투 그리고 복수심은 소설의 결말까지 지속된다. 동인이 엘리자베트의 어깨에 원망과 질투, 복수라는 무거운 짐을 지워 준 것은 독자들에게 이것들이 모두 약한 자의 전용물이라는 정보를 던져 주기 위해서였다. 여기에 하나 더 보탠다면 죽음과 눈물이다. 엘리자베트가 우는 장면은 소설에서 과도하리만치 빈번하게 등장한다. 약한 자가 할 수 있는 일은 오로지 후회와 눈물이라는 것이 동인의 지론이다. 그리고 그가 보건대 약한 자의 후회와 눈물은 그들의 어리석음과 무능 때문에 빚어진 것이다. 동인은 엘리자베트가 약한 자가 된 것은 다름 아닌 이러한 것들이 중첩된 억압 때문이라고 설교한다.

이 무거운 짐을 벗어던지는 방법은 오로지 하나, 용기이다. 용기의 부족이 엘리자베트를 약한 자로 만들었기 때문이다. 그 이치를 작품의 결말에 가서야 엘리자베트는 뒤늦게 깨닫는다. 이환에게 사랑을 고백하지 못한 것, K 남작의 요구를 거절하지 못한 것, 의사에게 임신 사실을 말하지 못한 것, K 남작의 집에 남아 있지 못한 것, 재판에서 강하게 나오지 못한 것, 자살하지 못한 것 등등 이 모든 불행의 근원은, 작가의 강조에 따르면 용기의 결여였다. 하지만 이미 모든 것을 죄다 상실한 뒤 깨달은들 무슨 소용이 있으랴. 그것은 다른 일종의 후회일 따름이다.

참사랑을 하려면 용기가 있어야 한다. 용기가 수반되지 않는 참사랑은 약한 자에게는 한낱 "그림자"[119]에 불과하다. 참사랑은 타자도 행복할 때 가능해진다는 톨스토이의 주장과는 뉘앙스가 다른 견해이다. 네흘류도프가 참회와 희생을 통해 참사랑을 복구하려 했다면 욕망의 노예가 되었던 엘리자베트는 참회의 자격마저 박탈당한 "열패자"였다. 마지막에 남는 것은 뒤늦은 후회밖에 없는 약한 자의 어리석음—동인은 이 작품에서 바로 그것을 적나라하게 보여 주려고 했던 것이다.

태아에 대한 문제 해결에서도 엘리자베트는 카추샤와 다른 선택을 한다. 카추샤는 죽어서라도 복수를 하리라 다짐했지만 뱃속 태아의 태동을 느끼자 금시 복수와 자살을 포기하고 새 생명을 선택한다. 하지만 엘리자베트는 아무런 미련도 없이 낙태를 결심한다. K 남작보다도 먼저 낙태를 제기한다.

> "병원에…… 가서…… 떨어쳤으면……"
> "어떻게든…… 처치……"[120]

톨스토이에게 약한 자는 사랑, 복수심, 양심, 모성애 등 모든 것을 소유한 인간적인 존재라면 김동인에게 약한 자는 여성의 본능인 모성애조차 결여된 불완전한 존재에 불과하다. 그런 연유로 『부활』에서 불완전한 존재는 도리어 강한 자(네흘류도프)이고 「약한 자의 슬픔」에서 완전한 존재는 반대로 강한 자(K 남작)인 것이다. 결과적으로 톨스토이는 약한 자의 인간성에 초점을 맞춘 반면 김동인은 약한 자의 잔인한 동물성을 비난하고 있다. 그에게는 약한 자의 모든 행위와 처사가 마음에 들지 않는다.

네흘류도프가 서사의 중심이 된 『부활』의 서사 전략과는 달리 동인은 「약한 자의 슬픔」의 서술 주체를 엘리자베트로 교체함으로써 톨스토이의 서사와 차별화하고 있다. 물론 이 역시 톨스토이의 서사 목적은 네흘류도프의 참회인 데 반해 김동인의 서사 목적은 약한 자의 어리석음이기 때문에 벌어진 차이점일 것이다. 네흘류도프의 참회—그것은 강한 자가 스스로 결함을 시정하는 자정의 과정이라면 엘리자베트의 깨달음—그것은 약한 자가 스스로 자신의 부족함을 인식하는 뒤늦은 후회이다.

만일 이러한 차이점들이 곧바로 김동인이 창조한 "자신만의 세계"라면 그 업적은 당연히 약한 자의 편에 서서 그들을 동정하는 톨스토이와는 확연히 다른, 약한 자의 어리석음을 냉혹하게 풍자하는 그의 특이한 세계관에 돌려야 할 것이다. 동인의 세계관은 소설의 주제를 잉태했을 뿐만 아니라 그 주제를 살리기 위한 인물들과 사건들까지 분만해 냈기 때문이다. 약한 자를 동정하는 톨스토이는 불행의 책임을 강한 자에게 지우고 그들의 회개와 희생적인 실천을 통해 부정한 사회가 개조되기를 기대한다. 약한 자는 약하기 때문에 강한 자의 도움이 필요하다고 생각했기 때문일 것이다. 하지만 김동인은 약한 자는 자신의 무능과 어리석음 때문에 운명의 주인이 될 수 없다고 생각한다. 타자의 결단에 의해 지배되는 삶은 굴욕과 실패, 좌절뿐이다. 그 이유 하나만으로도 약한 자는 비난의 대상이 되기에 충분하다. 이 사상이야말로 「약한 자의 슬픔」을 『부활』과 차별화시킨, 김동인만의 세계라고 할 수 있다.

그렇다고 하여 「약한 자의 슬픔」이 전적으로 김동인이 창조해 낸 그만의 세계가 될 수는 없다. 위의 비교 연구를 감안할 때 소설의 뼈대를 이룬 인물 구성과 스토리 구조가 『부활』에서 따왔다는 사실은 변론할 여지가 없을 것이다. 이 반半 모조품과 주인공들의 운명을 자신의 구미에 맞도록 재구성하고 조종한 결과물이 다름 아닌 「약한 자의 슬픔」인 것이다.

3. 서사 기법의 수용과 모방

1) 인형 조종술과 과잉의 부산물

앞의 담론을 통해 우리는 동인의 데뷔작 「약한 자의 슬픔」의 계보가 톨스토이의 『부활』에 결부되어 있음을 확인하였다. 그 모방의 범위는 비단 내용과 인물에 그치지 않고 개성과 스토리의 운영 체계까지도 포괄하고 있음을 동인 스스로 자인하고 있다. 이 운영 체제는 김윤식에 의해 이른바 "인형 조종술"이라는 명칭을 부여받는다. 이 용어의 적절성 여부를 떠나서 필자도 아래의 담론에서 이 신조어를 잠시 대용貸用할 예정이다. 사실 엄밀하게 따지면 그 조종의 수위는 인물에만 국한되지 않고 사건 전반에까지 영향력을 행사한다.

그런데 동인이 가동하는 조종술과 톨스토이의 "조종술"에는 근본적인 차이가 존재함을 지적하지 않을 수 없다. 톨스토이의 조종은 인물의 개성과 사건의 합리성에 기반을 두었기 때문에 현실성이 상대적으로 강한데, 이에 반해 동인의 조종은 인물의 개성과 사건의 합리성을 무시한 과잉 운영으로 인해 상대적으로 개연성이 떨어지기 때문이다. 「약한 자의 슬픔」은 도처에 이러한 과잉 조종에 의해 파생된 모순들이 혼재되어 있다.

동인이 개성 발전과 사건 전개의 타당성을 홀시하면서까지 신들린 듯 과잉 조종에 집착한 이유는 단 하나이다. 약한 자에 대한 경멸과 냉소의 효과를 최상으로 끌어올리기 위한 의도였다. 소설 속의 인물들과 사건들을 수의적으로 조종하여 경멸과 냉소의 유효 사정거리에 가장 적당한 장소에 과녁으로 배치해야만 소기의 목적을 달성할 수 있기 때문이다. 그러한 효과를 얻기 위해 동인은 톨스토이의 조종술을 자신의 소설 속에 대담하게 도입했던 것이다. 하지만 그는 톨스토이의 합리적 수위의 조종술에 만족할 수 없었다. 과잉 작동에 의한 부작용을 감안하면서라도 조종의 강도를 높임으로써 경멸과 냉소의 효과를 극대화하고 싶은 욕망이 간절했기 때문이었다.

결국 경멸과 냉소서사는 김동인이 "자신만의 세계"를 구축하는 데 가장 결정적인 기여를 한 소설적 장치였다. 「약한 자의 슬픔」에서 시작되어 순수 문학을 지향하던 시기에 동인의 소설 세계를 통치한 운영 체제는 경멸과 냉소서사였으며, 이것이야말로 동인이 줄기차게 부르짖은 "자신만의 세계"의 최고 지배자였다.

김동인은 톨스토이가 자신의 소설에서 선보인 현란한 인형 놀리기 기술에 경탄한 나머지 본격적으로 인형 조종술을 자신의 소설 속에 장착, 가동시키게 된 것이다. 그 첫 시도는 더 말할 것도 없이 데뷔작 「약한 자의 슬픔」이라는 실험 소설을 통해 윤곽을 드러냈다.

> 톨스토이는…… 인생人生을 자유자재自由自在로, 인형人形 놀리는 사람이 인형人形 놀리덧 자기自己 손바닥 위에 올려노코 놀렷다. 거꾸로도 세워 보고, 바로도 세워 보고, 웃겨도 보고, 울리워도 보고, 自己 마음대로 그 인형人生을 조종操縱하엿다. 톨스토이의 위대한 점은 여긔 잇다.[121]

김윤식은 동인의 톨스토이에 대한 평가를 동인에게 그대로 적용하고 있다. 그는 김동인을 "인생을 손바닥 위에 올려놓고, 인형 놀리듯 하는 놀음"[122]을 하는 작가로 단정하고 있다. 예를 들면 동인은 「약한 자의 슬픔」에서 주인공 엘리자베트의 인생을 손바닥 위에 올려놓고 인형 놀리듯 조종한다. 이환 때문에 고민하고 울며 K 남작 때문에 울고 웃는다. 임신하고 낙태하고 소송하고 자살까지 시도한다. 엘리자베트의 인생의 이 모든 우여곡절은 주인공이 자신의 개성을 포기한 채 오로지 작가의 조종에만 순종한 결과이다. 작가는 엘리자베트의 인생이 불행해진 원인을 자신의 의도적인 조종에 의한 것이 아니라 그녀의 용기가 부족한 탓이라고 교묘하게 연막을 치고 있다. 소설 이야기에 의하면 모든 좌절과 실패는 용기 결여 때문에 빚어진 결과이기 때문이다.

하지만 우리는 조금만 내용에 집중하면 엘리자베트의 불행이 작가의 조종에 의한 결과물이라는 사실을 어렵지 않게 발견하게 된다. 동인은 무의식중에 엘리자베트의 개성을 알 수 있는 사건들을 제공하고 있다. 후과에 대한 어떠한 우려도 없이 K 남작과의 불륜을 공모한다든지, 이환을 사랑하면서도 주저 없이 남작과 성관계를 가진다든지, 부인과 이환에게 불리한 줄 알면서도 송사를 결심한다든지, 두려움 없이 요강에 낙태하고 핏덩이를 주무른다든지…… 하는 일련의 사건들을 미루어 볼 때 엘리자베트는 결단성과 용기를 겸비한, 상당히 저돌적이고 강인한 여자임을 엿볼 수 있게 한다. 결코 우유부단한 성격의 여자가 아님에도 무력하게 세상의 강요에 순종만 한다는 소설적 설정은 누가 보아도 상호 모순되며 작가의 의도적인 조종에 의한 결과임을 입증해 준다. 한마디로 조종에만 치중하고 개성은 무시한 결과라고 할 수 있다. 소설의 여러 곳에서 불합리한 장면들이 나타나는 현상은 인물과 사건에 대한 작가의 조종, 더 나아가서는 과잉 조종의 입김이 개입했음을 단적으로 말해 준다. 어설픈 조종이 부른 서사의 실패라고도 할 수 있을 것이다.

동인이 얼마나 조종술에 집착했고 그 결과 얼마나 서사의 타당성과 당위성이 훼손되었는지는 K 남작의 부당한 요구에 대한 엘리자베트의 수용과 약한 자의 의미에 대한 엘리자베트의 깨달음 이 두 가지 장면을 통해서도 입증 가능하다. 『부활』에서는 술래잡기와 미사에서의 키

스를 통해 네흘류도프와 카추샤의 정사를 위한 복선과 계기를 충분하게 제공해 주고 있다. 인물과 사건에 대한 톨스토이의 그와 같은 합리적 "조종"은 이들의 정사가 단순한 성적 충동이 아닌 청춘 남녀의 사랑의 결과임을 강조하기 위해서였다. 사랑에 의한 육체적인 결합만이 그녀를 버렸던 네흘류도프의 양심에 충격을 줄 수 있기 때문이었다.

하지만 동인에게는 엘리자베트의 순결을 짓밟은 K 남작의 양심의 가책이나 회개 같은 건 필요하지 않았다. 그에게 필요했던 건 약한 자의 불행이 그 자신의 어리석음과 오판 또는 용기 부재에 의해 초래된 것이라는 증거 확보였다. 동인의 이러한 의도에 따라 조종당한 엘리자베트는 "누구나가 수긍할 수 있는 타당성을 충분히 제시하지 않은"[123] 상태임에도 불구하고 K 남작의 성적 욕구를 충족시켜 주지 않으면 안 되었던 것이다. 엘리자베트가 자신이 배당받은 개성과 스토리가 제시한 합리적인 코스를 이탈할 수밖에 없었던 이유는 이른바 "신"[124]을 자처하는 동인의 조종에 끌려다녀야만 했기 때문이다. 동인은 자신의 피조물인 엘리자베트를 지배할 권한이 충분하다고 생각했던 것이다.

> 작품의 맨 끝에서 …… 엘리자벳이 깨달음에 이른 것처럼 묘사하고 있지만 …… 그러한 심정적 변화心情的 變化나 깨달음을 뒷받침할 적절한 타당성은 설정되어 있지 않다.[125]

그래도 이 경우는 통간 장면에 비하면 그나마 어느 정도는 수긍이 간다. 많은 실패와 좌절을 겪은 뒤였기에 나름의 감회가 있을 법도 하기 때문이다. 물론 네흘류도프의 "깨달음"의 과정에 비하면 아직도 "적절한 타당성"이 결여되어 있는 것도 사실이다. 그는 재판 과정과 면회를 통해서 그녀의 타락과 범죄 사실을 알게 되고 그로부터 자신의 잘못을 깨닫게 되기 때문이다.

그런데 "자신만의 세계"를 창조하기 위해 동인이 그토록 심취한 조종술이 그의 지배에 저항하는 순간도 있었다. 그가 제아무리 스스로를 신이라고 자칭해도, 그래서 조종술의 능력이 완벽할 뿐만 아니라 자신이 창조한 주인공들에 대한 신적인 권력을 행사할 수 있다고 자신해도 결국 한계는 있었던 것 같다. 소설에서 자유자재의 조종술을 통해 주인공들을 인형 놀리듯 하던 동인은 의도했던 엘리자베트의 죽음을 자살로 설정하는 조종에는 실패했으니 말이다.

> 자살의 형태는 이미 데뷔작 「약한 자의 슬픔」과 「마음이 옅은 자여」에서 나타난다. 이 두 작품은 주인공의 자살 기도가 미수로 그치고 말았는데, 동인에 의하면, 이 두 작품의 결말結末을 자살로 끝맺으려고 했으나 뜻대로, 주인공을 죽이지 못했다.[126]

조종술의 고수高手 김동인도 그 조종술이 효력을 상실하고 주인공들에 대한 지배가 뜻대로 이루어지지 않을 때가 있다는 사실은 그에게도 등장인물들의 독립적인 개성과 사건 발전의 합리성 같은 것들이 일정한 영향을 미친다는 것을 의미한다. 하지만 "자신만의 세계"를 구축하는 작업에 결정적인 기여를 한 조종술에 대한 동인의 각별한 애착은 소설 내공의 성숙과는 상관없이 시종일관 변함없이 그림자처럼 서사의 꽁무니를 따라다녔다.

2) 사상·감정의 수용

동인은 인형 조종술이라는 톨스토이식 창작 기법에 경멸과 냉소라는 강력한 서사를 장착함으로써 드디어 "자신만의 세계"를 구축하는 데 성공한다. 그런데 이 경멸과 냉소서사 역시 따지고 보면 그 계보는 "인생人生의 가장 악한 면을 붙들어 가지고 우리 앞에 내대이는"[127] 톨스토이에게서 추적할 수 있다. 상류 귀족층에 대한 톨스토이 비판 언어의 신랄함과 예리함의 기저基底에는 경멸과 냉소가 두텁게 깔려 있기 때문이다. 그렇다면 톨스토이의 경멸과 냉소의 분출구는 또 어디인가?

> 그의 만년晩年의 작품作品과 논설論說은 모둔 공평公平한 비평가批評家에게 챗죽을 마잣다. …… 그 이론理論은, 세계世界에서 아모도 비웃지 안는 사람이 없다. 이것은 어듸서 나왓느냐. 톨스토이의 귀족적貴族的 교만과 자긔밧게는 세상世上에 사람이 없다는 자만심自慢心에서 나온 것이다.[128]

그렇다. 바로 오만이다. "자기밖에는 세상에 사람이 없다"라는 교만과 자만심에서 분비된 결과물이다. 결국 경멸과 냉소서사를 잉태한 자궁은 오만이었다. 솔직히 동인은 톨스토이한테 너무 많은 빚을 지고 있다. 인물과 스토리는 물론이고 인형 조종술과 냉소서사를 넘어 오만과 안하무인까지 통째로 빌려다가 답습하고 있기 때문이다. 그가 톨스토이를 "작가·작품·페이지·사상·감정"[129]까지 포함하여 전방위적으로 수용한 목적은 물론 "자신만의 세계"를 구축하기 위해서였다.

하지만 우리는 톨스토이와 동인의 오만에는 근본적인 차이가 있음을 알아야 한다. 『부활』에서 톨스토이의 오만은 껍데기만 화려하고 속은 텅 빈 재판관이나 귀족 등 상류층(강한 자)을 비판하는 경멸과 냉소서사를 생산하고 있다. 반면 동인의 오만은 약한 자의 무지와 어리석음, 의지박약을 조롱하는 데에 경멸과 냉소서사를 투입한다. 동인과는 달리 약한 자—카추샤를 향한 톨스토이의 언어는 무한한 동정심과 연민의 감정으로 가득 차 있다.

그런가 하면 동인의 경멸과 냉소서사는 K 남작에 대한 묘사에서는 작동을 멈추고 침묵에 돌입한다. 톨스토이가 네흘류도프에게 강요했던 책임 추궁 같은 것도 하지 않으며 회개나 참회 같은 것도 강요하지 않고 경멸과 냉소서사 밖에 빼돌린 채 묵인과 방관만을 일삼는다. 톨스토이의 오만은 약한 자의 불행의 잘못을 강한 자에게서 추궁하고 그들의 성찰과 반성 또는 회개를 강요한다. 네흘류도프는 톨스토이의 오만한 강요에 따라 카추샤에 대한 구명 운동을 벌일 뿐만 아니라 부단히 자신을 마슬로바의 수준까지 약자화시킨다. 대저택을 버리고 하숙 생활[130]을 작심하며 "쿠즈민스크 영지의 토지를 농민들에게 몽땅 빌려줄"[131] 뿐만 아니라 "고모들에게서 물려받은 영지의 토지도 쿠즈민스크 마을에서 정한 것처럼 처리"[132]한 뒤 그녀를 따라 시베리아로 동행한다.

『부활』에서 카추샤는 네흘류도프의 잘못에 대해 책임을 추궁하지도 않는다. 그의 호의를 바라지도 않는다. 게다가 청춘 남녀 사이의 정사는 불륜도 아니다. 하지만 네흘류도프는 스스로 잘못을 반성하고 그녀와의 결혼을 통해 양심적인 책임을 지려 한다. 그러나 「약한 자의 슬픔」에서 K 남작은 유부남으로서 처녀의 순결을 능욕하는 비인간적인 불륜을 저질렀음에도 잘못을 깨닫고 반성하기는커녕 작가의 묵인하에 털끝만 한 양심의 가책마저도 느끼지 않는다. 동인의 그 지독한 경멸과 냉소서사는 K 남작을 향한 질타는 고사하고 어떠한 일체 표현을 포기하고 있다. 이는 그가 애용하는 경멸과 냉소가 강한 자가 아닌 약한 자에게만 사용하는 전용 서사체임을 역설해 준다.

한마디로 말해 동인의 오만이 생산한 경멸과 냉소서사는 강한 자 앞에서는 꼬리를 내리고 약한 자 앞에서만 으스대는, 비굴한 것임을 알 수 있다. 동인의 "오만한 성격性格과 자존심自尊心과 자부심自負心" 그리고 "광포狂暴한 사상思想이 미움과…… 악惡 또한 미美"[133]로 둔갑시키는 데는 성공했지만 그가 보기에 미운 것인 동시에 악인 약한 자의 변호에는 실패하고 있다. "무지하고 범속한 인물의 범속한 삶" 그리고 이들의 "무지無知로 인한 몰락과 성性으로 인한 몰락"[134]을 목격하게 된 동인의 지독한 오만과 아집 또는 자기중심적인 성격은 그더러 약한 자의 미美(아름다움)를 저주하도록 종용했다. 그리하여 비호 대신 경멸과 냉소를 퍼붓기 시작한 것이다.

II.

김동인과
졸라 문학
비교 연구

동인이 멋모르고 톨스토이가 개척한 리얼리즘의 길 위에 올라섰을 때, 그곳에는 이미 근대 문학의 거장 이광수가 계몽이라는 차량을 운전하여 사회 개량이라는 종착역을 향해 저만치 멀리까지 질주하고 있었다. 이 길은 단선 일방 통로로서 설령 이광수가 양보하고 싶더라도, 그의 차가 고장났다 하더라도 영원히 추월할 수 없는 구간이었다. 이러한 상황에서 동인이 이광수의 독주를 견제하려면 꽉 막힌 이 길에서의 희망 없는 주행을 포기하고 보다 소통이 원활한 다른 길을 선택할 수밖에 없었다. 마침 그때 이미 리얼리즘 통로가 아닌 다른 길이 개통되어 있었다. 그것은 임노월이 개척한 길인데 그가 초반 하차하면서 버려진 채였다. 지금은 버려진 지 한참 되었을 뿐만 아니라 정비도 안 되고 노면이 거칠어졌지만, 숙련된 운전 기술만 장악하면 통행 차량이 없는 이 길을 달려 이광수를 추월할 가능성이 충분할 것으로 판단되었다. 이 길은 다름 아닌 자연주의 길이다. 일본에서조차 이 길은 통행자가 드물어 벌써 폐쇄될 만큼 사람들의 기억 속에서 사라져 갈 때였다.

하지만 역설적으로 통행자가 드물다는 바로 그 조건과, 그래서 그 누구의 방해도 받지 않고 혼자서 고속도로를 독주할 수 있다는 조건이 동인을 유혹하는 장점으로 부상했다.

그리하여 동인은 본의 아니게 자연주의의 창시자 졸라와 깊은 인연을 맺게 된다. 그는 졸라와의 만남을 통해 그가 창시한 자연주의 이론 속에는 당시 조선 문단에 권위로 군림하던 이광수의 계몽 문학을 초과할 수 있는 모든 소설적 장치들이 준비되어 있음을 발견하고 자신에게 필요한 부분들을 대부분 수용했다. 예를 들면 "암흑면에 대한 묘사", "과학적인 해부 묘사"와 같은 기법들이다. 동인은 졸라에게서 임대한 이러한 신형 서사 무기들을 사용하여 이광수가 구축한 이상화 된 견고한 왕국을 본격적으로 전복하기 시작했다.

리얼리즘의 원근법에 의해 묻혀 있던 암흑면을 이상화라는 프리즘을 거치지 않은 채 "있는 그대로 묘사"하는 자연주의적인 묘사 원칙은 추와 악을 도덕적, 법률적 감금에서 석방하여 선과 동등한 미의 반열에 세움으로써 이광수가 수립한 이른바 반유교적인 계몽사상이 여전히 도덕과 선의 범주에서 초탈하지 못했음을 역으로 입증했다. 그것은 유교적 병폐와 봉건적 풍속에 대한 이광수의 비판의 결과물에 추와 악은 배제됨으로써 그 지배권은 여전히 선과 미에 속했기 때문이다.

동인은 졸라가 개발한 "과학적인 해부 묘사"의 수용을 통해 톨스토이에게서 빌렸던 비판 서사—"채찍"의 구조를 수정하여 자신에게 필요한 새로운 기능을 탑재한다. 독자에 대한 교화 기능을 폐지시키고 경멸과 냉소 시스템을 강화함으로써 비판 강도를 한 단계 높였다. 이렇게 새롭게 개조된 무기는 전적으로 이광수에 의해 긍정적 이미지로 부각되었던 대중—약한 자들을 과학적으로 해부하여 그 어리석음과 무지를 드러내기 위한 용도로 충당되었다. 이렇듯 동인은 졸라의 자연주의 기법을 활용하여 이광수가 알심 들여 구축한 계몽 세계를 전방위적으로 타격했다.

물론 동인은 졸라가 개척한 길을 수동적으로 따라가지만은 않았다. 그랬다면 그는 지금처럼 근대 문학의 상징으로 회자되지도 않았을 것이다. 어느 지점에서 동인은 졸라에 대한 맹목적인 추종을 포기하고 자신만의 길을 새롭게 개척하기 시작했다. 그러한 시도가 다름 아닌 약한 자에 대한 일방적인 경멸과 냉소라는 그만의 서사 책략의 개발이다. 졸라의 해부 묘사와 냉철한 비판 서사가 약한 자는 물론 강한 자에게도 동일하게 적용되었던 것과는 정반대되는, 동인만의 서사라고 할 수 있을 것이다. 이러한 비교는 두 작가의 구체적인 작품 속에서 수도 없이 드러나는 현상이다. 그러면 우리는 지금부터 두 작가의 구체적인 작품에 대한 비교를 통해 발신자와 수신자 사이의 유사성과 상이성에 대해 검토하기로 하자.

1장

김동인 자연주의 문학의 배경

1. 김동인 자연주의 문학 형성 토대

1) 동인과 졸라의 만남

동인이 졸라를 만나게 된 경로는 주로 서적을 통해서였는데, 졸라 소설의 일본어 번역본과 한글 번역본 그리고 졸라를 소개하는 글이었을 것이다. 여기서 한글 번역본과 소개 글은 주로 일본어 번역에 의존했을 것으로 추측할 수 있다. 졸라의 소설은 주로 장편이어서 한글 번역에는 애로가 많아 진척이 완만할 수밖에 없었다. 1920년대에는 『그랑미슈』(주요한 옮김, 『동아일보』), 『나나』(1924, 홍난파 옮김, 박문서관) 등 한두 편에 불과했고 1930년대에도 『나나』가 김동원, 윤갑춘, 이정호에 의해 다른 잡지에 중복 번역되었을 따름이다. 물론 자연주의 사조에 대한 소개 글도 여러 편 발표되며 문학도들이 졸라 문학을 접할 수 있는 첩경이 되기도 했다.

김동인이 데뷔작 「약한 자의 슬픔」을 『창조』에 발표한 시기는 1919

년 2~3월이다. 자연주의 대표작으로 불리는 「감자」가 『조선문단』에 발표된 시기는 1925년이다. 그런데 1920년대 초에 졸라의 소설은 이미 보편적으로 읽혀지고 있었다. 말할 것도 없이 그 번역본은 일본어였고 또 당시 조선 문인들은 일본에 공부하러 온 유학생들로 일본어 문학 작품을 읽을 능력을 가지고 있었다. 동인은 그중의 한 사람이었다.

『루공 마카르 총서(Les Rougonmacquart)』는 병적 유전이 있는 일가족을 여러 가지 경우와 사건과 주위하에 두고, 그로부터 생기는 여러 가지 현상을 기록한 과학적 진화사라고 하든가 또는 중류 사회 인사의 생활과 풍속사라고 할 만한 것이었습니다. 간단하게 말하면 병적 신경성의 여자가 루공이라는 집으로 시집을 갔다가 다시 마카르의 집으로 가서 낳은 자녀의 사실을 쓴 것인데 전후 20권 속에는 사회 각 방면의 사실이 있는 그대로 가득하였습니다. 사회의 어떠한 방면을 물론하고 모든 생활과 누추와 비참의 사실이 조금도 은휘隱諱된 바 없이 정밀하게 기록되었습니다. 이 총서 속에는 자연파의 증보重寶라고 할 만한 장점을 가진 작품도 많이 있으며 또는 단점 있는 작품도 적지 아니합니다.[135]

1922년에 쓰인 이 글에는 20권이나 되는 졸라의 방대한 대작 『루공 마카르 총서』의 내용이 이미 상세하게 소개되어 있음을 확인할 수 있다. "가난한 농부가 자기의 아버지를 먹여 두면 비용이 든다고 하여, 자기 아버지를 죽이고, 자기의 죄를 없이하기 위하여는 허청虛廳을 불 놓았다"[136]라는, 졸라의 작품 『토지(La Terre)』의 내용도 상세하게 소개된다. 뿐만 아니라 인간의 야수성을 해부해 낸 『인간 짐승』(「금수의 희극(beastil comedy)」)[137] 역시 이미 이 글에서 소개되고 있는 점을 감안할 때 졸라의 소설은 일문 번역으로 널리 읽혔음이 짐작된다. 김동인이 졸라의 작품과 접촉했을 거라는 추정은 그 자신의 글에서도 입증된다.

> 내가 동경에 건너가 명치 중학에 다니며부터 문예 서적을 많이 읽었고 따라서 그중에서도 소설을 좋아하여 서양 작가와 기타 작가들의 책을 많이 읽었다.[138]

일본이 서양 문학을 접수한 것은 18세기 중후반부터 시작되었다. 졸라의 자연주의는 "19세기 말(명치 30년대) 시마무라 호게츠(島村抱月, 1871~1918)에 의해 소개"[139]되었다. "1877년(명치 10년) 전후 일본 문단에서는 서양 문학 작품을 소개하는 한차례의 '번역 고조'가 일어났으며 명치 20년(1887년)에는 전성기에 도달"[140]했다. 모파상, 투르게네프, 톨스토이, 유고 등 서구 작가들의 작품이 대거 번역되었는데 그중에는 "1884년경에 번역된 졸라의 장편 소설 『목로주점(小酒店)』"[141]도 포함되어 있다. 이렇게 번역된 졸라 작품의 영향 속에서 일본의 자연주의 선구자 나가이 가후(永井荷風, 1879~1959)는 『야심』(1902), 『지옥의 꽃』(1902), 『꿈의 여자』(1903)를 썼고 다야마 가타이(田山花袋. 1871~1930)는 자연주의 소설 『이불(蒲團)』(1907)을 썼던 것이다. 그들은 모두 "졸라의 작품을 견인력으로 삼았다."[142]

그러니 김동인은 일본어로 번역된 졸라의 작품과 일본 작가들이 창작한 소설을 통해 자연주의를 수용했을 것이 틀림없다. 우리는 동인이 졸라의 작품을 직접 읽었다는 증거를 "하품 날 듯한 용만冗漫을 느끼며 때때로는 참지 못하며 몇 페이지씩 뛰어넘으며 보았다"[143]라는 그의 글에서도 확인할 수 있다. 노신(魯迅)이 일본 유학을 했던 "1902년~1906년에 동경 서점에는 대체로 모두 서양 서적이 있어"[144] 졸라를 포함한 프랑스 문학도 쉽게 접할 수 있었다는 사실에서도 동인의 졸라 작품 접촉 가능성을 높여 준다. 노신과 주작인(周作人)이 『국외소설집(国外小说集)』이라는 서양 소설 번역집을 내기 위해 겨우 손에 입수한 책이 "플로베르, 모파상, 졸라 등 문호의 두세 권에 그쳤다"[145]라는 사실에서도 졸라 작품 번역이 활발했음을 시사한다.

(19세기 80년대 전후) 번역된 외국 문학 작품도 크게 유행되었다. 도쿄, 오사카, 규슈, 나가사키 등지에는 10곳의 번역 중심이 있었는데 셰익스피어, 유고, 졸라, 바이론, 투르게네프 등 작가들의 작품 대부분이 일본어로 번역되었다.[146]

19세기 80년대라면 동인이 태어나기 20년 전이다. 그가 작품 활동을 시작했을 무렵에는 러시아를 포함한 리얼리즘 문학은 물론 졸라의 프랑스 자연주의 문학도 이미 전성기를 지나 내리막길을 걸을 때이기도 하다. 일본과 중국은 물론 한국에서도 자연주의 퇴폐성에 대한 기피 경향이 강하게 나타날 때였지만 동인만은 이론적으로는 졸라 비판이라는 시대적인 흐름에 탑승하면서도 소설 창작에서는 자연주의 기법을 공공연히 수용하고 있다. 더 말할 것도 없이 동인의 이러한 이중적인 태도에는 그에 합당한 이유가 있을 것이다.

2) 한국의 자연주의 형성 토대

우리는 동인이 졸라의 자연주의 사상을 수용하게 된 과정을 그가 문학 활동을 시작한 1920년대 조선 문단의 자연주의 전파 상황을 통해서도 요해할 수 있다. 이 시기 작가들이 접할 수 있었던 1920년대 조선 문단의 문예지들에 발표된 자연주의를 소개한 글들은 김동인이 졸라를 이해하고 그의 문학관을 수용하는 데 일정한 역할을 담당했다. "프랑스 자연주의 문학을 대표하는 소설가로 인식된 졸라의 경우 1920년에 들어서 그에 대한 논의가 본격적으로 시도된다."[147] 예를 들어 1920년대 발표된 「세계를 알라」(『개벽』, 1920. 6.), 1920년 12월 발표된 「예술과 도덕의 관계」(『개벽』 제6호) 등과 같은 졸라 관련 글들이다. 당연히 일본어로 된 문예지에 발표된 졸라 관련 글들을 더 많이 접했을 것이지만, 한글 문예지의 졸라 소개 글들도 조선의 작가들이 졸라 사상을 수용하는 통로 역할을 수행했을 것이다.

동인이 일본이 아니고도 한글 문예지만을 통해서 졸라의 영향을 충분히 받았을 거라는 추정은 당시 『신문계』 제29호에 발표된 백대진의 글에서도 가능하다. 그 연대가 1915년으로 동인이 아직 창작 활동을 시작하기도 전에 발표된 글로 문학을 지망하던 소년에게는 졸라 이해에 유익한 도움이 되었다. 이 글은 동인이 15살 좌우 일본에 금방 유학

갔을 무렵에 발표된 것이어서 아직 일본어에도 그다지 능통하지 못했을 때이기에 한글 문예지에 실린 졸라에 대한 정보가 영향이 컸을 것으로 간주된다.

물질문명의 여택餘澤으로 생존경쟁이 일日로 심하고 월月로 성盛하여, 자玆에 생활난生活難 곧 물질욕으로 인하여 우리 인생에 무한한 비애절무悲哀絶無한 패퇴敗頹-곧 인생에 대한 암면暗面이 발현하게 되었도다. 이 암면을 묘사할 자이 곧 문학자요, 일로 인하여 생한 일반 오인吾人의 사상계를 또한 묘사할 자이 우리 신문학자로이다. 대범大凡자연주의 문학이라 함은 소위 현실을 노골적으로 진직眞直히 묘사한 문학이니 차此에는 허위도 무無하며 또한 가식도 무하며 공상도 무한 문학이 곧 자연주의 문학이라 금일 반도 사회에 기 결함이 얼마나 되며, 살인생에 기 암면暗面이 얼마나 되느뇨. ……

제군이여, 제군도 자성함이 있을지라. 금일은 결코 몽상적 예술로 인하여 사회를 개조할 시대가 아니요, 또 큰 반향을 요구할 시대가 아닌즉, 실사주의實寫主義의 문학, 곧 자연주의의 문학으로 이상을 작作함이 가하지 아니한가―참으로 여는 무가치한 몽상적 문학으로 자기의 생명을 희생에 공供하는 구문학자에게 경更히 일 경고를 여與하는 동시에 현대 조선에 자연주의 문학이 무無함을 탄嘆하노라.[148]

실제로 동인의 소설에는 물질적 현실의 암흑면에 대한 노골적인 묘사와 함께 예술을 통한 사회 개조에 대한 강한 거부의 몸짓이 나타나

고 있음을 감안할 때 백대진의 소개에 어떤 식으로든 영향을 받았음을
알 수 있다. 뿐만 아니라 1915년 한국 문단에는 아직 자연주의 문학이
들어오지 않았으며 이러한 소개 글들의 영향으로 염상섭과 김동인과
같은 자연주의 소설가들이 나타났음을 짐작할 수 있다. 백대진 외에도
우리는 김동인의 창작 활동 초기인 1922년에 『개벽』 제19호에 발표된
김억의 졸라 자연주의를 소개한 글에 주목할 필요가 있다.

> 근대 문예는 암흑면이라든가 다른 추악을 또는 인생의 약점이라
> 든가 이러한 것을 다 알고 혼자 냉정하게 조소하려는 태도입니다. 이
> 러하기 때문에 그들에게는 동정이라든가 연민이라든가 하는 맘도 조
> 금도 없었습니다. 예민한 이지의 눈으로 모든 것을 관찰하고는 가혹
> 한 비평을 하는 것으로써 스스로 쾌함을 삼았습니다. 이 쾌함은 조금
> 도 동정이라든가 연민의 쾌함이 아니오, 다만 미워하는 물건의 약점
> 을 다른 사람에게 설파하는 것으로써 자기의 쾌함을 삼는 쾌함과 같
> 은 것이었습니다. …… 작자는 어디까지든지 냉정한 태도를 보존할
> 뿐이었습니다.[149]

> 자연파의 문예는 사물의 진상만을 기록하는 것으로 만족하고 조
> 금도 해결하려고 하는 태도가 없음과 같이 의문에 대하여서도 해결
> 이 없었습니다. 자연파의 작가는 너무도 극단적으로 달아나서 모든
> 것을 추악으로 보며, 또한 고통으로만 보았습니다.[150]

동정과 연민이 거세된 냉정한 조소와 가혹한 비판은 동인의 자연주의 소설에서 나타나는 경멸과 냉소서사와 동일하다. 진상 기록에만 만족하고 해결을 포기하는 수법 역시 동인의 소설에 두텁게 깔려 있는 서사 특징이기도 하다. "엄정하게 있는 그대로 사물의 진상을 작자는 공중에게 제공할 뿐이고, 조금도 이러니저러니 하는 주관적 평론이 없음에 따라 작품의 배면에 숨어 있는 모든 것은 다만 독자에게 맡기고 마는" 무책임한 서사 자세도 닮아 있다.

뿐만 아니라 "추醜이든지 악惡이든지 그것이 참이면 기탄忌憚없이 묘출描出"[151]하는 자연주의 방법도 「감자」 등 동인의 소설에서 자주 나타나는 보편적인 현상이다. 물론 동인이 일본어를 숙지했을 즈음에는 일본어 원문 문예지를 접했을 것이지만 초기에는 한글 문예지의 이러한 졸라 소개 글들이 졸라의 자연주의를 이해하고 습득하는 데서 일정한 역할을 했을 것이 분명하다.

2. 동인의 졸라에 대한 태도

1) 졸라에 대한 동인의 이해

현존하는 자료로는 졸라에 대한 동인의 이해와 태도를 그 자신의 글을 통해 파악할 수밖에 없다. 동인의 글에 나타난 졸라에 대한 평가는 톨스토이나 모파상 등 다른 작가들에 비해 그 언급 차수나 비중比重에서 훨씬 떨어진다고 봐야 할 것이다. 하지만 우리가 졸라에 대한 동인의 태도를 고찰하는 데는 별 무리가 없다. 졸라에 대한 동인의 평가는 크게 긍정과 부정으로 분류될 수 있다. 긍정적인 측면으로는 1) 과학과 예술의 악수 2) 하류 사회 묘사 3) 정확한 묘사 4) 분명한 성격이며 부정적인 측면으로는 1) 지루함 2) 통일된 이야기의 부재 3) 구성構實과 플롯의 부재이다.

> 과학(이라 하는 것)과 예술의 악수, 이것만 되면 여기는 아름다운 유토피아가 건설되리라.[152]

동인이 문학에 있어서 과학의 중요성을 인정했다는 것은 "문학의 근본을 과학에 둔 졸라"[153]의 자연주의에 대한 평가가 긍정적이었음을 암시한다. 자연주의는 "과학적 견지에서 모든 것을 기계적, 물리적으로만 본 문학"[154]이었으며 인생마저도 "일정한 과학적 법칙하에서 운동하는 것"[155]에 불과할 따름이다. 이 글이 1921년에 쓴 것이라는 사실을 감안할 때 "졸라의 '과학주의' 사상과 혹사酷似"[156]한 "과학과 예술의 악수"는 동인이 이후의 창작에서 자신의 소설에 졸라의 과학주의를 수용하리라는 것을 예고한 것이라고도 볼 수 있을 것이다. "과학과 예술의 악수─그것이 졸라의 자연주의의 본질적인 측면이다. 따라서 동인은 이번에는 졸라와 밀착한다. '과학과 예술의 악수'를 가장 철저하게 실행한 사람이 졸라이기 때문"[157]이다. 졸라와 동인은 둘 다 자신의 소설 속에 과학을 초대하여 악수를 나눈다. 이들은 "화학자나 물리학자의 작업"과 다를 바 없는 "자연 탐구에만 몰두"[158]한다.

김동인은 「태형笞刑」에서 옥에 갇힌 죄인들 못지않게 기온, 바람, 물 등 자연의 과학적 현상에 대한 집착을 보이고 있다. 태양열에 의한 온도 상승과 더위라는 자연 현상에 대한 과학적 묘사는 무수하게 나타난다. "매일 동쪽 하늘에 떠오르는…… 추녀 끝에 걸린 듯한 뜨거운 해는 끊임없이 더위"를 발산하며 온도를 "백십 도, 혹은 그 이상"으로 끌어올리고 "방 안을 무르녹인다."[159] "무겁고 뜨거운 공기"와 "무섭게 뜨거운 해" 아래서 작중 인물들은 "더위 속에 파묻혀"[160] 버린다. 자연 현상인 바람과 물에 대해서도 반복적인 강조를 통해 집요한 과학적인 접근을 시도하고 있어 졸라를 연상시킨다.

결국 서사에서의 이러한 자연에 대한 관심은 "무겁고 뜨거운 공기가 허파에 들어갔다 나올 때마다 더위는 더하여지는"[161] 것처럼 땀, 종기 등 인체의 생리적 반응으로 연결되다가 종국에는 영감을 사경에로 내모는 원인을 제공하기에 이른다. 문자 그대로 "과학과 예술의 악수"의 살아 있는 표본이라 하지 않을 수 없다. 더 말할 것도 없이 동인의 이러한 창작 기법은 졸라에게서 배워 온 것이다. 졸라는 『인간 짐승』에서 자연 현상인 기관차에 대한 과학적인 묘사를 통해 기계적 인간을 수립하여 인간적 기계인 주인공 자크와 대칭시키면서 과학과 예술의 악수를 구현시켰다.

　　기관차는 이제 완전히 고삐가 풀려서 달리고 또 달렸다. 마침내 황소고집에 성질까지 괴팍한 그 생물은 마치 아직 길들여지지 않은 암말이 조련사의 손을 빠져나와 거친 들판을 천방지축으로 내달리는 것처럼 자신의 젊은 혈기가 시키는 대로 미쳐 날뛸 수 있게 되었다. 우리를 뛰쳐나온 괴물······ 으르렁거리는 소리······ 그 괴물은 붉은 신호등이든 정차 신호용 기폭 장치든 아랑곳하지 않고 숲속의 멧돼지처럼 질주를 멈추지 않았다. 마치 살육의 현장 한복판에 풀어놓은 눈멀고 귀먹은 한 마리 짐승처럼.[162]

인간의 조종에서 벗어나 "고삐가 풀린" 기관차가 통제 불능 상태에 빠진 것처럼 자크가 맨살과 가위를 보는 순간 문명의 통제에서 멀리 달아나 결국 세브린을 살인하게 되면서, 기관차와 인간은 과학적인 입장에서 볼 때 다를 바가 없다는 게 졸라의 자연주의적 견해이다. 동인은 졸라가 소설 『제르미날』과 『나나』에서 도입했던 환경 결정론과 유전론을 원본대로 본떠 「감자」와 「발가락이 닮았다」에서 대등한 구조를 선보이고 있다. 제르베즈와 복녀, 나나와 M은 전자의 경우 환경의 결과물인 반면 후자의 경우는 유전의 결과물이기 때문이다.

졸라에 대한 동인의 두 번째 긍정 평가는 "하류 사회 묘사"[163]이다. 강인숙은 졸라의 자연주의를 "인물의 평범성, 배경의 일상성, 제재의 비속성"[164]으로 언급하고 있는데 이러한 현상은 동인의 소설에서도 동일한 구조를 이루고 있다. 강인숙은 졸라 소설에서 드러나는 계층의 저급화 현상을 제르미니, 나나, 제르베즈 등 주인공들과 『루공 마카르』의 인물들도 서민 출신으로 분류하면서, 계층의 비속성을 졸라 소설의 특징으로 규정하고 있다. "인간의 하층 구조의 부각과 노출이라는 자연주의 문학의 '저급한 요소'"[165]는 복녀, 여급 다부코 등 동인 소설에 등장하는 인물들에서도 공통적으로 나타나는 현상이다. 뿐만 아니라 두 작가의 작품의 자연주의적 공통성은 "비극성의 극단화"로 치닫는, "살인·자살·자연사 등 죽음으로 끝나는 비극적 종결법"[166]으로까지 연장된다. 졸라의 『인간 짐승』에서 세브린이 자크의 칼에 살해된다면 동인의 「감자」에서 복녀는 왕 서방의 낫에 의해 살해된다. 그런데 졸라와 동인의 주인공이 하류층에 집중된 이유는 다르다. 졸라의 경우는 사실 그대로의 기록이 목적이라면 동인의 경우는 약한 자의 무지와 어리석음을 경멸하고 냉소하기 위해서였기 때문이다. 이밖에도 긍정적인 평가에는 묘사의 정확성과 성격의 분명함이 있다.

졸라에 대한 동인의 부정적인 평가에서 첫 번째로 꼽히는 것은 하품을 유발하는 지루함이다. 졸라의 소설이 지루해진 원인은 작가의 시선에 잡힌 모든 것이 묘사의 대상이 되며 그 묘사는 "인간을 결정하고 완성하는 환경의 상태"[167]까지 포함되기 때문이다. 졸라는 "전술한 대로 인간을 결정하고 완성하는 환경을 그리지 않는 모든 묘사를 단호히 비난했다."[168] 졸라는 『사랑의 한 페이지』에서 반 고흐를 매료시킨 그 유명한 "희미하고 창백한 구름 속에 가라앉은 거대한 파리"[169]에 대한 묘사를 다섯 차례나 중복하고 있다. 과학적인 태도로 "서로 다른 계절에, 서로 다른 시간에 본 동일한 장면에 대해 다섯 개의 그림을 공들여 만들어"[170] 낸 묘사는 다름 아닌 환경이었다. 환경에 대한 집착은 졸라 자연주의가 표방하는 환경 결정론과도 연관이 있다. 동인이 졸라 문체의 지루함에 거부감을 드러낸 것은 환경을 포함한 모든 것에 집착하는 이 묘사 방법이 그 범위가 약한 자에게만 한정된 그의 서사 운영 체제에는 도움이 안 되기 때문이었다. 그런 만큼 이광수의 계몽 대상인 약한 자에 대한 경멸과 냉소(이광수에 대한 정면 도전)와 연관성이 없는 불필요한 환경 묘사는 동인에게서 자연스럽게 배제 대상이 될 수밖에 없었다. 이러한 상황은 그가 거부 반응을 보인 통일된 이야기 또는 플롯 부재의 원인 규명에도 해결의 단초가 되었던 것이다.

2) 졸라와 자연주의에 대한 동인의 침묵과 기피 이유

동인은 졸라의 자연주의를 수용했다고 인정한 적도, 자신을 자연주의자라고 표방한 적도 없을 뿐만 아니라 도리어 톨스토이나 모파상, 플로베르 등과는 달리 그에 대해 부정적인 태도를 취하기까지 했다. 하지만 아이러니하게도 그의 소설은 초기 두 편을 제외한 순수 문학 계열에서는 자연주의 경향이 강하게 나타나고 있다. 물론 탐미주의 경향도 보이지만 그것은 극히 일부 작품에 한정될 뿐이다. 필자는 이러한 모순된 태도의 원인에 대해 당시 한반도 주변 문단에서의 자연주의의 지위에 대한 담론을 통해 밝혀내려고 한다. 한반도 주변 문단이라고 함은 일본을 중심축으로 하여 일본으로부터 서구 문학을 받아들인 한국과 중국을 지칭한다.

일본의 경우 자연주의는 이미 명치 말년에 자연주의가 쇠퇴하고 신 이상주의와 백화파白樺派를 중심으로 하는 인도주의가 유행되었다. "동인이 문학적 각성을 하게 된 시기는 1915년 전후로 이때는 이미 자연주의는 그 전성기가 지나고, 1910년에 막을 올린 대정大正(다이쇼) 문학기의 전반기에 해당했다."[171]

> 1908년에서 1909년 일본 자연주의 발전은 전성기를 지나 퇴조하
> 기 시작했다. …… 자연주의는 창작 분야뿐만 아니라 이론 활동 분야
> 에서도 점차 쇠퇴의 길을 걸었다. …… 1919년을 계선으로 문단에는
> 대분화가 일어났다. 자연주의의 군림을 타파하고 다양화로 나아갔다.
> 한 시대의 문학으로서의 자연주의는 1920년에 끝났다.[172]

이런 이유가 "동인을 자연주의 작가로 규정하는 것은 무리가 있다"
라는 김춘미의 결론에 명분을 제공하기도 한다. 자연주의 쇠퇴 현상은
노신, 욱달부, 곽말약 등 일본 유학생들을 전파체로 하여 서구 문학을
흡수한 이웃 국가인 중국의 경우도 비슷한 시기에 나타났다. 중국에서
자연주의 쇠퇴 시기는 대략 1920년대 초반이었으며 그때 이미 평단에
서는 졸라의 자연주의에 대한 찬반양론을 둘러싼 논쟁이 격렬하게 진
행 중이었다. 주작인은 심안빙(沈雁冰)에게 보내는 편지에서 "인간을 전
부 짐승으로 보는 자연파를 비난"했을 뿐만 아니라 좌익 문인들은 자
연주의를 "'색정', '융통성 부재', '현실 왜곡', '생활 본질 반영의 부재',
'전형 인물 창조 포기' 등의 대명사"[173]로 간주하며 비판의 대상으로 삼
고 있었다. 이런 논조와 맞서 『소설월보』 주필인 심안빙은 「자연주의
와 중국 현대 소설」 등 일부 글을 발표하여 자연주의를 수호하고 변호
했다. 하지만 그 역시 자연주의 쇠퇴라는 대세에 눌려 "'인간을 전부
짐승으로 보는' 졸라의 '편견'"[174]에 대해서는 승인할 수밖에 없었다.

한국의 경우도 비슷한 시기에 평단에서부터 자연주의에 대한 거부 논조가 나타나기 시작했다. 일부 논자들이 "자연주의의 문제점을 지적하며 이미 자연주의는 한계를 드러낼" 뿐만 아니라 졸라의 주장이 "적지 아니한 열렬한 공격도 받았음"[175]을 지적하고 있다. 자연주의의 결점에 대해 비판의 화살을 날린 선두 주자로는 김억을 들 수 있다. 그는 1922년 『개벽』지에 글을 발표하여 자연주의의 "결점"을 상세하게 지적하고 있다.

과학적 방법으로 문장을 구성하려고 하는 그것부터 우스운 것이라 하지 아니할 수가 없었습니다. 실험으로 동일한 사정과 경우에는 항상 동일한 현상이나 결과가 생긴다 하는 과학적 실험의 원칙으로 변화 많은 인생을 실험할 수가 있으며 또는 그것이 적용되겠습니까. 이 점으로 보면 자연주의(졸라의)는 많은 결점이 있다 하지 아니할 수가 없습니다.[176]

자연파의 문예는 사물의 진상만을 기록하는 것으로 만족하고 조금도 해결하려고 하는 태도가 없음과 같이 의문에 대하여서도 해결이 없었습니다. ……
자연파의 작가는 너무도 극단적으로 달아나서 모든 것을 추악으로 보며, 또한 고통으로만 보았습니다.[177]

문학에서의 과학적 방법의 도용의 부당성과 제재 채택에서의 추악함과 고통의 한정에 대한 부당함이 자연주의 거부 이유로 제시되고 있다. 결국 김동인이 창작 활동을 전개했던 일본의 대정기大正期 문단의 분위기는 백화파白樺派에 밀려나 비난과 소외의 대상이 되었음을 알 수 있다. 자연주의에 대한 이러한 부정적인 문단 기류에서 스스로를 자연주의자라고 표방하고 나선다는 것보다 더 어리석은 일은 없을 것임은 불을 보듯 뻔하다. 동인이 자연주의를 택한 이후 탐미주의와 타협한 것도 자연주의자라는 의심을 완화시키기 위한 전략이었을 가능성도 없지 않다. 그가 철 지난, 사람들이 기피하는 자연주의를 수용한 것은 이광수를 능가하기 위해, 약한 자에 대한 비판을 통해 이광수의 계몽 대상을 타격하는 목적 때문에 어쩔 수 없는 선택이었지만 자신의 작품에 자연주의라는 명예롭지 못한 딱지가 붙는 것은 바라지 않았던 것 같다. 이광수의 소설이 대중 계몽과 도덕적 설교를 통한 사회 개량을 목적으로 삼았다면, 김동인의 소설은 인간의 선과 악 모두를 미美에 담긴 있는 그대로의 진실로서 묘사함으로써 문학에서 이상화와 도덕화를 배제시키는 것이 목적이었다. 이광수의 소설이 긍정적이고 선한 인물을 창조하려고 했던 노력에 반해 김동인은 부정적이고 추한 인물을 가감 없이 그려 내려고 노력했다. 그러한 목적을 실현하기 위해서 가장 적합한 창작 방법이 자연주의였던 것이다. 하지만 이미 시기가 지나 사람들에게 외면당한 자연주의는 결코 자랑거리가 될 수는 없었다. 김동인이 자연주의를 운용하면서도 극력 함구한 원인이기도 하다.

2장
동인 작품 속의 졸라 자연주의 영향

1. 주제에서 나타나는 자연주의 경향

1) 작중 인물의 생존 공간

과학적인 환경 결정론을 주장하는 자연주의 소설이 선호하는 공간적 배경이 인간과 현실의 암흑면에 치중한다는 사실은 백대진 등을 통한 초기 자연주의 소개 때 이미 강조된 것이었다. 환경의 암흑화는 "'추醜'이든지, '악惡'이든지 그것이 '참'이면 '기탄없이 묘출描出'"[178]되는 자연주의 문학의 선호 때문에 호출되면서 졸라 소설이 추구하는 중요한 특징으로 정착된 것이다. 백대진은 자신의 글을 통해 공공연하게 "인생의 비애와 퇴폐"라는 "이 '암면'을 묘사할 것을 주장"[179]하기까지 했다.

인간과 현실의 암흑면을 다루는 것이 자연주의 문학의 특징이며, 졸라가 이를 대변하고 있다는 것은 향후 1920년대 자연주의 담론에서 반복적으로 나타나는 일종의 토포스라고 할 수 있다.[180]

암흑면은 자연주의 소설이 과학주의 원칙에 입각하여 작중 인물들에게 실험적으로 제공한 특정 생존 공간이라고 할 수 있다. 자연주의 문학에서 이 공간은 인물들에 의해 규제되는 것이 아니라 도리어 인물들을 통제하는 기능을 부여받고 있다는 졸라의 서사 책략이 동인을 유혹했다. 자연주의가 "암흑면이라든가 다른 추악醜惡을 또는 인생의 약점이라든가 이러한 것을 …… 냉정하게 조소"[181]하는 지점에서 "주인공 기타 등장인물은 실험 대상이 되고 그들이 처한 환경은 실험실"[182]로 전환되는 것이다. 그것은 문학이 "'문학을 도덕의 노예로 정하고, 권선징악의 기구器具로 쓰려던 시대'를 뛰어넘으려는" 야심에서 유발된 결과물이었다. 우리는 『제르미날』, 『목로주점』 같은 졸라의 작품을 펼치는 순간 "인생의 암흑과 추악함을 일반면一般面으로 여실히 묘사"[183]한 장면들을 수도 없이 직면하게 된다. 「감자」, 「태형」 등 동인의 자연주의 계열의 소설 속에 펼쳐진 환경도 많은 경우에 암흑적인 배경임을 확인할 수 있다.

졸라는 『제르미날』에서 주인공들의 생존 공간을 탄광촌으로 한정하고 있다. 이 공간은 암흑으로 가득 차 있다. 탄광촌은 깊이가 554미터나 되는 갱도 안만 캄캄한 것이 아니라 갱도 밖의 날씨도 대체로 "캄캄한 미지의 어둠 속"[184]에 묻혀 있기가 십상이다. 르 보뢰 탄광의 "네 개의 갱도는 아가리를 크게 벌린 채"[185] 노동자들을 삼켜 버릴 태세를 취하고 있다. 캄캄한 갱도 속에는 항상 미세한 석탄 먼지와 숨 막히는 무더위, 축축한 지하수와 낮고도 좁은 통로 그리고 칠흑 같은 어둠이 도사린 채 시시각각 광부들의 생명을 위협하고 있다. 졸라는 갱도라는 자연환경에는 거대한 창자를 꿈틀거리는 "왕성한 식욕을 가진"[186] 생물의 기능을 부여하는 한편 사람들은 그 생물의 먹잇감이 되는 한낱 "인간 가축"으로 기능을 격하시킴으로써 생물체적인 과학주의적 관찰로 자연과 인간을 동일시하고 있다.

> 세상 사람들 모두를 소화하고도 남을 것 같은 거대한 창자를 끊임없이 꿈틀대면서, 갱도는 인간 가축들로 채워지고 또 채워졌다.[187]

소설적 환경으로 제시된 암흑은 단순한 광선의 유무라는 자연 현상이나 생물적 기능 부여에 만족하지 않고 한 걸음 더 나아가 탄광촌과 갱 안의 인간의 운명을 지배하는 하나의 강력한 권력으로까지 군림하고 있다. 작중 인물들이 직면하게 되는 저마다의 운명은 이 권력의 재단裁斷에 의해 배당된다는 사실을 감안할 때 소설에 제시된 사회 현실적 암흑면이 가지는 비중을 어렵지 않게 짐작할 수 있을 것이다.

『목로주점』에서도 작중 인물들에게 주어진 어두운 환경의 중요한 역할은 『제르미날』과 다를 바 없다. 그런데 우리는 이 작품에서 암면暗面과는 전혀 상반되는 "내리쬐는 금빛 태양"과 "황금빛 햇살"이 등장함을 보게 된다. 제르베즈의 딸 나나의 방과 거리와 예배당은 물론 골목 구석에까지 햇살이 비쳐 든다. 하지만 아이러니하게도 이 햇빛은 긍정적인 이미지보다는 부정적 이미지가 더 강하다. 햇살 아래에는 여전히 더러움과 퀴퀴한 냄새와 누거陋居와 같은 현실의 암흑면을 나타내는 이미지들이 포진되어 있다. "덧창이 비바람에 녹슨 누옥陋屋"

인 「봉퀘르 호텔」의 "더없이 더럽고 천정에는 그을음이 묻어 있고, 습기 탓에 벽지는 너덜너덜 떨어져 있고, 절름발이가 된 세 개의 의자와 한 개의 서랍장은 기름때가 잔뜩 끼어 걸레질을 해도 번지기만"[188] 하는 10프랑짜리 쪽방, 크기가 손바닥만 하고 안마당에서는 "녹슨 하수구 뚜껑에서 악취가" 진동하는 "더러운 굴"에 불과한 7층 B계단의 새 집은 물론이거니와 살림이 얼마간 넉넉할 때에 살았던 뇌브드라구트 도르가의 2층집도 "가난뱅이들이 거처하는 더럽고 어두침침한"[189] 동네다. 하지만 그 방에 가득한 "햇살, 춤추는 금빛 먼지는 천장, 군데군데 벽지가 찢겨 없어진 사방 벽을 더욱 서글퍼 보이게 했을"[190] 따름이다. 이러한 암흑은 햇살에 의해 초래된 부산물이라고 해야 할 것이다. 그래서 사람들은 햇살을 반길 대신 저주한다. 대장장이 구제는 햇빛을 누그러뜨리기 위해 놋쇠 두 개를 베일에 달아맨다. 결국 햇살은 자본주의의 썩어빠진 문명을 상징하는 이미지로서 부정적 환경적 요소가 되고 있다.

> 한심한 주정뱅이들! 그들 잘못이 아니야. 모두가 저 망할 놈의 햇별 때문이지.[191]

뿐만 아니라 소설에는 "목로주점"이라는 부정적 이미지도 현실적 암흑을 대변하는 하나의 환경 설정으로 등장한다. 콜롱보 영감이 운영하는 주점의 안마당에 위치한 증류 장치는 노동자들의 고혈을 빨아먹는 악마의 이미지로 표현되고 있다. 이 증류기는 문어발처럼 도처로 뻗은 굵은 호스로 돈을 빨아들여 쿠포와 제르베즈 부부를 비롯한 노동자들을 게으름과 방탕으로 유혹하여 종당에는 타락과 멸망에로 등을 떠미는 원흉이 된다. 제르베즈는 자신의 타락의 원인이 다름 아닌 증류기라는 사실을 깨달았을 때 이 "거대한 짐승과 같은 증류기를 덮쳐 죽이고 싶은 생각"[192]까지 한다.

사회와 현실의 암면을 소설의 환경으로 설정하는 서사 방법은 김동인의 자연주의 계열 소설에서도 운영되고 있다. 「감자」에서 복녀에게 배당된 "빈민굴"이라는 생존 공간은 졸라의 경우와 다를 바 없이 사회와 현실 속의 암흑면이다. 복녀가 살고 있는 "칠성문 밖의 한 부락"이 바로 그러한 생존 환경이다.

> 그곳에 모여 있는 모든 사람들의 정업正業은 거러지요, 부업으로는 도둑질과 (자기네끼리의) 매음, 그 밖에 이 세상의 모든 무섭고 더러운 죄악이었다.[193]

이러한 환경의 영향에서 자유롭지 못한 복녀도 다른 여성들과 마찬가지로 구걸과 도둑질, 매춘으로 입에 풀칠하며 살아간다. 그러한 생활의 타성에 젖어 어느 날 "중국인의 채마밭에 감자(고구마)며 배추를 도둑질하러"[194] 갔다가 왕 서방에게 잡혀 몸을 팔게 되는 것이다. 도덕적 정조관 같은 일말의 고민조차도 이러한 환경에 길들여진 생존 방식과 돈벌이 논리에 말끔하게 밀려난다. 그러한 관념은 남편의 경우에도 다를 바 없었다.

「태형」의 환경 설정도 감옥이라는 사회의 암흑면에 초점을 맞추고 있다. 다섯 평도 안 되는 공간에 죄수 마흔한 사람이 투옥된 비좁은 감방 안은 그야말로 생지옥이다. "무겁고 뜨거운 공기"[195], 단절된 바람과 물은 몸이 썩어 생기는 종기와 옴병의 원인이 된다. 이처럼 열악한 환경은, 결말에 이르러서 단지 공간을 조금이라도 더 확보하려는 이유로 태를 맞으라며 늙은 영원 영감의 등을 떠밀어 죽음에로 내몰기까지 하는 범죄의 단초가 되기도 한다. 동인의 다른 작품 「목숨」의 병원도 이와 유사한 경우라고 할 수 있다.

하지만 우리의 담론은 이즈음에서 동인과 졸라의 밀월 속에 감춰진 동상이몽을 언급하지 않을 수 없게 된다. 환경 설정에서의 암흑면 선택이라는 점에서는 이 두 작가가 공통성을 가지지만 그 목적과 적용 범위에서는 차이가 드러나기 때문이다. 일단 졸라는 "민중을 모욕하는 작품이라는 오명"을 뒤집어쓸 정도로 극심하게 민중을 매도한다. 『목로주점』에서는 노동자들을 "걸핏하면 술독에 빠져 일은 내팽개치는"[196] 게으른 무리로 냉소할 뿐만 아니라 "나태와 타락. 더럽기 짝이 없는 누더기 옷을 입고 …… 주야장천 부어라 마셔라 하면서 먹을 것을 탐하고 흥청대는"[197] 제르베즈에게 못마땅한 시선을 던지고 있다. 민중을 모욕했다는 오명을 벗기 위해 썼다는 『제르미날』에서도 여전히 광부들을 "천박한 탐욕과 상스러운 본능, 빈곤의 냄새. 가난하고 지저분하며"[198] "퀴퀴한 냄새 속에서 가축처럼 한데 뒤엉켜 잠을 자는"[199] 짐승 같고 야만스러운 무리라고 경멸한다. 하지만 졸라의 경멸은 강한 자 즉 부르주아 계층에 대해서도 동일하게 쏟아진다.

쾌락에 물들고 권력욕에 배를 불린 자유분방한 부르주아……

주린 이들의 노동으로 살찌우는 도둑 같은 부르주아들……

사장은 아무 일도 안하며 엄청난 봉급을 받는 데다 노동자들은 굶어 죽는데 자신은 배탈이 날 지경으로 산해진미만 탐하는 비열하고 뚱뚱한 돼지[200]

반면 동인의 경우에는 이러한 경멸과 냉소는 약한 자들에게만 집중적으로 쏟아질 따름이다. 졸라는 『목로주점』에서는 올바른 삶을 살기 위해 노력하는 구제의 형상을 통해, 『제르미날』에서는 노동자들을 이 땅의 주인으로 만들기 위해 투쟁하는 랑티에의 형상을 통해 약한 자들에 대한 동정과 연민과 희망을 넘어 지지 의사까지 공공연하게 밝히고 있다. "사회 환경을 객관적으로 그리겠다는 리얼리즘의 원칙은 무너지고, 작가의 분노와 정의감이 개입"[201]되며 졸라는 결국 "최초의 위대한 군중 소설가"[202]로 된다. 하지만 동인은 이와는 정반대로 「약한 자의 슬픔」의 주인공 K 남작에 대한 묘사에서 알 수 있듯이 강한 자에 대한 경멸과 냉소를 극력 절제하고 있다. 그가 소설의 환경으로 사회와 현실의 암흑면을 선택한 목적은 환경 결정론 이론의 도입과 환경의 노예로서의 약한 자들의 의지박약을 강조하기 위해서였을 따름이다. 졸라에게서 환경의 결정권은 강한 자인 경우에도 약한 자와 다를 바 없지만 동인에게서 환경의 영향은 의지적인 강자에게는 효능이 상실된다. 졸라는 물론 이광수의 비호까지 받는 약한 자—민중은 그 이유 하나 때문만으로도 동인의 순수 문학의 영역에서는 애초부터 수혜자가 될 수 없었다. 왜냐하면 동인은 이광수의 거대한 그늘에서 벗어나 그와 어깨를 나란히 하는 선각자가 되고 싶은 욕망에 빠져 있었기 때문이다.

2) 작중 인물의 생존 수단

추醜와 악惡은 자연주의 소설에서 작중 인물들의 생존 수단으로 제공된다. 이러한 결과는 자연주의 문학이 예술의 목적을 '미美'에서 찾던 전통에 반기를 들고 추구 방향을 '참眞'으로 돌리면서부터 유발된 것이다. 진실은 추와 악을 분리하지 않는다. 그런 논리를 명분으로 도출해 낸 결과가 "'추醜'이든지, '악惡'이든지 그것이 '참'이면 '기탄없이 묘출描出'할 수 있다"[203]라는 자연주의 서사 방침이었다. 동인의 경우에는 형식상 '미美'를 배제하지는 않았지만 추와 악 전부를 미美 안에 수납하는데, 그의 미의 개념은 사실상 진실 즉 '참'의 개념이라 할 수 있다.

> 나는 온갖 것을 '미美'의 아래 잡아넣으려 하였다. 나의 욕구는 모두 다 美다. 美는 美다. 美의 반대의 것도 美다. 사랑도 美이다. 미움도 또한 美이다. 선善도 美인 동시에 악惡도 또한 美다.[204]

이런 이유 때문에 동인에게서는 복녀와 같은 약한 자의 선善이 아름다움이 아닌 더러움과 악으로 표현될 수 있었던 것이다. 문학이 선악 구조를 배제시키고 '참'을 목적으로 하는 순간 진실에 포함된 '추'와 '악'이 선의 봉인을 뜯고 묘사의 표면으로 탈출하게 되고 그 결과

"인생의 암흑면까지 폭로"[205]되고 마는 것이다. 그것이 졸라와 동인의 소설에 등장하는 작중 인물들에게 배당된 기본적인 생존 수단이었다.

졸라의 소설 『대지(La Terre)』에서는 블레듀(Buledu)와 리즈(Lise) 부부가 그들이 폴스와즈(Francoise)를 죽인 사실을 아버지 푸언(Fouan)이 존(Jean)에게 말했다는 이유로 죽인다. 리즈가 베개를 쥐고 시아버지에게 덮쳐들어 얼굴을 덮자 블레듀도 다가와 그의 온몸의 무게로 베개를 눌렀다. 부친이 죽자 살인 증거를 인멸하려고 리즈는 시아버지의 머리카락과 길고 하얀 수염을 태운 후 방에 불을 지른다.[206] 『인간 짐승』에서도 자크 랑띠에는 사랑하는 여자 세브린을 잔인하게 살해함으로써, 악을 생존 수단으로 삼는 인생의 암흑면이 적나라하게 폭로되고 있다.

칼이 그녀의 목구멍에서 나오려던 물음에 정확히 내리꽂혔다. 찌른 채로 그는 무시무시한 욕구를 채우려는 손이 시키는 대로 칼날을 돌려 헤집었다. …… 그녀는 많은 피를 쏟고 바닥에 쓰러져 있었는데, …… 붉은 피가 흥건하게 앙가슴을 타고 내려가 아랫배에 퍼지고 넓적다리까지 흘러내린 다음 마룻바닥 위에 커다랗게 방울지어 뚝뚝 떨어졌다. 풀어헤친 잠옷도 피에 흠뻑 젖었다.[207]

동인의 경우도 소설 「유서」에서 주인공 '나'는 오쟁이 진 친구 O를 위한 복수를 명분으로 봉선을 죽인다. '나'는 목소리를 변조하는가 하면 A 씨가 "얼굴 빤빤한 간호부와 희롱을 하다가 그 때문에 죽었다"[208]라고 봉선을 속이고 A 씨를 따라 순사殉死를 하든지 O를 섬기든지 둘

중 하나를 선택하라고 강요한다. 봉선이 후자를 선택하자 O군의 의심을 해소할 필요가 있는 만큼 "당신이 너무 의심을 하니 제 마음을 알리고자 죽습니다"[209]라는 유서를 쓰도록 종용한 다음 그녀가 다 쓰자 '나'는 손에 쥐어 있던 "가운의 허리띠로 힘 있게 그의 목"[210]을 졸라 죽인다. 뿐만 아니라 「태형」의 주인공 '나' 역시 개인의 안위를 위해 늙은 영원 영감을 죽음에로 떠민다. "당신 하나 나가면 그만큼 자리가 넓어진다"라는 말도 안 되는 논리로 영감을 "내어 쫓는"[211] 악행의 구실이 되고 있다. 「명문」의 주인공 전 주사도 효도라는 미명하에 정신병에 걸린 모친을 죽인다. 전 주사가 70이 넘은 모친을 죽인 이유는 불임 며느리와 종들 그리고 아들에 대한 욕설과 얌전한 영감 하나를 구하여 달라고 야단하는가 하면 종놈·종년들에게까지 주먹질이나 받는, "아무 가치가 없는 삶"[212]이라고 판단했기 때문이다. 거침없이 자행되는 이러한 악행에 대한 작중 인물들의 죄의식 같은 건 없다는 것이 공통점이다. 작중 인물들에게 살인은 범죄 행위가 아니라 주인공이라는 "광대가 출연하는 연극"[213]이고 "선행"[214]에 불과할 따름이다. 뿐만 아니라 "상쾌한 결말이며…… 박수갈채를"[215] 받을 만한 즐거운 일이다. 더 나아가 그것은 "성공의 무대에 올라서는"[216] 인생의 노력이고 친구에 대한 "책임"과 "도움"[217]으로서 선행에 속한다. 전 주사는 여호와가 모친을 죽인 것이 사실이냐고 묻는 말에 아니라고 대답할 뿐만 아니라 모친을 위해서 행한 선행이며 "어머니를 주무시게 한 것은 죄가 아니며 회개할 일이 없으며"[218] "지옥으로 갈 죄가 아니라…… 다 잘한 일이라"[219]라고 항변함으로써 악과 선이 동등시되고 있음을 암시하고 있다.

게다가 동인의 작품에서 피해자들은 약한 자로서 냉소와 질책의 대상이 되고 있는 반면 가해자들은 강한 자로서 면죄부를 넘어 두둔의 대상이 되고 있다. 「유서」에서 A 씨와 봉선은 "짐승들"[220]로 타매되지만 화가인 O와 '나'는 지혜로운 사람이며 승리자"[221]라는 긍정적인 이미지로 부각되고 있다. 「목숨」에서도 전 주사는 "착하고"[222] "정직하고 겸손"[223]할 뿐만 아니라 "이 세상에 독일이란 나라가 있고, 거기 벨린이란 서울이 있는 것까지 아는"[224] 유식하기까지 한 사람이다. 반면 "어머니는 대국이란 나라가 어느 쪽에 붙었는지, 그것조차 모르는"[225] 무지하고 가치 없는 존재라는 조건 때문에 약한 자로 분류된다. 이와 같은 현상은 『제르미날』의 랑티에한테서 보여진 자기 성찰과 톨스토이의 『부활』에서 네흘류도프의 형상에서 체현된 죄책감과는 배치되는 결과가 아닐 수 없다. 졸라와 동인에게서 악과 추醜가 죄의식과 연결되지 않는 이유는 '참'이라는 공통점 아래 동일성을 부여받기 때문이지만, 추·악을 강한 자와 약한 자의 공통된 특징으로 보는 졸라의 견해와는 달리 동인은 이를 약한 자의 전유물로 보고 있다. 이것이 바로 두 사람 간의 결정적인 차이를 낳는 부분이다. 동인의 그런 독자적인 논리 때문에 강한 자(콜롱보 영감)—악함, 약한 자(주점 주변의 노동자들)—선함이라는 『목로주점』의 공식이 강한 자(전당국 주인 삼덕)—선함, 약한 자(노동자)—악함이라는 「벗기운 대금업자」의 공식으로 바뀔 수 있었다.

추醜 즉 더러움에 대한 묘사에서도 그것을 작중 인물들의 생존 수단으로 삼는다는 점에서는 동인은 졸라와 닮아 있다. 그러나 졸라의 경우 더러움은 강한 자와 약한 자에게 공통된 현상이지만, 동인의 경우에는 강한 자는 제외된 채 약한 자들의 전유물로 제공되고 있다는 지점에서 두 사람은 차이를 드러낸다. 나나와 복녀는 똑같이 매춘이 라는 더러움을 생존의 수단으로 삼고 있다. 그러나 졸라는 나나뿐만 아니라 강한 자인 뮈파 백작과 슈아르 후작에게도 동일하게 "개처럼 벌벌 기며 손수건을 물어오는 미친개"[226], "60년 동안 망가지고 풀어 진 인간 누더기"[227]라는 더러운 이미지를 부여하고 있다. 하지만 동인 은 엘리자베트를 불행에 빠뜨린 K 남작에게 털끝만큼도 추한 이미지 를 부여하지 않는다. 이른바 강한 자들인 「유서」의 '나'와 「명문」의 전 주사의 이미지도 더러움과는 추호의 연관도 없다. 동인이 보건대 약한 자는 선이 아니라 비난받아 마땅한 경멸의 대상일 따름이다. 한 걸음 더 나아가 약한 자는 악의 근원이다.

> 지금 세상을 죄악 세상이라 하는 것은 이 세상이-아니, 우리 사람 이 약한 연고이다. 거기에는 죄악도 없고 속임도 없다. 다만 약한 것! 약함이 이 세상에 있을 동안 인류에게는 싸움이 안 그치고 죄악이 안 없어진다.[228]

동인에게서 강한 자가 긍정적인 이유는 무지하고 어리석은 약한 자 와는 달리 스스로 깨닫고 자정하는 지혜가 있기 때문이다. 예를 들어 「마음이 옅은 자여」에서 주인공 '나'는 약한 자였다면 타락했거나 악 행으로 이어질 뻔한 순간들을 자연의 아름다움을 보고 실연의 아픔에 서 벗어난다. 동인의 이 사상이 영웅 숭배로까지 이어지면서 나름 명분을 쌓으려 하지만 이에 대해서는 마지막 부분에서 다루기로 하고 여기서 담론을 접는다.

2. 서사에서 나타나는 자연주의 요소

1) 동정과 연민이 배제된 냉소서사

김동인 문학의 서사적 특징을 꼽으라면 "인형 조종술"과 함께 냉소서사를 빼놓을 수 없을 것이다. 서사가 냉소적이라 하는 말의 의미는 과연 무엇일까? 한마디로 그것은 작중 인물에 대한 작자 또는 화자의 동정과 연민의 배제를 의미한다. "가능한 한 주관을 배제하여 냉철한 객관적 안목을 유지하는 것이 김동인 문학의 특징"[229]이라고 할 때 이러한 결론은 더욱 설득력이 추가된다. 이 경우에 주관은 인간적인 동정과 연민을 가리킬 것이다. 사실 서사에서 동정과 연민의 거세는 자연주의 묘사의 원칙이기도 하다. 김억은 자연주의 문학을 소개하는 글에서 자연주의 소설의 서사 특징을 아래와 같이 강조하고 있다.

근대 문예는 암흑면이라든가 다른 추악을 또는 인생의 약점이라든가 이러한 것을 다 알고 혼자 냉정하게 조소하려는 태도입니다. 이러하기 때문에 그들에게는 동정이라든가 연민이라든가 하는 맘도 조금도 없었습니다. 예민한 이지의 눈으로 모든 것을 관찰하고는 가혹한 비평을 하는 것으로써 스스로 쾌함을 삼았습니다. 이 쾌함은 조금도 동정이라든가 연민의 쾌함이 아니오, 다만 미워하는 물건의 약점을 다른 사람에게 설파하는 것입니다.[230]

동인의 소설 서사의 근간을 이루는 냉소성은 다름 아닌 자연주의의 이 "냉정한 조소"에 그 뿌리를 두고 있다. 예를 들어 우리는 자연주의 소설 「감자」를 통해 동인 서사에는 동정과 연민이 철저하게 제거됨으로써 냉소의 순도가 확보됨을 확인할 수 있다. 불행에 처한 인물에 대한 털끝만큼의 동정이나 연민의 감정도 엿보이지 않는다. 그 서사는 얼음처럼 차갑고 오로지 사실적 진실을 기록하는 데만 관심이 집중되어 있다.

> 한참 왕 서방이 눈만 멀찐멀찐 앉아 있으면, 복녀의 남편은 눈치를 채고 밖으로 나간다. 왕 서방이 돌아간 뒤에는 그들 부처는, 일원 혹은 이 원을 가운데 놓고 기뻐하고 하였다.

> 밤중 복녀의 시체는 왕 서방의 집에서 남편의 집으로 옮겼다. 그리고 시체에는 세 사람이 둘러앉았다. 한 사람은 복녀의 남편, 한 사람은 왕 서방, 또 한 사람은 어떤 한방 의사— 왕 서방은 말없이 돈주머니를 꺼내어, 십 원짜리 지폐 석 장을 복녀의 남편에게 주었다. 한방 의사의 손에도 십 원짜리 두 장이 갔다.[231]

"되놈"에게 몸을 팔아 생계를 유지하는 아내의 불행에 대한 그 어떤 동정이나 연민 같은 서사는 발견할 수 없다. 관심은 오로지 아내를 팔아 벌어들인 "일 원, 이 원"뿐이다. 억울하게 죽은 복녀의 시신도 돈 거래를 위한 물건일 뿐 결코 불행하게 죽은 자로서 받아야 마땅한 동정과 연민의 대상은 아니다. 시신의 인도는 단지 돈거래를 위해 전제되는 물질적인 담보일 따름이다. 시신의 불행함에 대해서는 화자는 물론 작중 인물 중 누구도 관심이 없다. 동인의 냉소서사는 십 원짜리의 반복적인 강조와 지폐 숫자에 맞춰질 뿐만 아니라 시신 인도와 돈거래마저 "말 없는" 침묵 속에서 진행되면서 그 빙점氷點이 정점에 도달한다.

졸라의 서사 역시 동정과 연민이 탈락脫落된 과학적 혹은 생물학적인 묘사로 나타나고 있다는 점에서 동인과 궤를 같이한다. 우리는『나나』,『대지』등 졸라의 작품을 탐독하다 보면 자연스럽게 이러한 냉소 서사와 자주 접촉하게 된다.

나나만이 홀로 밝은 촛불 아래에서 고개를 위로 향하고 있었다. 그 것은 송장이었고, 피와 고름 덩어리였고, 쿠션 위에 던져진 살덩어리 였다. …… 왼쪽 눈은 완전히 곪아 푹 꺼졌다. 반쯤 뜬 오른쪽 눈은 썩은 구멍처럼 시커멓게 파여 있었다.[232]

불에 타는 참혹한 아픔 속에서 아직 완전히 질식사하지 않은 부친이 눈을 떴다. 수염이 타고 큰 코가 눌려 함몰된 거무칙칙하고 더러운 몰골이 그들을 쳐다보고 있었다.[233]

나나의 죽음에 대한 묘사에서 동정과 연민 같은 요소는 완전히 제거된 채 순전히 생물학적 관찰의 대상으로만 드러나 있다. "피와 고름", "살덩어리", "곪은 왼쪽 눈", "썩어 구멍 난 오른쪽 눈"은 다른 생물체의 주검과 조금도 다를 바 없이 단지 한 구의 죽은 생물체일 따름이다. 억울하게 자식들에게 죽어 가는 블레듀의 묘사에도 동정과 연민이 증발된, 얼음 같은 냉소로 포만해 있기는 마찬가지이다. 그것은 그저 불에 타 얼굴이 함몰된 거무칙칙하고 더러운 몰골일 따름이다. 불에 탄 나무토막이나 다를 바 없다.

그러나 이 냉소서사는 동인이 정한 이른바 "약한 자"들에게 적용될 때에만 두 작가는 동일성을 보일 뿐 강한 자들에게 적용될 때에는 오히려 서로 상이함을 표출한다. 물론 그와 같은 자연주의 냉소서사 원칙의 위반은 졸라가 아닌 동인에게서 나타나는 일방적인 현상이다. 졸라의 냉소서사는 약한 자이든 강한 자이든 변함없이 원칙이 지켜진다. 『제르미날』에서 파업을 일으킨 굶주린 노동자들이 식료품 가게를 부수자 주인 메그라는 가게를 지키려고 지붕으로 올라갔다가 떨어져 경계석 모서리에 부딪혀서 즉사한다. 평소 메그라에게 유린당해 온 "여인네들이 아직 온기가 남아 있는 시신을 둘러싸고 킬킬대면서 그에게 욕설을 퍼붓는다."[234] 이어 눈 뜨고 볼 수 없는 만행이 벌어진다.

어느새 라 무케트가 그의 바지를 벗겨 잡아당기는 사이, 라 르바크는 두 다리를 들어 올렸다. 라 브륄리는 바싹 마른 노파의 두 손으로 벌거벗은 허벅지를 벌리고 죽어 버린 성기를 손으로 세게 움켜쥐었다. 그녀는 한 손으로 성기 전체를 움켜쥔 채 앙상한 등뼈가 튀어나오고 커다란 두 팔에서 삐거덕 소리가 날 정도로 있는 힘껏 잡아당겼다. 하지만 물렁한 살갗이 잘 떨어지지 않아 다시 한번 더 세게 힘을 줘야 했다. 그제야 떨어진 살점을 손에 쥘 수 있었다. 털이 수북한 살덩어리에서 피가 뚝뚝 흘렀다. 그녀는 승리의 미소를 지으며 그것을 흔들었다.[235]

수의사가 수컷의 성기를 거세하는 수술이나 조금도 다를 바 없이 묘사는 객관적이며 그만큼 인간성조차 배제된 순수한 냉소성으로 얼어붙어 있다. 그것은 거세당하는 자의 인권 같은 건 아예 거론되지도 않으며 거세 만행에 대한 비난 같은 것도 관심의 대상에서 제외된 채 단순한 "털이 수북한 살덩어리"를 분할해 내는 생물적 해체 작업일 따름이다. 야만의 피해자가 된 메그라에 대한 인도주의적인 감정은 냉소의 차가움에 일찌감치 얼어붙어 버렸다.

하지만 동인의 작품에 시선을 멈추는 순간 강한 자에 대한 이러한 냉소적 서사는 작자의 개입에 의해 그 냉소적 묘사가 상실됨을 발견하게 된다. 「유서」에서 O는 '나'의 친구이자 화가로서 동인의 분류에 따르면 지성을 겸비한 강한 자에 분류될 수 있다. 아내 봉선이 A와 외도를 하는 의심 때문에 심리적 고통을 겪는 O에 대한 화자의 묘사는 이러한 주장에 명분을 제공해 준다.

O와 같은 사람은 아무런 비경悲境에 빠질지라도 자살할 만한 용기도 없는 사람이다. 그러매 그 같은 사람으로서 그 같은 경우에 빠지

게 되면, 마치 피를 뱉기까지 우는 뻐꾸기와 같이 어쩔 줄 모르고, 다

만 헤매일 밖에는 도리가 없는 것이었다. 그러다가 마침내는 정신

적 타락경墮落境에 떨어져서 그의 모든 아까운 재주와 지혜는 간지奸智

와 몹쓸 수단으로 변하고 마는 것이다. O의 아내? 그런 변변치 않은

여편네 하나는 죽든 살든 아무 관계 없으되, 아까운 재주를 품은 O뿐

은 결코 타락시키고 싶지 않았다.[236]

친구의 불행에 대한 '나'의 걱정과 동정심이 매 한 줄의 행간을 적

시며 흐른다. O가 정신적으로 타락하여 재주와 지혜를 잃을까 봐 공

공연하게 우려를 표명하고 있다. 친구에 대한 '나'의 동정심은 그 정도

가 O를 대신해 봉선을 죽일 만큼 과도한 것이었다. 여편네가 죽든 살

든 아무 문제가 되지 않는 이유는 O가 재주와 지혜가 있는 강한 자이

기 때문이다. 봉선을 죽이는 건 강한 자를 돕는 일이기 때문에 '나'는

살인 행위를 범죄로 느끼지 않는 것이다. 동인이 같은 자연주의자인

염상섭의 "모든 것을 그리는" 묘사를 거부하고 "현실을 있는 그대로

재현하고자 하는 리얼리즘적 태도를 부정"하면서까지 "찌꺼기를 모두

뽑아버리고 골자만 남겨 가지고 그것을 정당화시켜서 표현"[237]했던 이

유는 냉소서사, 해부 묘사 등을 통해 약한 자의 부정적인 형상에만 초

점을 맞추기 위한 데 있다고 봐야 할 것이다. 그 때문에 동인의 냉소서

사는 그 대상과 범위에서 졸라는 물론 동시대의 같은 자연주의 소설가

염상섭과도 편향성을 면하지 못할 수밖에 없었던 것이다. 동인을 여기

까지 떠민 원인 제공자는 두말할 것도 없이 이광수이다. 이광수를 초

월하려면 그에게 월계관을 걸어 준 계몽에 반기를 들 수밖에 없었기 때문이다. 이광수가 긍정적 이미지로 그린 계몽의 대상, 약한 자를 경멸함으로써 동인은 이 막강한 라이벌을 제압할 것이라고 확신했다.

2) 해부학적 자연주의 묘사

해부학적 묘사는 또 하나의 자연주의 서사다. 그것은 암면, 추·악 등 "모든 것을 그리는" 자연주의 묘사 원칙과 과학주의에 그 기원을 두고 있다. 암흑면과 추·악을 대상으로 삼는 냉소서사가 동정과 연민을 망각한 묘사 기법이라면 해부학적 묘사는 고통과 두려움이 거세된 생물학적 또는 물리학적인 과학주의에 토대를 둔 서사를 의미한다. 고통과 두려움의 제거는 생물학적·물리학적 서사 접근의 결과물인 셈이다.

해부학적 묘사에서 동인에 비해 졸라의 사용 범위가 훨씬 넓은 것은 무엇보다 먼저 그의 작품이 대부분 서사 폭이 방대한 장편이라는 점에 기인할 것이다. 이러한 장르적 특징이 졸라의 문체를 만연체로 유도했다면 주로 단편 장르를 다룬 동인의 문체는 축약형으로 인도되었다고 볼 수 있다. 두 번째 원인은 졸라의 경우는 해부학적 묘사의 적용 범위를 모든 서사로 확대한 반면 동인은 "약한 자"라는 제한된 범위에만 활용했다는 것이다. 우리는 졸라의 작품 『대지』에서 표현된 해부학적 서사—동물인 암소와 인간인 리즈의 동시 출산 묘사에서 확인할 수 있다.

리즈는 주저앉아 두 다리를 벌리고 등은 한 의자 등받이에 기댔다. 오른 다리와 왼 다리를 두 번째와 세 번째 의자에 걸쳐 놓았다. 그녀는 심지어 옷도 벗지 않았으며 헝겊신을 신은 두 발은 반쯤 굽어졌고 파란 양말은 무릎까지 올라와 있었다. 그녀의 치마는 가슴까지 들려 크고 더러운 뱃가죽이 드러났다. 두 다리는 굵고 하얗다 못해 너무 커서 사람들은 언제라도 중심 부위를 볼 수 있었다. …… 매 사람마다 촛불을 비추고 수의사는 다시 엎드려 수술칼로 소의 굽혀진 왼쪽 다리 주변에서 혈맥 하나를 잘랐다. 그는 가죽을 벗긴 후 훼손되고 탈절된 앞다리 하나를 꺼냈다.[238]

인간과 동물이 전혀 분간이 되지 않는다. 오로지 분만이라는 암컷들의 공통된 과정을 생물학적 시점에서 수술하듯 철저히 해부하고 있다. 그 해부학적 묘사가 생물학이라는 과학적 기록을 통해 전달되기에 인간적인 출산의 고통이나 두려움 같은 건 존재하지도 않는다. 그녀의 굵고 하얀 다리는 구부러진 소의 다리나 탈절된 새끼의 앞다리와 다를 바 없이 걸음을 옮길 때 사용되는 생물학적 다리일 뿐 그 이상 그 이하도 아니다.

동인의 자연주의 계열 소설에서도 고통과 두려움이 청산된 생물학적 해부 묘사 장면들을 만날 수 있다. 물론 그러한 해부 묘사는 장편 장르에 맞는 만연체가 아닌 단편 장르에 맞는 축약형이긴 하지만 묘사 대상을 감정을 수반한 인간적인 것이라기보다는 생물학적인 시점에서 접근하는 것만은 의심할 바 없다. 「태형」의 한 장면을 인용하는 것만으로도 우리는 이러한 판단에 설득력이 있음을 알 수 있다.

빈대 죽인 피가 여기저기 묻은 양회 담벽에는 철창 그림자가 똑똑히 그려져 있다. 사루는 듯한 더위는, 등지고 있는 창밖에서 등을 탁 치고, 안고 있는 담벽에서 반사하여 가슴을 탁 치고, 곁에 빽빽이 있는 사람의 열기로 온몸을 썩인다. 게다가 똥오줌 무르녹은 내음새와 살 썩은 내음새와 옴약 내에, 매일 수 없이 흐르는 땀 썩은 내음새를 합하여, 일종의 독개스를 이룬 무거운 기체는 방에 가라앉아서 환기까지 되지 않는다.[239]

더위는 자연 현상인 동시에 해부 묘사의 지원을 받는 순간 "등을 치고 가슴을 치는" 신통력을 부리며 어느새 살아 움직이는 생물체로 둔갑한다. "독개스 같은 내음새" 역시 생물체에서 분비된 부산물들이다. 동인의 생물학적 해부 묘사는 자연주의 대표작으로 일컬어지는 「감자」에서도 반복되고 있다.

그는 목을 놓고 처울면서 낫을 휘둘렀다. …… 복녀의 손에 들리어 있던 낫은 어느덧 왕 서방 손으로 넘어가고, 복녀는 목으로 피를 쏟으면서 그 자리에 꼬꾸라졌다.[240]

독자가 이 문장을 통해 입수하는 정보는 도덕적·인간적·법률적인 것보다는 생물학적 또는 물리적인 것이 전부라고 말할 때, 이러한 필자의 주장을 거부할 사람이 몇이나 될 것인가 의문스럽다. 이 묘사가 발산하는 정보는 힘의 대결이다. 복녀의 손에 들려 있던 낫이 왕 서방의 손에 옮겨가고 복녀가 도리어 죽었다는 것은 왕 서방의 남성적인 힘이 여성인 복녀를 압도했다는 은유가 깔려 있기 때문이다. 힘—이 물리적 에너지는 도덕적 기능도, 법률적 기능도 아니다. 분명한 것은 힘이란 생리학적 기능이란 사실이다. '낫' 역시 독자에게 던지는 정보는 물리적인 도구(흉기)—물체라는 이미지밖에는 없다. 동인은 묘사에서 인간성·사회성·도덕성을 배제함으로써 완벽하게 자연주의 해부학 묘사라는 기본 서사 원칙을 준수하고 있다.

하지만 지금까지 같은 궤도를 달려온 졸라와 동인은 이른바 강한 자라는 상대를 만나는 지점에서 진로를 달리한다. 졸라의 해부 묘사는 강한 자라는 작중 인물 앞에서도 추호의 흔들림도 없이 자신의 원칙을 밀고 나간다. 『나나』에 나오는 백작이나 후작들, 『테레즈 라캥』에 등장하는 로랑 등 이른바 동인의 관점에서 강한 자로 분류되는 작중 인물에 대한 묘사에서도 우리는 이와 같은 주장을 안 받침 하는 증거들과 만날 수 있다.

방탕한 생활 육십 년 동안 망가지고 풀어진 인간 누더기의 모습으로 여기에 던져진 슈아르 후작은 …… 마치 시체 같은 모습이었다. …… 걷어 올린 속옷 사이로 뼈만 남은 몸이 들여다보이고, 흰 털이 덥수룩한 핏기 없는 다리 하나가 이불 밖으로 비어져 나와 있었다.[241]

카미유가 물어뜯은 자국은 피부를 마치 불붙은 쇠로 지진 거나 같았다. 이 상처가 일으키는 고통에 그의 생각이 머물 때면 몹시 아픔을 느꼈다. 그의 살 속으로 무수한 바늘이 조금씩 뚫고 들어오는 것 같았다. 그는 와이셔츠의 칼라를 접고서 벽에 걸린 값싼 거울 속에 상처를 비추어 보았다. 그 상처는 동전만 한 크기의 붉고 둥근 자국이었다. 살점이 떨어져서 속살이 검은 반점들과 함께 불그스름하게 보였다. 핏줄이 가느다랗게 어깨까지 흘러 있었는데, 그 핏자국은 벌써 벗겨지고 있었다. 흰 목 위의 물린 자국은 짙은 갈색이었다. 그 자국은 귀 밑 오른쪽에 있었다.[242]

　　『나나』의 경우 슈아르는 그 신분이 고귀한 후작(동인에게서는 강한 자)이지만 한낱 누더기이고 시체에 불과할 뿐만 아니라 뼈만 남은, 몸에 털이 덥수룩한 생물체나 다를 바 없는 존재다. 『테레즈 라캥』의 로랑 역시 동인의 분류 방법에 따르면 강한 자에 속하는 인물이다. 대학에서 법률도 공부하고 미술도 공부한 화가[243]이기 때문이다. 실제로 로랑은 손수 카미유의 초상화를 그리기도 한다.[244] 불붙는 쇠로 지지고 무수한 바늘로 찌르는 것 같은 목의 상처의 통증은 말할 여지도 없이 생리적인 반응이다. 소설 속에서 카미유가 물어뜯은 목의 상처에 대한 해부 묘사는 수차례나 반복되면서 생리적 통증의 수위를 높이고 있다. 그런데 여기서 얼핏 자연주의 해부 묘사가 생물학적인 것이기 때문에 고통과 공포가 배제될 수밖에 없다는 필자의 주장과 배치되는 표현이 나타난다는 사실을 잠깐 해명할 필요가 있을 것 같다. 로랑은 목의 흉터로 인해 "살을 물어뜯는 듯한 고통"[245]을 느끼고 "공포에 떨기"[246] 때문이다. 하지만 이런 경우에도 졸라의 자연주의 해부 묘사가 고통과 공포

와의 타협을 거부하고 있다는 해부 묘사의 원칙주의에는 변함이 없다
고 해야 할 것이다.

> 그의 회한은 순전히 육체적인 것이었다. 그의 육체와 자극받은 신
> 경과 떨리는 살만이 죽은 자에 대해 공포를 갖고 있었다. 그의 의식은
> 이런 공포와는 전혀 상관이 없었다. 그는 카미유를 죽인 데 대해 아무
> 런 뉘우침도 없었다. …… 사실 질병이나 신경증적 혼란이 로랑의 공
> 포증에 어울리는 유일한 이름이었다.[247]

로랑의 고통과 공포는 죄의식이나 양심의 가책에서 유발된 정신적
현상이기에 앞서 순수한 생리적 현상이라는 결론인 셈이다. 졸라 자신
도 이 책의 서문에서 이 점을 강조하고 있다. 졸라가 소설에서 말하려
했던 것은 "해부학자가 시체에 대하여 행하는 것과 같은 분석적인 작
업을 살아 있는 두 육체에 대하여 행한 것 뿐"[248]이며 "인간이라는 동물
들인 테레즈와 로랑의 단순한 생체 조직 내의 무질서, 파괴를 지향하
는 신경 체계의 반란"[249]이며 "기묘한 생리학적 경우에 대한 연구"[250]였
을 따름이다.

그런데 이 지점에서도 동인은 졸라와의 동행을 단호히 거절하고 갈
림길로 빠져나간다. 「감자」의 복녀에게서 그랬던 것처럼 약한 자에게
가차 없이 적용되던 생물학적 해부 묘사의 원칙은 강한 자와 직면하는
순간 두둔 모드를 취하며 순식간에 휴면된다. 동인 소설에서 강한 자
로 분류되는 작중 인물들 예컨대 「약한 자의 슬픔」의 K 남작의 형상

이나 「마음이 옅은 자여」·「유서」의 '나'의 형상에서 우리는 졸라에게서 볼 수 있었던 생물학적 해부 묘사를 발견하기 어렵다. 그리고 동인의 자연주의 소설에는 강한 자의 작중 인물 등장 자체가 적을 뿐만 아니라 혹여 등장한다 하더라도 「마음이 옅은 자여」의 '나'나 「목숨」의 전 주사처럼 대부분 긍정 인물로 부각되고 있다. 부정 인물인 경우에도 「약한 자의 슬픔」 K 남작의 경우처럼 주인공을 침묵시키거나 인물에 대한 객관적인 평가를 포기한다.

지금까지의 담론을 통해 우리는 동인의 자연주의 문학이 졸라의 자연주의 문학관을 수용하면서도 그와의 차별화를 시도했음을 확인할 수 있었다. 결국 동인의 냉소서사와 해부 묘사를 통한 자연주의 원칙에 대한 이러한 제한적 수용과 졸라와의 차별화는 그 종국적 목적이 이광수와의 차별화이며 그와 같은 서사적 책략이 결과적으로는 동인이 주장했던 이른바 "자신만의 세계"를 산출하게 된 계기가 되었음을 알 수 있다.

3장
김동인과 졸라 작품 비교 분석

김동인의 자연주의 소설 창작에 영향을 끼친 작가가 러시아의 대문호 톨스토이와 프랑스 작가 졸라라는 사실은 앞의 담론에서 확인되었다. 동인의 숭배 대상이었던 톨스토이가 그를 만족시키지 못했던 이유는 몇 가지로 귀납할 수 있다. 무엇보다 먼저 톨스토이가 김동인만의 스승이 아닌 그와 동시대의 작가들이 보편적으로 숭배하는 작가라는 사실이 그를 불쾌하게 했다. 특히 당대의 최고라고 하는 이광수도 예외는 아니었다. 자존심과 야심이 강한 김동인은 적수인 이광수랑 함께 엮이면 영원히 그를 능가할 수 없다는 위기감이 들었을 것이다. 그리고 김동인에게는 약한 자를 경멸하고 냉소하는 더 적나라한 문체와 서사가 필요했다. 그와 변별화하지 않고서는 이광수라는 높은 산을 영원히 넘을 수 없기 때문이다. 사실 그가 경멸하는 약한 자 역시 이광수가 문학을 통해 계몽하려는 대중이었다. 이광수와의 차이를 벌리기 위해 계몽할 수 없는 대중을 약한 자로 형상해 낸 것에 불과하다. 졸라의 자연주의에는 톨스토이와 그를 추종하는 세력인 이광수에게는 없는 서사 전략이 있었다. 김동인은 졸라의 서사 전략을 수용함으로써 이광수를 추격하려는 계획을 세웠던 것이다. 그럼 지금부터 비교 문학적인 관점에서 졸라를 통한 김동인의 자연주의 문학의 수용에 대해 담론을 전개할 것이다.

김동인의 자연주의 문학의 내원은 두말할 것도 없이 프랑스 자연주의와 일본 자연주의에 그 뿌리를 두고 있다. 하지만 동인의 자연주의 잉태는 이 두 문학 사조의 영향을 받기 이전부터 준비 과정을 거쳤다고 보는 것이 타당한 추측일 것이다. 굳이 프로이트의 거창한 이론의 측면 지원을 요청하지 않더라도 어린 시절이 한 인간의 자아와 개체 형성에 지대한 영향을 미친다는 사실은 반론의 여지가 없을 것이다. 자연주의 관련 담론에서 졸라와 동인의 유년기의 비교로부터 서두를 떼게 된 이유이기도 하다.

두 작가의 어린 시절은 그들의 문체·감성뿐만 아니라 사상에도 근본적인 밑바탕이 되었음은 틀림없다. 우리는 2장의 담론을 통해 김동인 특유의 언어와 감성의 메마름과 졸라 특유의 화려한 언어·풍부한 감성이 그들의 어린 시절의 경험과 어떤 연관성을 가지고 있는지에 대해 연구할 것이다. 필자는 여기서 논의를 멈추지 않고 계속 확장하여 두 작가의 청소년 시절까지 담론 영역에 포괄시켜 자연주의를 배태시킨 생리학적·심리학적 근원에 대해 분석하려 한다. 청소년기 동인의 일본 유학 생활과 졸라의 파리에서의 생활이 그들의 작가로서의 성장과 자연주의 문학의 구축 내지는 작품에 어떻게 반영되었는가에 초점을 맞출 것이다. 자연주의 형성 연구에 빠질 수 없는 필수 전제이기 때문이다.

하지만 여기서 진정한 비교 문학 연구는 두 작가의 구체적인 작품에 대한 비교 분석에서부터 비로소 시작된다는 점을 상기시킬 필요가 있다. 졸라의 작품을 모방한 동인 작품이 구체적으로 어떤 소설인지에 대해 검토하고 더 나아가 그 유사성과 차이점에 대한 분석을 통해 졸라의 영향력의 수위를 점검할 것이다. 물론 이러한 작품 비교 연구는 담론의 특성 때문에 두 작가의 대표적인 자연주의 소설들에 한정될 것이다.

예밀 졸라 작품	김동인 작품
인간 짐승	유서
제르미날	배회
나나(매춘)	감자(매춘)
목로주점(주점)	벗기운 대금업자(전당포)
대지(부친 살해)	명문(모친 살해)

위에 열거한 소설들은 수법·플롯·문체 등 분야에서 졸라의 영향을 받았을 뿐만 아니라 그 수용 수위도 높고 모방 범위도 넓은 작품들이다. 뿐만 아니라 텍스트로 사용된 작품들은 두 작가의 작품 중에서 대표적인 자연주의 소설들이라고 할 수 있다. 보다시피 동인은 자신의 대표적인 자연주의 소설들에서 졸라에게 빚을 지고 있음을 알 수 있다.

1. 김동인과 졸라의 성장 환경

1) 유년 시절 성장 환경

① 성장 환경의 우연의 일치

비교 문학에서 발신자의 문체·주제·사상·감정은 모방할 수 있지만 그의 인생까지 모방하는 것은 불가능하다. 의지적이라기보다는 숙명적인 측면이 추가되기 때문이다. 물론 생애 중 우연의 일치는 있을 수 있다. 특히 동인과 졸라의 경우 이러한 우연의 일치는 어린 시절과 청소년 성장기에 잘 나타나고 있다. 성장기의 이러한 우연의 일치가 두 작가를 자연주의로 인도하는 견인력 역할을 감당했다면, 차이점은 두 작가의 문체와 사상의 차별을 잉태하는 자궁의 역할을 하고 있다.

일단 유년기 두 작가의 유사성은 유아독존이라는 이 특수한 성향에서 집중적으로 나타난다. 자료에 따르면 동인이 아버지와 어머니의 과잉보호 속에서, 귀공자적인 가정 분위기에서 성장했던 것처럼 졸라 역시 할머니와 어머니라는 두 여성의 과잉 사랑 속에서 성장했다는 사실을 알게 된다.

> 김동인은…… 모든 것에 관대한 아버지와, 첫아들에게 넋이 빠진 어머니의 과보호 속에서 원하는 것은 모두 얻는, 절제 없는 자유를 만끽하며 자라난다. …… 자기의 판단에 확신을 가지고, 타인의 시선에 구애받지 않는 행동 패턴을 형성한다.[25]

「나의 아버지가 유아독존적인 사상을 어린 머리에 깊이 처박아 ……」(전집 6, 18)라고 동인이 말하든가, 어릴 적엔 친구가 없었다고 유년기를 술회한 점으로 미루어 보면, 그의 귀공자적인 가정 분위기를 새삼 짐작하게 한다.[252]

동인의 유아독존 사상은 아버지의 관대함과 유아독존적인 사상의 주입 그리고 어머니의 과보호 속에서 형성된 유년기 개성의 특징이다. 물론 이러한 안하무인식의 성격은 아버지의 재산 또는 유산과도 연관이 있을 것이다. "귀공자적인 가정"을 떠받드는 첫 번째 조건이 탄탄한 경제력이기 때문이다. 이러한 상황은 졸라의 초기 상황과도 다를 바 없다. 졸라의 아버지도 사업가로서 내로라하는 재력가였다.

졸라는 할머니 앙리에트 오베르(Henriette Aubert)가 타계한 해인 1857년까지 두 여인이 에워싸고 보살핀 귀염받는 어린이와 청년이었던 것 같다.[253]

1860년 빠리에서 젊은 에밀 졸라는 가난한 생활을 한다. 그러나 전혀 유산이 없었던 것은 아니었다. 그의 아버지가 맺었던 지난 관계들(그의 아버지는 1843년 엑소를 떠나기 전 파리에서 몇 년 살았다.) 프리메이슨단 소속 등이 그에게, 13년의 간격에도 불구하고, 몇몇 유익한 후원이 돼 주었다. 이러한 후원이 아셰뜨 출판사의 문을 그에게 열어 줄 알리바바의 참깨 구실을 하는 것이다.[254]

졸라에게도 유산이 있었을 뿐만 아니라 그가 어렸을 때 아버지는 그 지역의 상당한 재력가였다. 건축가이자 기업가인 졸라의 부친은 죽기 전까지 "엑상 프로방스에 물을 공급할 댐과 운하를 건설"[255]할 만큼 쟁쟁한 사업가이기도 했다. 졸라가 동인과 유사하게 유아독존·안하무인의 성격이었을 것이라는 필자의 추측은 부친 사망 후 할머니와 어머니라는 두 여성의 슬하에서 성장했다는 사실에서 그 설득력을 후원받는다. 아버지라는 원초적인 억압이 사라진 그곳에는 오로지 "귀염받는" 모성애뿐이다. 그 귀염의 원천은 홀어미와 외할머니라는 무조건적이고 무궁무진한 사랑의 샘에서 솟구쳐 오른 것이다.

하지만 홀어미와 외할머니의 절대적인 사랑은 자식 또는 손자를 안하무인 또는 유아독존의 존재로 성장하게 할 가능성이 많다. 다른 말로 표현하면 "막되게 자라서 버릇이 없는 후레아들"로 성장할 가능성이 많다는 것이다. 버릇의 사전적 의미가 "어른에게 마땅히 차려야 할 예의"라고 할 때 후레아들은 건방지고 자고자대하는 인격자일 가능성을 배제할 수 없다. 할머니 손에서 자란 손자 역시 "어른의 사랑을 믿고 어려워하는 기색 없이 부리는 버릇없는 말이나 행동"을 일삼는 응석받이로 성장할 가능성이 많다. 이렇다고 할 때 졸라의 유년기 생존 환경 역시 동인과 다를 바 없이 유아독존적이었을 거라는 추측에 명분이 배당된다.

유아독존은 타자의 부정에서부터 시작된다. 타자의 개입을 차단시킨 채 일방적인 자기 긍정의 길을 고집한다. 자신에 대한 확고한 믿음은 거의 신적일 정도로 지독하다. 타자의 시선이 부정적일지라도 결코 자신의 의지(주장)를 굽히지 않는다. 자신의 선택에 스스로 정당성을 부여한다. 타자의 평판에 주장이 흔들리지 않는다. 설령 그것이 객관적으로 부정적이라는 결론이 났을지언정 주관적 선택을 고집한다. 다시 말해 유아독존자는 정당성의 척도를 객관에 두지 않고 주관에 두기에 타자의 시선과는 상관없이 스스로가 옳다고 생각하면 옳은 것이다.

그런데 의외로 이러한 것들은 타자의 온갖 비난 속에서 탄생하고 성장해야만 했던 자연주의를 중단되지 않고 꿋꿋이 지속시킨 견인력이 되었던 것이다. 그것은 다름 아닌 이 유아독존의 자기합리화 덕택이라 할 수 있다. 졸라의 자연주의 창작은 어떤 의미에서는 비난 세력과의 장구한 투쟁의 역사이기도 하다. 그러한 투쟁은 비자연주의 계열은 물론이고 내분의 양상까지 띠며 격렬한 진통을 감수하지 않으면 안되었다.

(1887년 『대지』 출간 후 「5인 선언서」 내용 인용문) '대지가 나왔다. 그것이 준 실망은 깊고도 괴로운 것이었다. 관찰이 피상적이고 수법이 낡았고, 이야기는 진부하며 특징이 없을 뿐만 아니라 추잡한 대목이 더욱더 심해지고 너무나 천한 더러움 속으로 빠져들어서 때로는 분뇨담糞尿潭의 선집을 대하고 있는 듯한 느낌마저 든다. 결국 우리의 거장巨匠은 시궁창의 나락으로 떨어지고 만 것이다. …… (따라서) 우리는 우리의 모든 성실한 젊음의 힘과 충실한 예술적 양심을 발휘하여 고귀성을 잃은 문학에 대항하여 절도와 위신을 지켜야 한다. 건전하고 의연한 야심의 이름 아래서, 예술에 대한 우리의 예찬과 깊은 사랑과 숭고

한 존경심의 이름 아래서 항의하여야 한다.'[256]

"천한 더러움", "분뇨담糞尿潭"이라는 입에 담지 못할 비난을 퍼부으며 등을 돌리는, 한솥밥을 먹던 동지들의 배신 앞에서도 자연주의를 버리지 않았던 졸라의 고집은 유년기에 연마한 유아독존·안하무인의 성격이 둥지를 틀고 있었기에 가능한 것이었다. 물론 졸라는 당시의 평단이나 문단에서 비난의 대상이었지만 그러한 질타 때문에 자연주의에 대한 미련을 버린 적이 없었다. 그가 자연주의를 포기한 것은 인생 말년의 일이다.

동인 역시 자연주의 문학관 때문에 문단의 지탄에서 자유롭지 못했다. 그중에서 대표적인 작가들인 이광수와 김동리의 지적에 대해서만 살펴보자.

김동인(金東仁)은 이들 작가 중作家中에서는 가장 우월優越한 수완手腕을 가진 작가作家요, 그는 많이는 단편短篇을 쓴다. 그러나 「감자」·「발가락이 닮았다」 등等은 가장 좋은 것이라고 하고 「감자」는 수년 전數年前 신조新潮에 역재譯載되었던 일도 있다. 이 작자作者는 관찰觀察이 기경奇警하며 위트와 유우머에 풍부豊富한 인습因襲이나 도덕道德이나 세평世評이나 그런 것에 관심치 않는, 자유자재自由自在로 자기自己가 생각한 대로 써서 독자讀者의 머리를 어찔하게 한다.[257]

자연주의自然主義는 그저 있는 대로 막 써라하니까, 자연自然 젊은이

들은 성욕性慾이나 자유연애自由戀愛 같은 것을 쓰게 되었는데…… 무
얼 묘사描寫하는 걸 사진寫眞 박듯이 써서 여간 지리한 게 아니었는데,
…… 이때의 작가作家 김동인(金東仁)·염상섭 같은 이는 다 이러한 경향
이 있었습니다.[258]

1919년 1월 그가 처음으로 「약한 자의 슬픔」을 발표했을 때부터
1939년 2월 「김연실전」을 내었을 때까지 약 20여 년간의 세월, 이것
이 그에게 있어 가장 중요한 시기였으며 이 중요한 시기를 그는 완전
히 자연주의의 범위 안에서 일관하였다.[259]

씨의 인간과 문학은 어디까지나 직선적이며 자연주의의 한계 속
에 있으며 이 "직선"과 "자연주의"는 그의 모든 행동과 작품에 공통
되고 일관된 법칙이며 다만 그것이 그의 직선적 기질에 의하여 진작
그 따라지에 이르렀고 거기서 온갖 악마적인 몸부림을 쳐왔던 것이
다.[260]

살인, 방화, 발광, 시간屍姦 그리고 난음亂淫과 쌍말의 섹스가 그를
기다리고 있었을 뿐이다.[261]

김동인이 만일 주변의 이러한 부정적인 시선에 신경을 썼더라면 결
코 자연주의 소설을 쓸 수 없었을 것이다. 사람들의 비난을 무릅쓰고
그더러 자연주의 한길만을 확고하게 걸을 수 있게 해 준 추동력은 뭐

니 뭐니 해도 유아독존의 성격이었을 것이다. 유아독존—그것은 동인과 졸라 이 두 작가의 자연주의 문학 행위를 지속 가능하게 한 일종의 강력한 에너지였다. 이와 같은 현상은 발신자와 수신자로서의 두 작가의 생애에서 우연의 일치가 가져다 준 유사성의 일례이다.

② 성장 환경의 차이

a. 언어의 메마름과 풍부함

동인과 졸라의 문체에서 언어의 메마름과 풍부함은 가장 눈에 띄는 차이점이다. 구태여 언어가 화려한 졸라와 비기지 않더라도 김동인의 소설 언어가 얼마나 메말랐으면 "대부분 줄거리만 엮어 놓은 시놉시스 같은"[262] 수준이라고 평가 절하하는 사람까지 있을 정도이다. 하지만 그의 "표준어 지식 미비"와 "어휘량의 부족"[263]의 원인이 평양이 고향이기 때문이라는 일부 학자들의 주장에는 설득력이 결여되었다고 생각한다. 그것은 같은 서북 출신의 작가인 이광수의 문체는 화려하다는 반론 앞에서도 무색해진다. 문체 서사가 아름다운 서북 출신의 작가들은 이광수 말고도 많다. 필자의 소견에 동인과 졸라의 문체에서 나타나는 이렇듯 선명한 대조 현상은 두 작가가 성장해 온 유년기와 청소년기의 생활 환경의 차이와 연관시켜 연구할 필요가 제기된다.

그의 부모들은 그에게 이웃 아이들과 사귀는 것을 금하였다. 그래서 그는 집 안에서 만만한 손아래 동생들이나 고용인만을 상대하면서 자랐다.[264]

나는 열다섯 살까지의 소년 시기를 평양에서 지냈지만 친구가 없
는 사람이다. 본시 교제성이 없는 위에 나쁜 가정의 아이들과 사귀지
말라는 교육 방침 아래서 자라면서 소학교의 동창은 있지만 서로 가
정으로 찾아다닐 만한 친교가 없다.[265]

"표준어 실력이 모자란 그의 어휘력 부족을 더 가중시킨 요인"은
"북국에서 자랐기" 때문이 아니라 "고립된 성장 환경"[266] 때문이라고 할
수 있다. 언어나 어휘 수량은 다른 사람과의 대화 소통을 통해 획득하
고 두뇌에 기억된다. 친구가 없이 집 안에서 제한된 사람들과만 대화
를 나눈다는 것, 게다가 손아래 동생들이나 하인들과의 언어생활로는
충분한 대화를 나눌 수 없다는 사실은 두말하지 않아도 명백하다. 교
제성이 없어 아예 집으로 놀러 오는 친구도 없었다면 분명코 어휘 수
량도 국한되어 있고 대화 범위도 위축될 수밖에 없기 때문이다. 동인
의 이러한 "고립된 성장 환경"은 일본 유학 시절까지 변함이 없이 이
어지면서 작가로서 당연히 밟았어야 했던 언어 습득에 제동을 걸었다.
하지만 졸라의 유년기 생존 환경은 동인과는 전혀 다르다.

어린 졸라는 시간 가는 줄도 모르고 밖에서 노는 데 정신이 팔려
있었다. 창문 앞에는 푸른 들이 펼쳐지고 그 가운데로는 라두얼스라
는 작은 시내가 집을 에돌아 흘렀다. 해마다 무더운 여름이 되면 에밀
졸라는 노름에 빠져들곤 했다. 애들과 함께 강가에 가 미역을 감지 않
으면 숲속이나 들에서 뛰놀았다. 이런 생활이 무려 5년 동안이나 계

속되었다.[267]

졸라의 유년 시절은 탈고립의 생존 환경 속에서 영위되었다. 그의 옆에는 항상 친구들(애들)이 함께했고 그들과의 대화와 소통 속에서 지속된 것이었다. 애들—동료들과의 동반은 소통을 전제로 하기 때문에 대화는 필수 조건일 수밖에 없다. 그 대화와 소통이 자연과 결부될 때에는 내용이 더욱 풍부하고 언어 사용 수량에서도 범위가 확대될 수밖에 없다. 졸라의 모든 문학적인 언어는 애들과의 이러한 대화와 소통 속에서 산생된 것이다. 동인과는 다른 점이다. 들에서 뛰어놀고 시냇가에서 미역을 감는 노름은 단순한 노름에 그치지 않고 언어의 개발과 습득의 모태가 되며 긍정적인 역할을 감당했을 것이 틀림없다.

동인이 언어 결핍으로 진통을 겪어야 했던 이유 중에는 이웃 아이들과의 사귐이 단절되었다는 조건도 들어야 할 것이다. 대화의 부재는 언어의 위축을 초래할 수밖에 없기 때문이다. 이러한 애들과의 교류 금기 현상은 부모의 통제로부터 시작된 것이긴 하지만 본인의 대인기피증과도 연관이 있을 것으로 짐작된다. 또래 애들과 어울려 놀기를 좋아하고 싫어하는 것은 타고난 천성이지 부모의 통제에 의해 결정되는 것이 아니다.

우리는 이러한 차이를 두 작가의 작품에서도 확인할 수 있다.

복녀는 열아홉 살이었다. 얼굴도 그만하면 빤빤하였다.
복녀의 얼굴은 더욱 이뻐졌다.

복녀의 얼굴에는 분이 하얗게 발리워 있었다.[268]

위의 인용문은 김동인의 자연주의 대표작 「감자」 중의 한 단락이다. 주인공 복녀의 초상 묘사의 전부이다. 극도로 절제된 표현이기 전에 서사에 동원된 언어 결핍의 결여임을 알 수 있다. 동인이 던져 준 복녀의 얼굴 이미지는 단 하나의 단어 "빤빤하다"일 뿐이다. 하나 더 추가한다면 그 빤빤한 얼굴에 발려진 하얀 분가루이다. 우리는 아래의 인용문에서 졸라의 초상 묘사를 한 번 일견하기만 해도 양자 비교를 통해 동인의 언어가 얼마나 메말랐는가를 알 수 있게 될 것이다.

마흔 줄에 접어들었지만 전혀 나이 들어 보이지 않고 짙은 다갈색 곱슬머리도 바래지 않았다. 턱을 덮은 밝은 황금빛 수염 역시 무성했다. 중키이지만 절륜의 정력을 자랑하는 그는 거울에 비친 자신의 모습에 흐뭇했다. 약간 납작한 두상에 좁은 이마와 굵직한 목덜미, 혈색 좋은 둥그런 얼굴에 형형한 빛을 발하는 커다란 두 눈 모두 마음에 들었다. 일자로 붙다시피 한 양 눈썹은 질투심 강해 보이는 이마의 주름살을 가시덤불처럼 뒤덮었다.[269]

스물다섯 살 나이가 내뿜는 빛에 둘러싸인 그녀는 늘씬한 데다 뼈대는 가늘지만 아주 유연하고 탄력 있어 보였다. 그녀는 얼굴이 길고 입술은 크고 두툼하며 너무 도드라진 치아가 번득여 첫눈에 보기에는 결코 예쁜 얼굴이 아니었다. 그렇지만 자세히 들여다보면 숱 많은

검은 머리 아래 크고 푸른 두 눈이 발산하는 기묘한 매력에 육감적으로 보였다.[270]

졸라의 자연주의 소설 『인간 짐승』 중에 나오는 주인공 루보와 아내 세브린에 대한 인물 묘사 단락이다. 물론 동인의 소설은 단편이고 졸라의 작품은 장편이라는 장르적인 차이는 존재한다. 하지만 두 소설의 인물 묘사는 그 언어 사용 면에서 볼 때 너무 차이가 벌어진다. 졸라의 경우 초상 묘사는 두상, 이마, 눈, 목덜미, 머리, 턱, 수염뿐만 아니라 눈썹, 주름살 등 세밀한 부분까지 상세하게 그려 내고 있다. 여자의 경우에도 유연하고 탄력 있는 몸매뿐만 아니라 갸름한 얼굴, 크고 두툼한 입술, 도드라진 치아와 검은 머리와 크고 푸른 색깔의 두 눈에 이르기까지 화려한 형용사들을 수많이 동원하여 언어를 풍만하게 살찌우고 있다. 동인의 뼈만 앙상한 거친 언어와는 정반대라고 해야 할 것이다.

b. 감성의 메마름과 풍부함

동인과 졸라의 서사를 변별시키는 다른 한 인소는 감성의 메마름과 풍부함이다. 이 역시 두 작가의 성장 환경의 부동함에 의해 초래된 결과라고 할 수 있다. 앞에서도 언급했듯이 친구들과의 교감 여부는 감성 축적의 다소에 직접적으로 영향을 미쳤다고 봐야 할 것이다. 물론 여기에는 유년기의 자연과의 유기적인 교감과도 연관이 있다. 졸라의 경우 앞의 인용문을 통해서도 알 수 있듯이 이러한 조건을 모두 겸하고 있는 반면 동인의 경우는 그와 정반대이다.

동인은 유년 시절에 친구들과 어울리지 않았을 뿐만 아니라 자연과
도 어울렸다는 정보가 없다. 유아독존자에게 자연은 이용 가능한 물리
적인 대상일 뿐 결코 감탄의 대상은 아니었을지도 모른다. 어려서부터
논리적이었던 동인에게 자연은 감상의 대상이기 전에 분석의 대상이
었다. 그래서 동경에 유학의 길을 떠날 때 동인의 지망은 문학이 아니
라 의학과 법학이었다. 문학은 주요한과의 승벽심이 불러온 2차적인
선택이었다. 그렇다면 적어도 문학의 길을 걷기 전까지 동인의 자연
에 대한 태도는 심리적 또는 정서적이기보다 물리적·합리적이었을 가
능성을 배제할 수 없다. 자연에 대한 동인의 이러한 방관적·배타적 태
도는 그의 작가적인 감성 성장에 소극적인 역할을 했을 것임이 틀림없
다. 감성의 결여 또는 둔화된 감수성은 그의 자연주의 작품 전반에 나
타나는 보편적인 현상이다.

봄이다. 봄이 왔다.
부드럽게 부는 조그만 바람이, 시꺼먼 조선 솔을 꿰며, 또는 돋아
나는 풀을 스치고 지나갈 때의 그 음악은 다른 데서는 듣지 못할 아
름다운 음악이다. 아아, 사람을 취케 하는 푸르른 봄의 아름다움이여!
열다섯 살부터의 동경(東京) 생활에 마음껏 이런 봄을 보지 못하였던 나
는, 늘 이것을 보는 사람보다 곱 이상의 감명을 여기서 받지 않을 수
없다.[271]

위의 인용문처럼 아주 드물게 감성적인 묘사들이 존재하지만 그마저도 유미주의로 분류된 몇 개의 작품에 한정될 따름이다. 동인이 유미주의에 어울리는 작품을 쓰기 위해 각별히 감상적인 서사에 노력을 경주했음을 알 수 있다. 「감자」나 「태형」 같은 자연주의 작품에서는 찾아볼 수 없다. 「감자」의 경우 "기자묘 솔밭"에는 "송충이"뿐이고 "중국인 채마밭"에는 "감자"와 "배추"만 있을 뿐 감성을 자극할 만한 그 어떤 정서적 이미지도 존재하지 않는다. 감자를 훔치다가 "채마밭 주인 왕 서방"에게 덜미를 잡혔을 때에도 "복녀는 말도 못 하고 멀찐멀찐 발아래만 내려다보고 있었다." 그 사건으로 자극 받았을 법도 한 복녀의 수치심, 공포감, 두려움, 끼니 걱정 등 심리적 반응과 관련된 감성 서사 전부가 생략된 채 오로지 순종만 있다.

유년 시절 졸라의 경우는 동인과는 다르다. 졸라는 어린 시절부터 부친의 소송 문제 때문에 심리적인 고통을 감내해야 했던 어머니를 지켜보면서 수없는 감정 기복을 겪었으며 중학교에 입학해서도 그의 친구들과의 교감은 지속되었다. 그는 12살에 아익스 시립 중학교에 입학하여 15살까지 학우들인 파이(나중에 과학자가 됨)와 싸이상(나중에 화가가 됨)과의 돈독한 우정[272]을 이어 나갔다. 파이는 이과를 좋아했고 싸이상은 미술, 졸라는 문학을 즐겨했다. 졸라는 문학 외에도 "시립 중학 악단에서 피리를 부는"[273] 음악 소년이기도 했다. 따라서 그는 자연스럽게 문학과 음악이라는 풍부한 감성을 가지고 친구들과 자연과 교감할 수밖에 없었다. 그리하여 그의 작품들에는 감성을 자극하는 표현들이 곳곳에서 봇물처럼 넘쳐난다.

30여 분간 갱도는 그런 식으로 채탄부들이 내리는 적치장의 깊이에 따라 달라지는 왕성한 식욕으로 인간 가축들을 집어삼켰다. 결코 달래지지 않는 허기를 드러내며, 세상 사람들 모두를 소화하고도 남을 것 같은 거대한 창자를 끊임없이 꿈틀대면서, 갱도는 인간 가축들로 채워지고 또 채워졌다. 그곳을 지배하는 어둠 속에서는 어떤 생명의 기운도 느낄 수 없었으며, 케이지는 여전히 탐욕스러운 침묵 속에서 허공을 뚫고 또다시 위로 솟구쳤다.[274]

그것은 바타이유였다. 녀석은 적치장에서 출발해 캄캄한 갱도를 따라 미친 듯이 달려왔다. 십일 년간 살아온 이 지하 도시에서 자기가 가야 할 길을 훤히 알고 있는 듯했다. …… 녀석은 어디로 가는 것일까? 아마도 저기, 젊은 날의 환영을 좇아 자신이 태어났던 스카르프 강가의 방앗간으로, 거대한 램프처럼 하늘에서 불타오르는 태양에 대한 어렴풋한 기억을 따라가는지도 몰랐다. 녀석은 살고 싶었다. 자유로운 동물로 살던 기억이 깨어나면서, 들판의 신선한 공기를 다시 들이마시고 싶은 욕망이 녀석을 앞으로 계속 달리게 했다. …… 거센 물살은 녀석을 뒤좇아 와서 넓적다리를 후려치고 엉덩이를 물어뜯었다. 하지만 녀석이 앞으로 나아갈수록 갱도가 점점 더 좁아지면서 천장이 내려앉고 양쪽 벽은 더 뭉툭하게 튀어나왔다. 그럼에도 불구하고 녀석은 달리는 것을 조금도 멈추지 않았다. 온몸이 긁히고, 팔다리에서 떨어져 나간 살점들을 갱목에 남겨둔 채로 녀석을 옴짝달싹 못하게 해 숨통을 끊어 놓기 위해 갱이 사방에서 죄어 오는 것 같았다.[275]

이제 하늘 높이 떠오른 4월의 영광스러운 태양이 생명이 배태하고
있는 대지를 따사롭게 비추고 있었다. 출산의 기운을 머금은 산허리
에서 삶이 솟아 나오고 있었다. 나무의 새순들이 기지개를 활짝 켜면
서 초록빛 나뭇잎을 터뜨리고, 새로운 풀들이 대지를 뚫고 나올 때마
다 들판 전체가 가늘게 떨렸다. 사방에서 따뜻한 기운과 빛을 갈망하
는 씨앗들이 부풀어 오르고 키가 자라면서 땅을 뚫고 들판 위로 솟구
쳤다. 속삭이는 소리와 함께 나무의 수액이 넘쳐흘렀고 싹트는 소리
는 뜨거운 입맞춤 소리가 되어 널리 퍼져 나갔다.[276]

생명 없는 갱도일망정 온갖 상징들과 은유들로 가득 차 있을 뿐만
아니라 고도로 의인화되어 독자들의 감성을 자극한다. 그것은 하나의
갱도이면서 노동자들의 고혈을 빨아먹는 악마의 주둥이며 그 악마는
다시 자본주의와 부르주아의 불합리성을 상징하고 있다. 갱도에서 탄
차를 끌던 바타이유도 단순한 말이 아니라 졸라의 붓끝에서는 다양한
감각적 이미지들로 화려하게 분장한 채 독자의 감성을 예리하게 파고
든다. 뿐만 아니라 졸라에게는 태양, 대지, 산, 나무, 들판, 풀들도 자연
의 일부로서의 물질이기를 거부하며 상징과 은유의 외의를 쓰고 감성
적 서사로 재탄생하고 있다. 출산하고 기지개 켜고 갈망하고 속삭이고
입맞춤까지 하는 감성적 이미지들이다.

마치 펄떡거리는 잉어 몸뚱이처럼 살아 숨 쉬는 이러한 감성적 표
현들은 모두 그의 어린 시절 성장 환경이라는 자궁 속에서 잉태된 것
들이었다. 반낭만주의 또는 과학주의를 표방한 졸라가 자기 배반적인

감성 표현의 유혹을 떨쳐 버리지 못한 것은 그것을 이용하여 악을 선과 동등한 반열에 세워 준 과학주의에 의해 배제된 선과 약한 자를 변호하기 위해서였다. 동인이 감성적 표현을 억제 또는 절제함으로써 선과 약한 자에 대한 경멸을 강화했던 것과는 정반대의 경우이다. 이 부분에 대해서는 말미에 상세하게 논하려고 한다.

2) 청소년 시절 성장 환경

자연주의 특징은 엄밀한 과학성과 해부학적인 정밀함이다. 두 작가의 자연주의 작품에서 나타나는 한 치의 오차도 허용하지 않는 설계도면 같은 치밀한 과학성, 가감 없는 해부학적 정밀성은 그들의 유년·소년기에 벌써 누적되기 시작한 것이라 할 수 있다. 운하 사업가였던 아버지의 부업父業을 계승하기 위한 소년 졸라의 자연 과학 과목 선택과 논리적인 성격을 이유로 법학과 의학을 전공하려 했던 동인의 선택은 모두 이와 같은 과학주의의 기틀을 마련하는 초석이 되었기 때문이다.

> 나의 아버지가 나를 일본 동경으로 공부하려 보낼 때는 당년의 세상 보통의 어버이가 자식에게 촉망하는 바와 마찬가지로 장차 변호사나 의사가 되기를 희망하였다. 이론理論 잘 캐고 경우 잘 따지는지라, 용한 변호사가 되리라, 어려서부터 화학化學, 물리物理 실험에 능하였으니 의학자醫學者로도 용한 수완을 보이리라, 하여서 의사나 변호사 기시를 시개하였다. 열다섯 살의 어린 몸으로 청운靑雲의 뜻을 두고 만리 밖 외국에 공부하러 떠나는 나도 장래의 목표를 의학이나 법

률에 두었다.[277]

논리와 경우에 밝고 화학과 물리에 재능이 있다면 동인은 분명 논리적이고 과학적인 두뇌가 있었을 것이다. 실제로 이러한 측면들은 그의 문학 작품에서 모두 나타난다. 데뷔작 「약한 자의 슬픔」의 낙태 장면과 재판 장면에서부터 그 효시를 보여 주고 있다. 하지만 문제는 해당 장면 묘사보다는 전체 묘사 자체가 논리적이고 해부학적이라는 사실이다.

다리 진열장이었다. 머리와 몸집은 어디 갔는지 방 안에 하나도 안 보이고, 다리만 몇 겹씩 포개이고 포개이고 하여 있다. 저편 끝에서 다리가 하나 버드렁거리는가 하면, 이편 끝에서는 두 다리가 움질움질하고 …… 그것도 송장의 것과 같은 시퍼런 다리를. 이 사람의 세계를 멀리 떠난 그들에게도 사람과 같이 꿈이 꾸어지는지 (냉수 마시는 꿈이라도 꾸는지 모르겠다) 때때로 다리들 틈에서 숨소리가 나온다.

빈대 죽인 피가 여기저기 묻은 양회 담벽에는 철창 그림자가 똑똑히 그려져 있다. 사루는 듯한 더위는, 등지고 있는 창밖에서 등을 탁 치고, 안고 있는 담벽에서 반사하여 가슴을 탁 치고, 곁이 빽빽이 있는 사람의 열기로 온몸을 썩인다. 게다가 똥오줌 무르녹는 내음새와 살 썩은 내음새와 옴약 내에, 매일 수없이 흐르는 땀 썩은 내음새를 합하여, 일종의 독깨쓰를 이룬 무거운 기체는 방에 가라앉아서 환기

까지 되지 않는다. 우리의 피곤하여 둔하게 된 감각으로도 넉넉히 깨달을 수 있는 내음새였다.[278]

잠든 죄수들과 감옥 안의 무더위와 냄새에 대한 묘사에는 오로지 해부학적인 정확성과 사실만 존재할 뿐 그 어떤 허구나 감성 표현은 보이지 않는다. 그것은 철저히 사실에만 초점을 맞춘, 과학적으로 계산된, 자세한 설명일 따름이다. 인물들의 심리와 정서도 작가의 주관도 냉혹하게 증발되어 있는 교과서적인 자연주의 묘사 방법이다. 이러한 묘사법은 두말할 것도 없이 졸라의 그것과 유사하다. 우리는 졸라의 소설 『대지』에 나오는 그 유명한 출산 장면 한 대목만 이용해도 이와 같은 추측에 충분한 설득력을 부여받게 될 것이다.

두 다리를 쳐들자 배 아래 중간쯤에 움푹 들어간, 공 모양의 둥근 동굴이 나타났다. 그 구멍은 뜻밖에도 모양이 이상하리만치 커다랬다. 하지만 그녀는 결코 어색하지 않았다. 그녀는 여태껏 이런 물건을 상상해 본 적이 없었다. 그야말로 밑굽 빠진 나무통의 커다란 구멍 같았다. …… 다른 하나의 작은 공같이 둥근 신생아의 머리가 술래잡기라도 하듯 산모가 힘을 쓸 때마다 내밀었다 들어갔다 했다.[279]

벌어진 구멍이 더욱 크게 늘어났다. 그야말로 줄곧 꿇어앉아 있는 블리매 아주머니가 그 안으로 빨려 들어갈 것만 같았다. 순간 전신이 피범벅이 된 신생아가 빠져나왔다.[280]

이렇듯 졸라는 암소의 해산과 여주인공 리즈의 출산 장면에 무려 한 개절 전부를 할애하고 있다. 출산 행위는 인간적 감정이나 정서적 과정을 완벽하게 축출한 상태에서 환경의 지배하에서 진행되는 물리적인 동작들의 해부에만 초점을 맞추고 있다. 정서가 철저하게 절제된 이러한 해부학적인 묘사는 졸라의 청년 시절 생활 환경과의 연관을 떠나서는 상상도 할 수 없는 결과일 것이다. "중3 때 졸라는 그 자신의 무부无賦와 재능 그리고 라틴어·그리스어의 우수한 성적이라면 얼마든지 고등학교 문과에 진입할 수 있었다. 하지만 그는 부친의 사업을 계승하고 나중에 자연 과학 분야에서 무언가를 하기 위해 고전 문학의 길을 버리고 물리학을 전공하기로 작심했다. …… 이는 뒷날 자연 과학의 원리를 문학에 도입하는 데서 적극적인 인소가 되었다."[281]

졸라가 과학을 본격적으로 접수하고 문학에 접목하게 된 것은 서적을 통해서였다. 졸라가 18세 때 다시 엑상─프로방스에서 파리로 이주한 바로 그해에 실증주의 사상가 텐느(Taine)의 저서 『비평과 역사론』이 출판되었다. 우연의 일치인지는 몰라도, 졸라는 그 책을 출간한 아셰뜨(Hachette) 출판사에 몇 년 후 서기로 입사하여 1866년까지 그곳에서 근무했다. 이 출판사에서는 1858년에 텐느의 『비평과 역사에 관한 논평』을 출판한 이후에도 1863년부터 『불어사전』, 『과학의 경이』와 『지구』, 『바다』, 『달』에 관한 과학 저술들을 연이어 출판하였으며, 『19세기 대백과사전』을 출판 중이던 발행인 삐에르 라루스와 연대하여 대중 교육과 지식의 전파라는 놀라운 기획에 참여한다. 누리 아셰뜨는 신백과사전주의, 실증주의, 과학적 사고와 정치적 사고의 자율성을 동시에 받아들인 지성인이었다.[282] 졸라는 이 책자들을 통해 자연주의의 초석인 과학 예술의 새로운 이론을 정립하게 된다.

'환경 결정론'은 텐느(Hippolyte Taine)의 일련의 비평서에 기반해 있고, '유전론'은 뤼까스(Prosper Lucas)의 『자연 유전론(Traite de l, heredite natrurelle)』에 빚져 있으며, '실험적 방법론'은 베르나르(Claude Bernard)의 『실험 의학 연구 입문(Introduction a l,etude de la medecine expe)』 없이는 상상할 수 없을 것이다. 결국 이 세 개의 이론에 의해 『루공―마까르』시리즈가 축조된 것인데, 즉 방법론으로서는 '실험'이, 종축으로서는 '유전'이, 그리고 횡축으로서는 '환경'이 설정된 것이다.[283]

나는 세 사람의 영향을 받았다. 뮈세(Musset), 플로베르(Flaubert) 그리고 텐느의 영향이다. 내가 텐느를 읽은 것은 25세경이었는데, 그를 읽어 나가는 중에 내 속에 깃들어 있던 이론적인 자아, 실증주의적인 자아가 발전한 것이다. 나는 나의 책에서 유전과 환경에 대한 그의 이론을 이용했고 그것을 소설에 적용했다. (1893년 『피가로(Figaro)』지紙의 기자와의 인터뷰)

…… 그러나 텐느와의 접촉이 시작된 것은 그 자신이 말하듯이 1865년경이 아니라 사실은 그가 파리로 올라온 직후인 1858년경이었으며, 이때 졸라는 『데바(Debat)』지紙에 발표된 텐느의 『발자크의 세계(le monde de Balzac)』를 통해서 처음으로 알게 된 '나뛰랄리스트 naturalist'라는 용어의 매력에 끌렸다고 한다. 우리는 그 당시에 발

은 깊은 인상이 지속되고 그것이 텐느에 대한 그의 관심을 유지시키는 원초적인 계기가 되었으리라고 추측할 수 있다.[284]

필자도 25세에 텐느를 읽었다는 졸라의 말에 이의를 제기한다. 그가 파리에 이사 온 것도 18세였고 아셰뜨 출판사에 입사한 것도 20세였기 때문이다. 정명환의 주장에 따르면 그가 『데바』에 발표된 텐느의 『발자크의 세계』를 통해서 알게 된 자연주의라는 용어에 매력이 끌렸던 것도 18세 때라고 한다. 졸라의 자연주의 문학에 방법론을 제공해 준 클로드 베르나르의 『실험 의학 연구 입문(Introduction à l'étude de la médecine expérimentale)』도 1865년 출판되었다. 이 책을 보고 저술한 『실험소설 외』라는 책에서 졸라는 다음과 같이 말하고 있다.

이 과학자의 저서는 내 글에 견고한 주춧돌을 제공한다. 그가 이미 모든 문제를 검토했으므로, 내가 할 일은 그의 저서를 적절히 인용하는 것뿐이다. 다시 말해 나는 온갖 쟁점에서 클로드 베르나르를 방패로 삼을 요량인즉 이를테면 내 글은 그의 주장의 편집에 지나지 않는다. 대개의 경우, 내 생각을 분명히 또 내 생각에 엄격한 과학적 진실성을 부여하기 위해서 나는 '의사'라는 낱말을 '소설가'라는 낱말로 대체하는 데 그칠 것이다.

만일 실험적 방법이 화학과 물리학에서 생리학과 의학으로 옮겨질 수 있다면 왜 그것이 생리학에서 자연주의 소설로 옮겨질 수 없겠

는가.[285]

보다시피 서책을 통한 졸라의 자연주의 문학의 구축을 위한 과학 방법론의 접촉과 자기 정립은 1858년부터 1865년까지 도합 7년간 지속되었음을 알 수 있다. 과학에서 수혈된 이론은 "속에 깃들어 있던 이론적인 자아를 발견"하게 했을 뿐만 아니라 자연주의 문학의 견고한 "주춧돌"이 되었고 "그 누구의 발자취를 따라가지 않는" "그만의 모토를 추구"[286]하는 데에 결정적인 도움이 되어 주었다. 그것은 한마디로 생리학과 의학에로 확대된 화학과 물리학의 실험을 문학에 도입하여 얻은 환경 결정론과 유전론으로 대변되는 소설 실험인 동시에 자연주의의 강령이었다.

한편 동인은 졸라와는 전혀 다른 경로를 통해 과학을 접했다. 물론 "동인이 태어난 1900년이 묵은 세기가 가고 새 세기가 시작되는 분기점에 해당"하고 "종로에 전등이 켜지고 경부철도 회사가 설립"된 사회적 환경이 "자연 과학과 밀착된 자연주의가 김동인 등에 의해 시도될 소지가 형성되기 시작"[287]된 요인이라고 간주할 수도 있을 것이다. 하지만 필자는 동인이 자연주의 기틀을 마련하는 데 필요한 과학을 접하게 된 계기를 전혀 다른 곳에서 찾으려고 한다. 그것은 엉뚱하게도 일본 유학 시절 그가 자주 접했던 탐정 소설과 탐정 영화였다. 그는 "메이지 중학(明治中學)에 다니며부터 문예 서적文藝書籍과 …… 서양 작가西洋 作家들의 책을 많아 읽었을"[288] 뿐만 아니라 영화 관람도 자주 다녔다.

공일날은 빠지지 않고 아사쿠사(淺草)에 영화를 보러 갔다. 그때는 제1차 구주 전쟁이 시작한 해요, 아메리카의 영화가 차차 불란서며 이태리 영화를 압도하여 세력을 잡기 시작하는 초기이며, 탐정 활극이 영화계의 주조主潮였으며, 몇십 권짜리 연속 대장편이 등장하려는 무렵이요, 일본은 다이쇼大正 난숙기의 꽃 시절이었다. 한 조그만 이름 없는 조선 소년은 공일날마다 아사쿠사 영화관(제국관, 전기관 등의 양서洋畵 전문관만 다녔지 일본 영화는 보지 않았다. 일본 영화는 아직 무대극의 구투 그대로 오노에 마쓰노스께(尾上松之助) 독무대 시절이며, 여작 여배우女俳優라는 것은 일본에 없던 태고 시절이었다.)에서 채플린에게 허리를 끊기며 혹은 하리·핫취에게 박수를 보내며, 그리고 돌아올 때는 나까미세 뒤에서 십 전짜리 덴동에 혀를 채며 영화의 탐정극에 공명과 고혹을 느낀 소년은 차차 탐정 소설을 읽기 시작하였다. 그런데 어떤 때 『소년 문학 문고』로 『비밀의 지하실』이라는 책이 눈에 띄어, 그 제목이 탐정 소설 같아서 사다가 읽어 보았다. 탐정 소설이 아니었다. 코롤렝코든가 누구든가 잊었지만, 노서아의 어떤 대가의 소설을 번역한 것이 있었다.

탐정 소설은 아니고, 내용에 그다지 엽기적으로 끌리는 대목은 없지만, 그 작품 전체에 나타나 있는 침울한 맛과 무게와 힘은 분명히 어린 나의 마음을 움직였다. 탐정 소설은 아니고도, 그 작품에 끌렸다. 『소년 문학 문고』 7권을 모조리 사다 읽었다. 탐정 소설 아니고도 마음이 끌리는 소설이 있구나. 비로소 소설에 흥미와 관심을 가지게 되었다.[289]

그가 졸라의 자연주의 정립에 초석이 되어 준 텐느, 뤼카, 베르나르 등 서양 실증주의 과학서를 일본어 번역을 통해 직접 구독했는지는 확인이 되지 않는다. 자연주의 문학의 거두 졸라가 우리나라에 처음으로 소개된 것은 1907년이었다. 백대진, 최승만 등에 의해 간간이 소개되고는 있지만 모두가 간략한 소개일 뿐 그들의 저작에 대한 번역 같은 것은 없었다.

개중個中 에밀·쏘라의 부려不慮의 사死에 지至ᄒᄂ 참으로 애석哀惜ᄒ기 량量이 업스며 ᄯᅩᄒ 비감悲感홈을 마지 아니 ᄒᄂ바 (略) 그의 문학적 기교文學的 技巧와 그의 주의主義와 정신精神의 박대풍부博大豊富홈과 기필其筆의 준경遒勁홈과 ᄯᅩᄒ 정正에 처處ᄒ야 용감勇敢홈은 참으로 불란서佛蘭西의 세계世界에 자랑홀 만ᄒ 대문사大文士이엿ᄂ니라.[290]

자연주의自然主義의 경향傾向은 사회 문제社會問題에 접촉되었다. 쏠나의 소설小說 중 남녀男女가 음주飮酒, 색욕色慾, 빈곤貧困 등에 빠져서 여하如何히 타락墮落해 가고 사망死亡해 가는 것을 말한 것이 만ᄒ 잇스니, 이것이 사회 문제社會問題가 아니고 무엇일가. 그이의 냉정冷情한 과학적 태도科學的 態度도 그 내면內面에는 열렬熱烈한 사회 개량社會改良의 성의誠意가 잇지 아니ᄒ가[291]

물론 일본에서는 졸라에 대한 소개가 그의 작품까지 포함될 만큼 활발하게 전개되었을 것이다. 하지만 일본에서 텐느, 뤼카, 베르나르

와 같은 사상가들의 저작이 번역되었는지 그것을 동인이 읽었는지에 대한 구체적인 정보는 없다. 1900년에 시작되는 일본 전기 자연주의 시기 졸라의 『나나(Nana)』(1880)를 모방한 고스기 덴가이(小杉天外)의 『하쓰스가타(はつ姿)』(1900)와 『하야리우타』(1901)라는 소설도 창작되었지만 이러한 소극적인 "졸라이즘의 모방은 결실이 없이 유산된 반면에 후기 자연주의는 전기 자연주의를 계승하는 것을 거부하고, 오히려 낭만주의의 내면 존중內面尊重, 자연주의自我主義 쪽을 계승"하였다.[292]

졸라의 『실험 소설론』을 소개한 책도 1920년대에는 이미 모리 오가이(森鷗外), 우에다 빈(上田敏)에 의해 번역되어 있었다. 뿐만 아니라 "자연주의 작가들은 전·후기를 막론하고 영문판을 통해서라도 『루공 마카르』를 읽은 작가가 많았다"라고 한다.[293] 하지만 그 작품들을 동인이 읽었다는 증거는 아무 데서도 찾아볼 수 없다. 설령 읽었다 하더라도 당시 일본에서 졸라에 대한 이미지가 좋지 않았던 관계 때문에라도 동인은 그 사실을 글로 남기지 않았을 법도 하다. 졸라를 최초로 소개한 모리 오가이(森鷗外), 우에다 빈(上田敏)마저도 졸라를 격하格下하는 말을 하고 싫어했다니 말이다.[294]

다만 우리가 문헌을 통해 확실히 알 수 있는 것은 동인이 동경에 갔던 초기, 특히 메이지 중학(明治中學)을 다니던 시절에는 탐정 소설과 탐정 영화에 "공명과 고혹"을 느끼고 매료되었다는 기록이다. 동인 자신이 회고록에서 "문학이란 장차 무엇이 되며 무엇을 하는 학문인지, 어떻게 생긴 학문인지, 그 윤곽이며 개념조차 짐작할 수 없고…… 문학자가 어떤 것인지, 문학이란 무엇을 하는 것인지, 전혀 짐작도 못하는 나는 역시 장래 목표는 변호사나 의사에 두었었다"[295]라고 스스로 고백하고 있다. 물론 이와 같은 진술은 "어려서부터 글 읽기를 좋아하였고 더욱이 고담古談, 동화童話, 소설小說—이러한 종류의 책을 퍽이나 좋아하였으니 내가 어려서부터 문예文藝에 대하여 취미를 가졌다"[296]라고 주장하는 그의 다른 진술과 모순된다. 하지만 동인이 문학을 시작한 건 요한이 한다니까 자존심 하나 가지고 막연하게 입문한 것이라는 사실을 감안할 때 전자가 설득력이 있다고 보는 것이 옳을 것이다. 동인은 동경 유학 초기 문학에 관심 없었다. 문학에 관심이 없었다면 졸라나 자연주의 관련 문학 서적을 탐독했을 리도 없다. 소설을 읽은 것도 탐정 소설로 오해하고 빌려 본 것이 문예 서적文藝書籍 탐독의 계기가 되었던 것이다.

그런데 탐정 영화의 내용은 온갖 비진실의 억압으로 위장·변조된 진실을 배제시키고 과학적 진실을 밝혀내는 과정이다. 탐정 영화가 진실을 잠식한 오류를 걸러 냄으로써 사실의 정확도를 과학적 수치로까지 제고하는 과정임을 인정한다면 동인도 탐정 소설과 탐정 영화를 통해 진실에 접근하는 과학적 방법을 충분히 습득했음을 인정해야 할 것이다.

그때는 이미 추리 소설가 에드거 앨런 포(Poe, E. A. 1809~1849)의 『모르그가의 살인』(1841) 등 탐정 소설이 광범하게 읽히고 있었고 영화로 제작되기도 했던 시기다. 1892년 10월과 11월에는 코난 도일의 탐정 소설 『셜록 홈즈의 모험』과 『셜록 홈즈의 회상록』이 두 개의 단편집으로 묶여 연이어 출간되었다. 1903년 미국에서는 <셜록 홈즈의 실패>

라는 영화까지 제작될 정도로 탐정 소설과 영화가 유행이었다. 1920
년대에 들어와서는 "미국 영화계가 제작, 배급, 상영 등 모든 분야에서
폭발적인 성장과 번영을 구가"하면서 "'영화 구경'은 전국적인—사실
상 전 세계적인—오락 수단"[297]이 된다. 독일의 경우만 해도 "1919년에
는 약 200여 개의 영화 제작사가 등록되어 있었고, 한 해 동안 약 500
편의 영화가 제작되었다. 그리고 전국에는 3,000여 개의 극장이 매일
100만여 명의 관객에게 영화를 제공"[298]했다고 한다.

실제로 동인의 소설에도 탐정 소설·탐정 영화의 영향을 받은 작품
이 존재한다. 1924년에 발표된 단편 소설 「유서(遺書)」이다. 이 소설에
는 "탐정", "형사", "변장" 등의 단어가 수차나 반복된다. 집 부근에 잠
복하여 봉선의 동태를 연 며칠 동안 감시하고 전차 정류장을 바꿔 가
며 미행도 한다. 뿐만 아니라 가택에 잠입하여 화장대, 세면대, 서랍은
물론 그녀의 옷 주머니와 쓰레기통까지 죄다 뒤진다.[299]

나는 탐정이 아니다. 그런지라, 그 사건을 어떤 곳부터 탐정하여
나아가얄지는 알 수 없었다.

마침내 나는 하는 수 없이 형사와 같은 노릇을 하기로 결심을 하
였다.

탐정 소설에 나오는 탐정과 같이 변장을 못한 나는……

"탐정 노릇도 못 해 먹을 게다."

역시 나는 탐정은 못 될 재료로다.[300]

겉으로는 자신은 탐정이 될 감이 아니라고 탄식을 연발하지만 실제로 '나'는 친구 ○의 아내 봉선의 외도에 대한 의심을 풀기 위해 직접 "수사"에 착수하기도 한다. 결말에서 '나'는 손수 자기 손으로 봉선을 계책에 말려들게 한 후 목 졸라 죽이기까지 한다. 잠복근무, 탐문 수사, 미행, 계책, 혼선 빚기 등 탐정 소설에 나오는 온갖 수사 방법들이 죄다 동원되고 있다. 게다가 이 소설은 동인의 작품 중에서 몇 안 되는, 졸라의 작품을 직접 모방한 작품의 하나라는 점에도 의미가 있을 것이다.

그렇다면 동인은 탐정 소설과 영화를 통해 어떻게 자신의 자연주의 문학을 정립하는 과학적 방법(과학 실험·환경 결정론·유전론)에 접근할 수 있었을까. 우리는 코난 도일의 『셜록 홈즈 탐험기』와 앨런 포의 탐정 소설 한 편만 읽어 보아도 대뜸 그 경로를 파악할 수 있다. 우선 코난 도일의 셜록 홈즈 이야기를 통해 우리는 과학 실험과 환경 결정론 및 유전론에 대해 접촉하게 된다. 일단 주인공 홈즈는 한 병원 실험실에서 과학 연구에 종사한다.

왓슨이 그를 처음 만났을 때 홈즈는 과학 실험에 열중한다. 실험을 통해 일종의 시약試劑을 발견하고 금광을 발견한 것보다도 더 희열에 들떠 있다.

왓슨과 한집에 살 때에도 홈즈의 생활 규칙은 대부분 시간을 실험실이나 해부실 안에서 보낸다. 그의 지식 범위는 아주 광범한데 화학,

해부학, 식물학, 지질학, 경험 문학, 법률 등에 대해서는 정통했고 현대 문학, 철학과 정치에 대해서도 거의 모르는 것이 없을 정도였다.[301]

홈즈는 많은 시간을 과학 실험에 할애하고 직접 시신을 해부하기도 한다. 그가 의사 왓슨과 행인의 피부와 문신을 보고 각각 아프가니스탄 전쟁에 참가한 군의관과 제대한 군조라는 신원을 알아낸 비결은 환경에 의해 결정된 과정을 역추적해 얻은 결론이라 할 수 있다. 이러한 역추적은 환경이 인간의 모습을 결정하는 원인이라는 전제를 승인할 때에만 가능하기 때문이다. 예를 들어 왓슨의 손목 피부에 흑백 경계가 분명한 것은, 그가 원래는 유럽의 기후 환경에 의해 흰 피부를 가졌으나 아프가니스탄의 무더운 사막이라는 새로운 환경에 의해 검게 탔음을 설명한다. 홈즈는 단지 두 개의 서로 다른 피부색이 두 개의 서로 다른 환경에 의해 결정된 것임을 관찰해 냈을 따름이다. 이러한 경우는 『네 개의 서명(The Sign of Four)』에서 왓슨의 손목시계 흔적을 보고 그 형의 성격은 물론 경제 상황에 이르기까지 상세한 신상 정보를 알아내는 홈즈의 과학적인 추리 과정에도 똑같이 적용된다. 손목시계의 흔적은 왓슨 형님의 독특한 그만의 생활 환경에 의해 남겨진 것이기 때문이다.

환경 결정론은 라캉이 기표 이론을 펼친 『욕망 이론』에서 텍스트로 사용되면서 그 명성을 날린 에드거 앨런 포의 탐정 소설 『도난당한 편지』에서도 확인할 수 있다. 소설에서 도난당한 것은 궁중의 중요한 서류 즉 편지 한 통이다. 그런데 "그 서류는 그것을 가지고 있는 사람에게 어떤 권력, 그것도 아주 절대적인 권력을 휘두를 수 있는 권리"[302]를 가져다준다. 그 편지에 걸린 현상금만 해도 5만 프랑이나 될 만큼 중요한 서류이다.

D 장관이 "같은 모양의 봉투를 하나 꺼내어 읽는 척하다가 문제의 편지와 슬쩍 바꾸어" 버리자 "편지를 잃어버린 이래 1년이 넘도록 장관은 그 부인을 자기의 권력에 복종"[303]시킨다. 환언하면 권력의 중심이 이동한 것이다. 하지만 듀팡이 "편지통에 꽂힌 편지를, 미리 준비해 가지고 간 편지와 살짝 바꾸어" 버리자 권력은 다시 부인에게로 복귀하고 D 장관은 다시 "부인의 권력에 복종해야"[304]만 했다. 심지어 그는 장관 자리에서 쫓겨날 지경에 이르게 된다.

G 경감의 편지에 대한 수색 장면도 환경 결정론과 무관하지 않다. G 경감은 D 장관의 몸을 수색할 뿐만 아니라 자택(가구, 서랍, 선반, 의자, 쿠션, 책, 책상, 식탁, 침대, 거울, 커튼, 양탄자 밑의 마루) 수색은 물론 집 주변 정원과 옆집까지도 샅샅이 뒤진다. 편지 찾기는 변화된 환경에 대한 파악 과정이다. 새로운 환경의 영향으로 혜택 또는 불이익 중 하나가 결정될 대상과의 핵심 환경과의 관계와 배치, 거리를 확인하는 과정이다. 여기서 편지는 마치 졸라의 환경을 바꿔 준 파리의 아셰뜨 출판사와 텐느 등의 과학 저서와 동등하며 동인에게는 동경의 아사쿠사 영화관과 『소년 문학 문고』서점과 비슷한 역할을 감당하고 있다.

소설에서 수사 범위는 새로운 환경의 범위를 나타낸다. 하지만 그 편지는 사실 "두꺼운 종이로 만든 값싼 편지통" 안에 있었으며 "그 편지가 꽂힌 장소도 그야말로 어떤 사람의 눈에라도 띄는 곳"[305]이라는 점은 누군가의 운명을 결정하는 핵심 환경은 항상 몸 가까이에 있음을 시사한다. 여기서 편지의 이동은 권력의 이동이지만 실제로는 환경의 변화를 의미한다. 환경이 변할 때마다 인물들의 운명도 변한다. 다시 말해 환경의 변화는 인물의 운명을 결정하는 요인인 셈이다. 이는 전형적인 환경 결정론의 복제판이라고도 할 수 있을 정도이다.

우리는 당시의 탐정 소설을 통해 비단 환경 결정론에 대한 지식을 입수할 수 있을 뿐만 아니라 유전론에 대한 정보도 입수할 수 있다. 코난 도일의 탐정 소설 『그리스어 통역관』에는 유전학에 대한 담론이 상세하게 전개되고 있다. 그것은 홈즈와 왓슨의 대화를 통해 나타난다.

어느 여름 날 저녁 그는 느닷없이 자신의 형님에 대해 이야기를 꺼내었다. …… 유전과 퇴행(반유전)에 대한 이야기였다. 이야기의 핵심은 한 사람의 출중한 재능 중 얼마만큼이 선천적으로 유전된 것이고 얼마만큼이 후천적으로 배양된 것인지에 대한 것이었다.

나의 추리 사유 재능은 모르긴 해도 혈통을 통해 계승된 것인데 가능하게 우리 조모의 혈통을 물러 받은 것이라 생각합니다. 그녀는 프랑스 미술가 클로드 조셉 베르네(吉氏家)의 여동생이니까요. 나는 혈액 중의 예술적 기질은 신비한 유전성을 가지고 있다고 믿고 있습니다.[306]

주인공 홈즈는 친구 왓슨에게 자신의 추리 능력은 후천적으로 배양된 것이라기보다는 외할머니의 혈액 속에 있는 예술적 기질을 물려받은 유전임을 역설하고 있다. 졸라의 자연주의에서 유전론은 중요한 자리를 차지한다. 물론 동인에게서는 유전론이 졸라보다는 완화된 형태를 띤다. 아무튼 우리는 탐정 소설에 대한 이상의 분석을 통해 동인이 탐정 소설과 탐정 영화를 텍스트로 환경 결정론과 유전론 등 자연주의 문학 구축에 필요한 과학적 지식을 충분하게 습득했음을 알 수 있다. 그 속에는 졸라가 사용한 거의 모든 자연주의 방법들이 들어 있었다.

2. 동인과 졸라의 자연주의 작품 비교

1) 『인간 짐승』—「유서」

	인간 짐승	유서
연대	1890년	1924년
장절	12장	29장
작가 만족도	자신의 작품 중에서 가장 정교한 서사 구조를 갖추었다고 자부.[307]	이제 전개될 OO 씨가 각색하고 감독하는 일장의 연극…… 결말이 상쾌하게 맺어지거든 박수갈채를 원합니다.[308]

두 작품의 창작 연대를 비교했을 때 『인간 짐승』은 발신자로서 「유서」를 수신자로 거느릴 만한 충분한 시간 차이를 나타내고 있다. 연대 차이가 34년이나 된다. 장절의 경우 장편 소설인 『인간 짐승』이 12장으로 구성된 데 비해 단편 소설인 「유서」는 무려 29절이라는, 외연적

으로는 상당히 방대한 장절 규모를 갖추고 있다는 점이 특이하다. 동인의 단편 중 비교적 길다고 하는 소설들의 장절 구성을 살펴보아도 「마음이 옅은 자여」는 13개 분절, 「눈을 겨우 뜰 때」 15개 분절, 「약한 자의 슬픔」 12개 분절이고 가장 편폭이 긴 「김연실전」도 24개로 분절되어 있을 뿐이다. 이와 같은 사실은 동인이 「유서」를 집필할 때 장편을 구상하지 않았을까 하는 추측마저 가능하게 한다. 『인간 짐승』이라는 이 방대한 장편 소설을 내용에서뿐만 아니라 장르에서도 모방하고 싶었을 것이다. 그럼 지금부터 우리는 두 작품에 대한 면밀한 분석과 비교를 통해 유사성과 상이성을 따져 보도록 하자.

① 주제 모방

졸라의 『인간 짐승』은 근대 인간의 내면 깊숙이 뿌리박고 있는 두 개의 실체—문명과 야만의 치열한 격돌 내지는 혼전을 다룬 작품이다. 계몽이 발굴해 낸 문명은, 다윈의 진화론이 발견한 인간의 기원에 도사린 짐승[309]과의 충돌은 『인간 짐승』에서 표현된 수많은 이야기들에 원천을 제공한다. 문명에 의해 길들여지지 않는 바로 이 짐승—그 표피를 장식한 인간의 화려한 탈을 벗기고 독자들에게 검은 속살을 드러내 보이는 작업이 이 소설의 집필 목적이다. 소설에서는 끊임없는 문명과 양심의 통제에도 불구하고 짐승의 사주를 받아 수차례의 시행착오 끝에 마침내 살인 행위를 저지르는 주인공 자크의 범죄를 통해 주제를 구현시키고 있다.

그녀의 품에 안겨 있으면 정신이 아득할 정도로 끔찍한 고통이 엄습한 일이 잦아졌는데, 온몸이 얼어붙으면서 그 자신은 사라지고 그 자리에 사납게 이빨을 드러낸 짐승이 도사리고 있은 것 같은 공포감에 황급히 그녀의 품에서 벗어났다.[310]

졸라의 주장에 따르면 짐승은 항상 인간과 한 이불 속에 누워 있다. 그 짐승은 언제나 "사납게 이빨을 드러낸" 채 누군가를 물어뜯을 준비를 갖추고 있다. 조건만 충족되면 문명과 양심의 감시를 벗어나 자신의 욕구를 채우고야 만다. 그 조건이란 단순하다. 짐승의 본능을 자극하기만 하면 된다. 자크가 가위로 세브린을 살해한 범죄는 결코 그가 그녀를 사랑하지 않아서가 아니다. 단지 탁자 위의 칼과 육감적인 젖가슴으로 이어지는 벌거벗은 목[311]이 자크의 내면에 숨어 있는 짐승을 자극했을 뿐이다.

사실 자크의 내면에 웅크린 이 짐승은 "교육의 산물인 양심의 가책 때문에, 장구한 세월을 거쳐 전승되고 획득된 인간성의 관념 때문에"[312] 효과적으로 통제된 적도 없지 않다. 세브린은 물론이고 플로르와 거리의 여성들, 루보에 대한 살인 미수 사건을 통해서도 입증된다. 플로르의 경우에는 옆에 흉기로 사용할 만한 돌들이 널려 있었고 불특정 여성들의 경우에도 신변에 칼을 품고 있었다. 더구나 루보의 경우에는 그를 살해할 수 있는 흉기나 조건이 모두 충족된 상태였지만 실패한다. 손에 들린 칼, 밤의 어둠, 사람들의 시선이 미치지 못하는 으슥한 공간……

자크는 루보가 자기들 쪽으로 똑바로 걸어오는 것을 주시했다. 그들 사이의 거리는 고작 30미터 남짓이었는데 루보가 걸음을 옮길 때마다 그 거리는 마치 준엄한 운명의 시계추에 박자를 맞추듯 그렇게 규칙적으로 줄어들었다. 스무 걸음, 열 걸음…… 계속 그렇게 다가온다면, 이내 루보와 정면으로 맞닥뜨리리라. 그러면 이렇게 팔을 들어올려 그의 목에 칼을 꽂으리라.

…… 하지만 두 걸음, 다시 한 걸음 차이로 거리가 좁혀지자 팽팽하던 긴장감이 와르르 허물어졌다. 그의 내부에서 모든 것이 일거에 와해되었다. 안 돼. 안 돼. 절대 못 죽여. 무방비 상태의 사람을 그렇게 죽일 수는 없어. 추론으로는 결코 사람을 죽일 수 없어.[313]

자크가 살인 조건이 충분했음에도 살인을 중단한 원인은 교양에 의해 배양된 양심의 가책 때문이었다. 그 교양의 가치는 심지어 세브린에 대한 열렬한 사랑마저도 능가하는 것이었다. 그럼에도 자크는 루보를 눈앞에서 지나 보낸다. 결국 인간성과 짐승성의 겨룸에서 최종 승자는 언제나 후자라는 주장이 졸라가 이 소설을 통해 독자들에게 말하고 싶었던 것임을 알 수 있다. 자크가 누군가를 죽이는 이유는 플로르와 세브린의 경우처럼 그에 대한 미움이나 저주 또는 복수심에서가 아니라 단지 문명과 양심이 방심한 순간이면 가능한 것이었다.

동인이 「유서」에서 주목한 점도 바로 이 문명에 길들지 않는 짐승스러움이었다. 환언하면 『인간 짐승』의 인간성과 짐승성의 격돌이라는 주제를 그대로 수용했다는 것이다. 작가는 이 짐승스러움을 두 가지 측면에서 보여 주려고 시도한다. 즉 예수의 그림과 짐승스러운 아내를 만나 불행에 빠진 친구 O에 대한 '나'의 도움 내지는 '구원'이다. 그런 이유 때문에 동인은 O가 그린 예수 그림에 대해 많은 편폭을 할애하고 있다. 그 목적은 소설의 주제가 사람으로서의 경건한 표정을 가진 예수조차도 의심과 악독함이 존재하듯이 짐승성이 존재함을 암시하기 위해서였다.

그러나 그 그림 속에 나타난 예수의 표정은 어떠하였나. 고민은 확실히 나타나 있었다. 괴로움도 확실히 나타나 있었다. 그러나 경건하고 참되고 굳세어야 할 예수의 표정에 의심과 증오와 악독함을 볼 때에 나는 오히려 놀랐다. 나는 얼빠진 것같이 잠깐 그것을 바라보다가 두말없이 나가서 붓을 들고 거기 흰 기름을 발라서 그 예수의 얼굴을 지워 버렸다. 그리하여 그 그림에는 악독함과 간사함의 권위인 마귀와 (머리 없는) 예수와 뒤로 멀리 보이는 요단강과 및 거기 정렬되어 있는 양의 무리만 남아 있게 되었다.[314]

(한 달쯤 지나서 O를 찾아갔을 때 그림은 이미 다 그려져 있었다.) 나는 그 그림 앞에 서는 순간, 뜻하지 않고 모자를 벗어 들었다. 오— 그 예수의 표정, 거기는 사람으로서의 가장 경건한 순간의 어떤 표정이 똑똑히 나타나 있었다. 가장 괴롭고 쓰라린 딜레마의 순간에 사람이 받는 고통과 회의懷疑와 아픔과 그것을 쳐 물리려는 순간의 경건한 용기가 멀리 보이는 요단강을 배경으로 뚜렷이 (두드러져 있는 듯이) 나타나 있었다. 예수는

(O가 그리려던) 인신人神의 예수가 아니고 오히려 신인神人인 예수였다.

…… 그러나 그 그림을 한참 이리 보고 저리 보는 동안에 나는 그 그림 속의 예수의 얼굴에 아직껏 남아 있는 (오히려 감추어 있는) 시기를 보았다. 물건의 그림자와 같이 예수의 얼굴 뒤에 감추어져 있는 희미한 시기의 그림자를 보았다. 못 볼 것을 본 것같이 온몸에 소름이 쪽 끼치며 나는 주인을 찾았다.[315]

원래 "악독함과 간사함"은 마귀의 특성이다. 그런데 그 악(짐승성)이 예수에게도 존재한다. 물론 그와 같은 현상은 예수의 본래의 모습이라기보다는 화가의 내공 결여거나 개인적인 심리가 투영되었을 가능성도 배제할 수 없다. 아마 그런 경우를 충분히 예상했기 때문에 '나'도 예수의 얼굴에서 악독함과 의심, 증오, 회의, 고민, 간사함을 지워 보려고 애썼을 것이다. 하지만 아무리 전전긍긍해도 예수의 얼굴에 감추어져 있는 시기의 그림자는 지울 수 없다. 이때의 예수는 이미 O가 그리려던 사람人神을 초월한 하느님神人으로서의 예수의 모습이었지만 아이러니하게도 시기는 남아 있다. 결국 화가와 '나'는 예수의 짐승성을 제거하려고 신성神性까지 동원하지만 실패한다. 짐승스러움은 인간뿐만 아니라 하느님에게도 떨쳐 버릴 수 없는 것임을 암시한다고도 볼 수 있다. 환언하면 동인에게도 짐승성은 문명이나 양심으로 길들일 수 없는 것이다.

예수가 이러하니 이 짐승스러움이 일반인에게야 더 말해서 알겠는가. 동인은 소설의 주인공 O와 봉선 그리고 A를 통해 그 짐승성을 적나라하게 폭로하고 있다. 화가 O는 『인간 짐승』의 자크가 교양과 양심으로 내면에 웅크린 짐승을 길들이려 했던 것처럼 가슴 속에 살아 꿈틀거리는 시기와 질투 그리고 의심을 통제하려고 노력한다. 우리는 그가 예수 그림을 여러 번 수정하는 행위에서 알 수 있다. 하지만 그는 끝끝내 내면의 악을 통제하지 못한 채 숨어 있던 짐승성을 드러내고야 만다.

> "그 짐승 같은 것"
> ······ "그럼 만일 사실이면?"
> "연놈을 죽이지요."[316]

만취 상태에서 아내의 불륜을 의심하던 O가 '나'의 질문에 답하면서 노골적으로 살인 욕구를 발로하고 있다. 사실 O는 "아무런 비경悲境에 빠질지라도 자살할 만한 용기도 없는 사람"[317]이었음에도 살인 욕구를 드러낸 것은 그의 내면에 숨어 있던 짐승이 밖으로 잠깐 얼굴을 내밀었을 따름이다. 실제로도 그는 아내 봉선이를 살해하는 '나'의 음모에 동참하지 않는다.

짐승성은 봉선과 A에게서 더욱 적나라하게 나타나고 있다. 물론 그와 같은 누명은 '나'와 O가 뒤집어씌운 것이라 할 수 있다. 소설 속에서 '나'는 불륜을 범한 봉선과 A를 향해 "짐승"이라고 분노의 성토를 퍼붓는다.

그와 A 씨의 사이에 더러운 관계가 있는 것은 이제는 조금도 의심할 여지가 없다.

"짐승이다."

…… "사람이 아니고 짐승이다."[318]

여기서 우리가 주목해야 될 점은 '나' 즉 화자로서의 동인의 지론에 따르면 살인 욕구를 가졌거나 살인 행위를 감행한 자보다 불륜 행위를 한 자가 더 짐승에 가깝다는 것이다. 여기서 졸라의 『인간 짐승』의 주제에 대한 동인의 모방은 샛길로 빠져 나간다. 그와 같은 결과는 두말할 것도 없이 동인의 「유서」가 졸라의 모방작임에도 불구하고 독립적인 가치를 지닐 수 있게 해 준 계기가 되었다. 하지만 우리는 여기서 두 작가의 문명과 야만에 대한 견해를 동시에 분명하게 파악할 수도 있다.

졸라의 짐승성은 유전에 의한 것이며 인간이라면 누구나 가지고 있는 공통의 특성이다. 반면 동인의 짐승성은 봉선이처럼 어리석은 자, 약한 자만 가지는 특성이다. 예수는 물론이고 '나'나 O처럼 지혜로운 자들에게는 그 짐승성이 시기와 의심 같은 것으로 약화될 뿐만 아니라 하느님을 대신하는 신성한 "구원자"[319]로까지 칭송되고 있다. 여기서 유전 같은 것이 작용하지만 그 역시 졸라의 경우처럼 강력하지는 않다. 어떤 의미에서 동인에게 짐승은 약자이고 문명은 지혜로운 자의 전유물이다.

잘들 놀아 두어라. 짐승들. 그러나 너희들이 잊어서는 안 될 점은, 사람이 짐승보다 지혜가 더 있다는 점이다. 마지막의 승리자는 사람일 밖에는 없다는 점이다.[320]

동인이 질타하는 너희들이란 봉선이와 그녀의 사촌 오빠 A다. 이들은 화가 O와 작가인 '나'에 비하면 두말할 것도 없이 무지하고 어리석은, 약한 자들에 불과하다. 그런 이유로 O와 '나'는 지혜로운 "사람"이고 봉선과 A는 짐승이 되는 것이다. 인간성과 짐승성의 게임에서 최종 승자가 후자인 졸라와는 달리 동인에게서 최종 승자는 전자이다. 그에게서 지혜로운 사람에게는 짐승성이 부재한다.

② 유형 모방

비교 문학에서 발신자에 대한 수신자의 모방은 비단 주제에 한정하지 않고 "그것이 문학의 장르이든, 예술의 형태이든, 문체나 표현법이든, 주제·테마·유형·전승이든 혹은 사상이나 감정이든 간에 이러한 모든 것들을 차용한다."[321] 동인의 모방도 주제를 넘어 유형 즉 틀 또는 플롯에 이르기까지 연장되고 있다.

『인간 짐승』과 「유서」에서는 똑같이 열차가 등장하면서 두 작품의 끈끈한 친연 관계를 한 번 더 입증하고 있다. 기관차는 현대 기계 문명의 산물이다. 그 어마어마한 에너지가 부분품의 조합과 조립의 완벽도 그리고 궤도, 시간, 조종, 신호, 연료 등에 의해 통제될 수 있다는 점에서 문명의 하위 개념에 속한다.

동인은 일단 전차에 대한 서술을 통해 단편 소설로서는 해결 불가능한, 방만한 서사를 압축하여 간략하게 분위기를 잡고 있다. 전차는 버스와 달리 철제 바퀴로 궤도를 따라 달린다는 점에서 기차(열차)와 유사하다. 동인은 바로 이에 착안하여 『인간 짐승』에서 표현된 수많은 열차 관련 장면들의 축소판으로 대용하고 있다. 전차는 노선, 정류장(역), 운행 횟수, 시간, 붐비는 승하차 여객 등을 통해 『인간 짐승』에서 반복되는 열차 묘사를 축약하고 있는 것이다.

"음 용산행龍山行이로군." 마치 의주통義州通으로 가려는 듯이 이렇게 중얼거리고 물러섰다.[322]

한 대가 지나갔다. 두 대가 지나갔다. 세 대가 지나갔다. 다섯 대, 여섯 대 하며 열 대가 지나갔다. …… 열한 시 사십 분…… 전차는 또 지나갔다. 또 한 대, 두 대, 세 대, 여섯, 일곱…… 열두 시도 벌써 지나버렸다. 전차는 또 한 대 지나갔다.[323]

동인은 무려 1페이지 반 분량이나 전차에 관한 스토리를 전개함으로써 열차에 대한 끈질긴 집착을 보이는 『인간 짐승』의 서사 분위기를 잡고 있다. 용산행龍山行, 의주통義州通처럼 운행 노선뿐만 아니라 정류장도 여러 곳 등장하며 시간도 정확하게 기록되어 있다. 『인간 짐승』에서도 파리행, 르아브르행, 오퇴유행 등 운행 노선과 두앵빌, 바랑탱, 르아브르, 루앙, 파리, 오퇴유 등 여러 역이 등장한다. 루보와 세브린의 갈등은 3시 20분, 3시 30분, 5시 20분, 6시 15분, 6시 20분, 6시 27분 등 엄밀한 시간의 흐름 속에서 진행된다.

졸라가 자신의 소설에서 길들지 않는 기관차의 폭주를 인간의 짐승성과 살인 욕구의 증폭과 대칭시켰다면 동인은 주인공들의 물리적·심리적 거리를 벌리고 좁히는 조절을 하는 열차의 상하 이동을 인간의 짐승성과 살인 욕구 증폭과 대칭시키고 있다는 점에서 플롯의 공통성을 보여 주고 있다. 자크와 '나'의 살인 욕구는 똑같이 열차의 운행 횟수와 사고 횟수의 증가에 따라 증폭된다.

소설에서 자크가 운전하는 라리종호가 처음으로 등장했을 때 기관차는 크랭크축이 고장 나 수리 중이었다. 기관차의 이 고장은 자크의 1차 살인 욕구와 동시성을 띤다. 기관차의 고장은 정상적인 통제 시스템이 붕괴되었음을 의미하며 살인 욕구는 정상적인 심리 상태가 붕괴되었음을 의미한다. 야외에서 플로르를 성적으로 점유하려던 자크는 "부푼 봉긋한 젖가슴이 환한 달밤에 드러난" 것을 목격하는 순간 살인 욕구에 사로잡힌다.

잔인한 충동에 이끌려 그는 무기든, 돌이든, 그녀를(플로르) 죽일 만한 무엇인가를 찾아 주위를 두리번거렸다. 그의 시선이 밧줄 끄트머리에서 번득이는 가위와 마주쳤다. 그는 몸을 날려 가위를 거머쥐었다. 맨 살을 드러낸 그 목에, 장미꽃처럼 피어난 하얀 젖가슴 사이에 가위를 찔러 넣을 기세였다. …… 그 살을 본 순간, 따뜻하고 하얀 그 목을 본 순간, 가위를 집어 들고 그녀의 살 속 깊숙이 가위를 찔러 넣

으려 했던 것이다.[324]

인간의 조종에서 벗어나 "고삐가 풀린" 기관차가 통제 불능 상태에 빠진 것처럼 자크는 맨살과 가위를 보는 순간 문명의 통제에서 멀리 달아나 버린 것이다. 자크의 살의는 그녀에 대한 증오도 복수심도 아니다. 기관차가 크랭크축이 고장 난 것과 다를 바 없이 문명이라는 이 통제 시스템이 고장 났을 따름이다. 이 첫 번째 고장—살인 욕구는 그리 엄중한 것이 아니어서 능히 스스로 자정 가능한 것이었다. 하지만 기관차의 두 번째 사고 운행은 첫 번째와는 비교도 안 될 만큼 준엄한 것이었다. 폭설로 인한 라리종호의 두 번째 사고 운행은 자크의 두 번째 살인 욕구를 촉발하는 원인을 제공한다.

라리종호가 밀어내는 눈이 방벽처럼 앞에 쌓이며 끓어오르듯 솟구쳐서는 성난 파도처럼 기차를 집어삼킬 듯이 달려들었다. 순간 라리종호는 무릎을 꿇고 탈선할 것처럼 보였다. …… 눈덩이가 다시 무너져 내리면서 바퀴를 뒤덮었고, 모든 부속 기계 장치들이 눈덩이의 습격을 받아 얼음 사슬에 묶여 버렸다. 라리종호는 가쁘게 숨을 몰아쉬며 혹독한 추위 속에 완전히 멈춰 섰다. 이윽고 라리종호의 호흡이 멎었고, 그렇게 죽은 듯 꼼짝도 하지 않았다.[325]

폭설은 기관차를 인간의 조종에서 이탈시키는 작용을 한다. 폭설은 인간에 의해 사전 입력되고 조종사에 의해 길들여진 기관차의 시스템 전체를 마비시킨다. 기관차는 더 이상 운송 시스템 속에서 유익한 역할을 감당하는 운수 도구가 아니라 도리어 정상적인 운송 작동 체계를 방해하는 거대한 괴물로 전락하게 된다. 즉 짐승성만 남게 된다. 또한 기관차를 정복한 폭설은 다가올 재난—세브린의 살인 고백과 자크의 두 번째 살인 욕구를 자극하는 원인 제공자이기도 하다. 그것은 물리적 재난인 동시에 인간의 정신적 재난을 예고하는 전주곡이기도 하다. 졸라가 즐기는 수법을 적용할 때 기관차가 폭설에 호흡이 멎었다면 인간도 누군가 호흡이 멎어야만 한다는 코스를 따라갈 수밖에 없다.

> 그런데 지금 이 하얀 목을 보자 그는 느닷없이 치명적인 매혹에 온몸이 사로잡혔다. 아직은 두려움을 의식할 만큼 제어가 되는 상태이긴 했지만, 일어나서 식탁에 놓여 있는 칼을 갖고 돌아와 이 여자의 살에 손잡이만 남을 정도로 깊숙이 쑤셔 박고 싶은 거역할 수 없는 욕구가 그의 내부에서 스멀스멀 커져 가는 것이 느껴졌다.[326]

폭설이 길들여진 기관차의 성능은 물론 영혼마저 마비[327]시켰다면 세브린의 살인 고백은 자크의 인간성을 마비시키는 작용을 하고 있다. 이렇듯 사고 운행이 늘어갈수록 기관차가 망가지듯이 문명과 교양의 간섭에 대한 자크의 인내력도 덩달아 와해된다. "조립을 어떻게 하느냐에 따라 결정되는 그 신비로운 생명의 균형감"은 인간으로 놓고 말하면 문명과 교양의 습득과 같은 것일 것이다. 사랑의 방패에 막혀 좌절된 살인 욕구는 그 대체품을 찾아 지속된다. 살인 충동을 억제할 수 없어 밖으로 뛰쳐나간 자크는 아므테르담가와 르아브르가를 헤집으며 늙은 여자, 소녀, 검은 머리 여인을 가리지 않고 아무나 죽이려고 꽁무니를 따라 다닌다. 나중에는 금발 아가씨를 따라 오퇴유행 일등칸 표를 사고 기차에 오르기까지 하며 살인의 집요함을 드러낸다. 하지만 허망하게도 턱 끈의 리본과 금색 브로치 때문에 살인이 지연되다가 트로카데로 정거장에서 오른 철도 회사 직원의 업무 이야기 때문에 미수로 끝난다.[328]

자크의 세 번째 살인 욕구는 기관차와 석재 마차 충돌이라는 치명적인 사고와 결부되어 발작한다. 그 번의 사고가 기관차가 훼멸될 만큼 치명적이었던 것과 같이 살인 욕구도 미수로 끝나지 않고 끝끝내 성사된다. 물론 살인의 대상은 자크 자신도 생각지 않았던 사랑하는 세브린이었다는 점에서 더욱 치명적이다. 원래 죽여야 할 사람은 루보였지만 세브린으로 바뀐 것은 자크에게 살인의 대상은 살인 욕구의 만족보다 중요하지 않았음을 의미한다. 그런 이유 때문에 사람을 잘못 죽였음에도 불구하고 후회나 죄의식은커녕 자크는 뿌듯한 자부심마저 느낀다.

드디어! 드디어! 그는 흡족스러워 속으로 중얼거렸다. 드디어 사람을 죽인 것이다. 그렇다 바로 그 일을 해낸 것이다. 끝없이 시달렸던 욕망이 완전히 충족된 기분과 함께 미칠 듯한 기쁨, 엄청난 쾌감이 몰려와 그의 몸이 붕 떠올랐다.[329]

이처럼 자크의 살인 과정은 기관차의 사고 운행과 긴밀히 결부되어 있다. 그런데 동인의 경우는 살인과 기관차가 유기적으로 연결되어 있지는 않다. 하지만 「유서」에서도 짐승성의 노출과 살인은 열차 운행과 간접적인 연결이 이어지고 있다. 김동인도 주인공들의 물리적·심리적 거리를 벌리고 좁히는 조절을 하는 열차의 상하 이동을 인간의 짐승성과 살인 욕구 증폭과 분명하게 대칭시키고 있다.

동인은 「유서」에서 서울—부산행 열차를 모두 일곱 번 등장시킨다. 네 번은 상행이고 세 번은 하행이다. 주인공들은 열차로 인하여 세 번 갈라지고 네 번 만난다. 첫 번째 열차 이용은 O와 호떡의 부산 동래행이다. 목적은 '나'가 오쟁이 진 O를 아내와 당분간 갈라놓음으로써 친구를 밑창 없는 슬픔의 수렁에서 건져 내기 위해서였다. 하지만 '나'는 이 부부의 분리로 인하여 전혀 예상 외의 소득을 얻게 된다. '나'는 봉선에 대한 미행과 가택 수색을 통해 "A 씨의 이름을 쓴 종잇조각"과 A 씨의 집을 찾은 "안손님"이 봉선임을 확인하면서 "그와 A 씨의 사이에 더러운 관계가 있음이 조금도 의심할 여지가 없"[330]음을, 즉 의심에 불과하던 불륜이 사실이라는 증거를 처음으로 확보한다.

두 번째 열차 이동을 통해 동인은 봉선과 A를 갈라놓는다. 이번 열차 이용의 표면 목적도 "O를 무서운 시기의 불길에서 증오의 권내圈內로 구원하여 올리는"[331] 데 있었지만 그 결과는 "이 사건의 후막에 숨어 있는 가장 큰 광대"[332] A 씨를 수면 위에 나오도록 자극하는 전혀 엉뚱한 결과로 이어진다.

'나'의 첫 번째 살인 욕구는 세 번째 열차 이용과 연관이 있다. 봉선이를 동래의 남편과 단둘만 남겨 두고 호떡과 함께 상경한 '나'는 "그들 사이의 병의 뿌리"를 뽑을 수 없고 "봉선을 A와 뗄 수 없다"라는 판단을 내리자 "봉선이를 죽여 버릴까?", "그럼 A를 죽일까?", "사내와 계집을 다 죽이나?"[333]에 대해 고민한다. '나'에게 봉선과 A를 갈라놓을 수 없다는 판단을 내리게 한 것이 동래에서 만난 봉선과 O의 "침묵의 연극"[334]이었다면, 그 만남을 가능하게 한 건 '나'와 봉선이 타고 내려간 부산행 열차이다. 환언하면 사건을 살인의 문턱까지 견인한 동력은 열차인 것이다. 그것은 『인간 짐승』에서 기관차의 사고 운행이 자크의 살인 욕구의 수위를 끌어올린 것과 너무나 흡사하다.

'나'의 세 번째 살인 욕구 더 정확히 표현하면 살인 욕구의 팽창은 네 번째 열차의 개입에 의해 극대화된다. A 씨가 동래로 내려가려고 서두르자 '나'는 병이 위급하다는 구실로 O더러 상행하라고 전보를 보낸다. 상행 열차가 '나'에게 운송해 준 O의 형상은 그의 복수심과 살인에 대한 결심을 더욱 확고하게 굳어지게 하는 계기가 된다.

> 이전의 그는 결코 이러한 순종 잘하는 청년이 아니었다. 이런 광경을 볼 때마다 나는 속에서 흘러나오는 눈물을 막을 수가 없었다. 동시에 A 씨와 O의 아내에게 어떻게든 원수를 갚아야겠다는 결심은 나날이 굳어졌다.[335]

'나'는 다섯, 여섯 번째 열차를 이용하여 O씨에 대한 A 씨의 이른바 구원 운동을 잠시 무산시킬 뿐만 아니라, O를 혼자 동래로 보냄으로써 봉선이 A 씨네 집에 문턱이 닳도록 다니게 함으로써 그녀의 짐승성을 극대화시키고 그로부터 증오심과 살인의 명분을 만들어 나간다. 그러다가 일곱 번째 열차 이용에 와서는 드디어 O를 상행하게 함과 동시에 살인을 실행에 옮긴다.

「유서」에서의 이 모든 살인 과정은 『인간 짐승』과 마찬가지로 열차의 중복되는 운행과 긴밀하게 연결되어 있다. 이 과정을 간략하게 정리하면 아래와 같다.

『인간 짐승』

고장→정상적 작동 시스템 파괴→문명·양심 감시 체계 휴면→짐승성(살인 욕구) 노출

「유서」

이동(운송)→정상적 교제 관계 파괴→문명·양심 감시 체계 휴면→짐승성(살인 욕구) 노출

사건 진행의 전반 과정 중에는 상이한 점도 보이지만 근원적 요인은 열차이고 결말도 동일하다. 『인간 짐승』에서 정상적 작동 시스템 파괴는 두 가지 형태로 나타난다. 하나는 기능 훼손이고 다른 하나는 기능 변이이다. 폭설과 석재 마차와의 충돌로 인한 전복 사고가 기관차의 기능 훼손의 경우라면 길들지 않는 608호 기관차는 기능 변이의 경우라고 할 수 있다. 이와 같은 현상은 기관차와 인간이 동일하다.

608호는 마구馬具에 순응하도록 훈련시켜 길들여야 할 어린 말처럼 아직은 서투르고 고집이 세며 엉뚱한 구석이 있었다.

기관차는 이제 완전히 고삐가 풀려서 달리고 또 달렸다. 마침내 황소고집에 성질까지 괴팍한 그 생물은 마치 아직 길들여지지 않은 암말이 조련사의 손을 빠져나와 거친 들판을 천방지축으로 내달리는 것처럼 자신의 젊은 혈기가 시키는 대로 미쳐 날뛸 수 있게 되었다.

우리를 뛰쳐나온 괴물…… 으르렁거리는 소리…… 그 괴물은 붉은 신호등이든 정차 신호용 기폭 장치든 아랑곳하지 않고 숲속의 멧돼지처럼 질주를 멈추지 않았다.

마치 살육의 현장 한복판에 풀어놓은 눈멀고 귀먹은 한 마리 짐승처럼.[336]

동인의 경우에도 열차의 이동에 의한 분리는 짐승성을 노출시킨다면 회합의 경우는 복수심과 살인 욕구를 강화하는 작용을 한다. 졸라가 열차의 사고 운행과 문명·양심 감시 체계 휴면을 직결시켰다면 동인은 이동을 통한 만남과 갈라짐의 조절에 의해 문명·양심 감시 체계 휴면을 간접적 형식으로 작동시키고 있다. 그것은 졸라에게 있어 열차가 물체이기 전에 생물체인 반면, 동인에게는 운수 도구이기 때문에 벌어진 차이점이다.

③ '환경 결정론' 수용

졸라가 개척한 자연주의 문학 이론의 근간은 '환경 결정론'과 '유전론'이다. 우리는『인간 짐승』을 통해서도 이 두 가지 경우를 수도 없이 만나게 된다. '환경 결정론'의 경우만 보더라도 열차에서의 금발 여인에 대한 살인 미수 사건, 세브린의 살인 고백 사건, 석재 운반차와 라리종호의 충돌 사고 등등 헤아릴 수 없을 만큼 수두룩하다.

『인간 짐승』에서 주인공 자크는 오퇴유행 일등석 옆자리에 앉은 르아브라 광장의 계단에서 만난 스무 살 정도의 아름다운 금발의 아가씨를 얼마든지 살해할 수 있었음에도 불구하고 실패한다. 그러한 결과는 열차 안의 특정 환경에 의해 비롯된 것이었다. 처음에 자크의 살인계획은 같은 칸에 승차한 유일한 승객, 늙은 여자의 수다 때문에 잠시 연기된다. 하지만 기회는 찾아왔다.

> 그녀는 선홍빛 입술 사이로 새하얀 이를 드러내고 더 크게 웃었다. 그 순간, 칼을 쥔 손을 엉덩이 밑에 감춘 채 그녀의 오른편에 앉아 있던 자크는 지금이 바로 찌를 때라고 속으로 중얼거렸다. 그녀를 손으로 제압하려면 그저 팔을 들어 올려 한 바퀴 휘감기만 하면 되었다.[337]

그런데 아쉽게도 자크는 그 번 기회를 놓치고 만다. 턱 끈의 리본과 커다란 금색 브로치 때문에 살인은 다시 연기된다. 하지만 절호의 기회는 다시 한번 자크에게 돌아온다. 행복에 겨워 자크 쪽으로 몸을 돌리는 그녀의 "몸짓에 턱 끈의 리본이 옆으로 밀려나고 브로치가 젖혀지는 바람에 살짝 굴곡진 부위가 그늘이 져 금빛으로 물든 그녀의 진홍빛 목이 고스란히 드러났다. …… '바로 이 지점에서 찌르겠다. 그래, 잠시 후 파시 직전, 터널을 통과할 때.'"[338] 그런데 이때 공교롭게도 트로카데로 정거장에서 철도 회사 직원이 올라탄다. 자크와 안면이 있는 그 직원이 업무 이야기를 늘어놓는 바람에 살인 계획은 다시 수포로 돌아간다. 그 사이 여자가 기차에서 내린 것이다. 어떤 결과는 어떤 환경에 의해 결정된 것이라는 사실을 입증해 주는 장면이다.

『인간 짐승』에서 '환경 결정론'은 세브린이 자크에게 법원장 그랑모랭의 살인을 고백하는 장면에서도 뚜렷하게 제시되고 있다. 세브린과 자크 사이에서 법원장 살인의 미스터리에 대한 대화는 바티뇰 소공원에서도 있었지만 그때 세브린은 자신들의 살인 사실을 부정한다. 그러나 폭설 속을 뚫고 나와 파리의 빅투아르의 집에 도착하자 자크가 묻지도 않는데 자진하여 자신들의 살인 범죄 사실을 고백한다. 그 이유는 과연 어디에 있을까? 그에 대한 궁금증을 풀려면 살인에 관한 대화가 있었던 두 공간—바티뇰 소공원과 빅투아르네 집 환경부터 파악하는 것이 우선일 것 같다.

「바티뇰 소공원」
해마다 이맘때면 한산한 편인 바티뇰 소공원의 외진 한구석, 사람들의 눈을 피할 수 있는 곳에 벤치 하나가 놓여 있는 것이 보였다.[339]

「빅투아르의 집」
물건은 하나하나 눈에 익었다. 남편과 함께 점심을 먹었던 둥근 탁자, 붉은색 면직 시트가 덮인 침대, 그 침댓가에서 남편이 그녀에게 죽도록 주먹질을 해댔었다. 바로 그곳이었다. 방 안 풍경은 그녀가 열 달 전에 왔을 때하고 하나도 달라진 것이 없었다.

…… 쥐 죽은 듯 고요한 가운데 도베르뉴의 집에서 음악에 맞춰 스텝을 밟는 소리가 어렴풋이 들려왔다. 그 집 아가씨들이 무도회를 연 것이다.[340]

졸라에게서는 인간을 결정하는 환경의 영향력은 현재와 미래를 초월하여 과거에까지 미친다고 할 수 있다. 물론 과거의 영향력은 인간에 의해 사물에 이입된 기억—사물 기억이 전제될 때에만 효력을 발생한다. 인간의 기억과 함께 살아 있는 사물 기억은 과거를 호출하여 특정 환경과 연결된 인간의 심리를 조종하여 어떤 판단을 내리게 하는 결정적 요인으로 작용한다. 그런데 현존 사물 기억은 과거의 원본 사물과 유사할수록 판단에 대한 결정력의 수위도 그만큼 상승한다. 필자의 이러한 견해는 졸라의 자연주의 소설 『인간 짐승』의 도처에서 발견되는 보편적인 현상이다.

바티뇰 소공원의 모든 것은 낯설기만 하다. 피기 시작한 라일락, 푸른 잔디밭, 전나무 숲, 산책하는 사람들…… 이 모든 것들은 기억과는 아무런 연관도 없는, 무의미한 사물들일 따름이다. 두 사람에게 이 사물들이 어떤 의미가 있다면 그것은 오로지 주변의 시선으로부터 그들의 부정한 밀회를 보호하는 역할밖에는 없다. 이렇듯 경직된 환경 속에서 세브린의 "나는 범인이 아니에요"[341]라는 대답은 너무도 당연한 것이다.

하지만 빅투아르네 집의 환경은 바티뇰 소공원의 환경과는 전혀 다른 모습이다. 집 안의 모든 가구들이 과거를 떠올리게 하는 사물들이다. 탁자, 침대, 촛불, 칼, 케이크, 도베르뉴집 아가씨들의 음악과 무도회…… 열 달 전 남편 루보와 왔을 때와 하나도 달라진 것이 없을 정도이다. 이렇듯 과거를 기억하고 있는 사물들로 가득 찬 환경은 세브린의 손목을 잡고 그때로 돌아가게 한다. 하지만 사물 기억들로 가득 찬 공간임에도 불구하고 그때와 지금의 상황에는 달라진 것도 있다. 사랑이다. 루보는 그녀에게 폭력을 행사했다면 자크는 그녀를 한없는 행복감에 도취시키고 있다.

> 　그녀는 격정적인 열락의 상태에 도달했으며, 자신의 관능을 일깨워 준 이 남자에게 숭배의 마음을 갖기에 이르렀다. 이 남자를 이렇게 마음대로 품을 수 있다는 것, 신음 소리 하나라도 빠져나갈세라 그렇게 이를 앙다물며 쾌감을 느끼고 나서 바로 두 팔로 그를 가슴에 꼭 끌어안고 있을 수 있다는 것, 그것은 형언하기 어려운 커다란 행복이었다.[342]

　루보의 폭력과 자크의 사랑은 그녀의 가슴에 남편에 대한 증오심을 불러일으키기에 충분했다. "저도 모르게 같은 자리에서 남편과 보냈던 시간이 불현듯 살아나면서 그만 과거에 발목이 잡히고 만다. 예전의 점심 식사 때도 지금과 똑같은 소리가 들리는 가운데 똑같은 식탁에서 이런 케이크를 먹지 않았던가? 그렇게 그때와 중첩된 방 안의 사물들이 흥분을 부채질해대고, 되살아난 기억이 그녀가 통제할 수 없을 정도로 넘쳐나면서 그녀는 애인에게 그간 있었던 일들을 죄다 이야기하고 자신의 속마음까지 남김없이 털어놓고 싶은, 지금까지는 한 번도 느껴본 적 없는 욕구가 불같이 치밀어 올랐다."[343] 스스로를 궁지에 밀어 넣고 제 무덤을 파는 그녀의 이 무모하고 어리석은 고백 결정은 그녀 자신의 의지의 산물이라기보다는 죄다 사물 기억과 쾌감과 행복을 주는 사랑으로 구성된, 특정된 환경의 결과물에 불과한 것이다.

자크가 운전하는 라리종호가 카뷔슈의 석재 운반차와 충돌하고 전복되는 장면도 마찬가지 경우라고 할 수 있다. 플로르는 사랑하는 사람을 빼앗아 간 세브린에게 복수하고 두 사람의 "행복을 꺼꾸러뜨리기 위해" 레일을 들어내 라리종호를 전복시키려고 한다. 그녀에게 주어진 시간은 단 십 분밖에 없다. 하지만 공교롭게도 카뷔슈의 석재 운반차가 나타나며 전복 계획은 좌절된다. 차단기를 열어 줘야 했기 때문이다. 이 좌절은 결코 범죄의 비도덕성이나 두려움 같은 심리상의 변화가 일으킨 "낭패"가 아니라는 점에 주의해야 한다. 그것은 실행 조건 즉 환경의 변화에 의해 덩달아 변한 결과였을 따름이다. 그런데 플로르의 복수 계획은 여기서 종료되지 않는다. 그것은 새롭게 변화되는 환경 조건에 의해 새로운 결과—가능성을 따라 움직인다. 다시 말해 플로르의 계획에 대한 환경의 결정력은 지속적으로 작동하고 있다. 그 영향력은 실패를 성공으로 뒤집어 놓는 마술 같은 신통력으로 나타난다.

높이와 너비가 어마어마하고 길을 꽉 메울 정도로 거대한 부피의

돌덩이들이야말로 그녀가 찾던 것이었다. 그것들을 보자 그녀의 눈에서 갑자기 탐욕의 불꽃이 튀면서 그것들을 빼어 철로 위에 부려놓고 싶은 욕심이 일었다. 차단기가 열렸고 땀으로 번들번들한 다섯 마리 짐승은 거칠게 숨을 몰아쉬며 통과하려고 기다렸다.[344]

플로르의 계획은 이후에도 환경 조건의 변화에 따라 수차례나 좌절과 성공의 사이를 오고 간다. 실패를 예고했던 그 몇 차례의 환경 변화들은 다음과 같다. 미자르의 개입, 완강하게 버티는 말과 말을 몰려는 카뷔슈의 등장 등이다. 다행히도 기관차를 정지시키려던 미자르의 노력은 수포로 돌아갔고 말들의 포효도 플로르의 "무쇠 팔"에 의해 제압되면서 실패의 고비를 넘긴다. 아니, 그보다는 하나의 환경으로서의 숨겨 놓은 돈에 미친 미자르와 플로르의 전설적인 괴력의 덕분에 실패를 모면했다고 하는 것이 정확할 것이다. 환경 조건으로서의 석재 운반차가 나타났을 때 플로르의 계획은 벌써 실패가 예고되었었다. 하지만 이미 전복 사건의 공간 속에 구비되어 있던 환경—"어젯밤 엄마의 죽음"이란 인소는 카뷔슈를 수레를 떠나게 했고 플로르에게 기회가 넘어간 것이다.

보다시피 화살처럼 수평을 향해 달리는 플로르의 열차 전복의 욕망 선상에서 성공과 실패의 그래프는 수직적 상하 곡선을 그리며 추락과 반등을 반복한다. 하지만 그것이 성공이든 실패이든 죄다 그것을 잉태한 어떤 환경의 결과라는 사실을 잊어서는 안 된다. 그래프가 성공과 실패의 상하 이동을 거듭한 것은 그 스스로의 합법칙성에 따른 것이 아니라 단지 거듭되는 환경의 결과물이라는 점에 역점을 둘 필요가 있다. 환경의 변화는 결과의 변화와 직결된다. 환경은 결과를 결정한다.

이와 같은 현상은 자연주의 소설가 졸라가 인간에게 미치는 환경의 결정력을 얼마나 중요하게 인식했는가를 보여 주는 장면들이다.

동인의 「유서」가 『인간 짐승』의 모방작이라고 할 때 '환경 결정론'이 부재할 수는 없다. 우리는 졸라의 이러한 '환경 결정론'을 동인의 소설 「유서」에서도 심심치 않게 발견할 수 있다. 주인공 '나'는 봉선의 뒤를 미행하는 과정에 그녀에게 자신을 노출시키지 않기 위해 전차 정류장을 여러 번 바꾼다. "그에게 모르게 그의 뒤를 밟으려고"[345] 그녀가 타는 다음 정거장과 전 정거장을 옮기며 승차 지점을 바꾸지만 결국은 그녀에게 발각되고 만다. 발각되고 안 되고를 떠나서, 여기서 작가가 시도한 것은 어떤 환경에 의해 결정되는 결과를, 환경을 변화시킴으로써 변경하려 했던 것임을 알 수 있다. 결과에 대한 환경의 결정력을 인정하지 않으면 불가능한 시도이다. 『인간 짐승』에서도 루보는 자신이 범인이라는 결과를 바꾸기 위해 환경 즉 특별실과 일등실의 위치를 바꾼다. 자크도 루보를 살해하기 전에 다른 수사 결과가 나오도록 할 수 있는 환경을 만들기 위해 바랑탱에서 기차를 타고 루앙역에 가서 여인숙에 숙박한 뒤 걸어서 크루아드모프라로 왔다가 다시 루앙역으로 귀환하려고 한다. 이 모든 계책들은 그러한 환경이 당연히 만들어 낼 수 있는 결과를 뒤집어 놓기 위한 수단이다.

또한 '나'는 친구의 실연의 아픔을 달래기 위해 부산 동래온정으로 내려보낸다. 그 사건으로 인해 두 가지의 변화가 생긴다. 먼저 동래에

간 O의 변화이다. 아내와 함께하던 서울의 생활 환경에서 O는 "얼굴에는 방 안을 서늘하게 하는 분함과 살기가 떠돌았고" 분노에 "소리내어 울고" "연놈을 죽인다"[346]라며 눈에는 독기가 서려 있었다. 하지만 그녀와 갈라져 새로운 환경인 동래에 간 다음 그의 행위에는 변화가 생긴다.

> 깨어 있는 동안은 온갖 애를 써서 쾌활한 듯이 보이려고 물론 웃기도 하나 성도 잘 내어서 여관 하녀들은 그를 무서워한다 하며, 밤에는 잠을 대개 잘 못 자며 음식도 잘 못 먹고, 서울도 돌아가고 싶은 생각은 어떻게 보면 없는 듯하고 어떻게 보면 있는 듯하여 알 수가 없고, 간혹 아내의 이야기가 나오면 무섭게 성을(예를 들자면 어떤 말 호떡이 우연히 그 이야기를 하매, 그는 두말없이 앞에 놓였던 찻잔을 호떡에게 던진 일이 있다) 잘 낸다 한다.[347]

설령 그것이 지어낸 표정이라 할지라도, 아직도 "아내 이야기가 나오면 무섭게 성을 잘 낸다" 할지라도 "쾌활", "웃음"과 같은 표정과 심리 상태는 서울의 환경 속에서는 상상도 할 수 없는 새로운 환경의 결과물임에 틀림없다.

O의 변화 못지않게 새로운 환경으로 변화를 보인 사람은 봉선이다. O의 부산행으로 인해 남편의 감시가 사라진 새로운 환경을 맞이하게 된 봉선의 행위는 그에 부합되는 새로운 결과로 이어진다. 봉선은 A씨의 집에까지 공개적으로 드나들며 즐겁게 "놀아댔다."

O가 온양으로 떠난 뒤의 O의 아내의 행동은 더욱 못되게 되었다.[348]

봉선의 이 "못된 행동"은 남편과 함께 있었을 때와 환경 속에서는 결코 나타날 수 없는 결과물임은 자명한 일이다. 자신의 부정행위를 감시하고 시기·질투하고 은밀한 사생활을 시시콜콜 뒷조사할 사람이 사라진 환경—그러한 환경 속에서는 당연하게 노출되어야 할 결과라고 할 수 있다.

'나'는 "해가 바뀌고…… 정월도 지나고 이월도 절반이나 지나도록" 살인 계획을 실행에 옮기지 못한다. 그것은 '나'가 판단하건대 아직 시기가 도래하지 않았기 때문이다. 흔히 쓰는 표현으로 "시기가 성숙되기를 기다린다"라는 말은, 어떤 결과를 생산하는 환경이 조성되기를 기다린다는 말로 이해해도 무방하다고 생각한다. 마치 주유가 적벽대전에서 모든 준비를 끝마치고 병석에 누운 채 동풍 하나만을 기다리다가 제갈량의 지혜로 득풍得風하는 『삼국지』의 "萬事具備, 只欠東風(모든 것이 다 준비되었는데 동풍이 없다)"와 다를 바 없기 때문이다. 동풍이라는 자연환경만이 결정할 수 있는 그 결과는 다름 아닌 전쟁에서의 승리다.

그래서 '나'가 "이것이 시기다"[349]라고 말한 시점이 다름 아닌 살인이 가능한 환경이 조성된 시간과 동일하다. 봉선이를 살인할 수 있는 절호의 타이밍—시기는 바로 "A 씨가 티프스에 걸려서 위독하게 되어서 입원"[350]한 때라고 판단했기 때문이다. A 씨가 티프스에 걸려서야 실행에 옮긴 것은 어떤 결과를 결정하는 환경이 무르익기를 기다린 것이다. 그것은 환경 결정론의 확실함을 굳게 믿을 때에만 기다릴 수 있는 것이다.

물론 동인의 소설에서 '환경 결정론' 도입은 졸라에게서처럼 강력하거나 집요하지도 않다. 단지 그가 소극적인 모방을 통해서나마 졸라의 '환경 결정론'의 견해에 찬동하고 그 방법을 자신의 소설 속에 도입함으로써 자연주의 소설의 기틀을 나름 구축했다는 사실에 의미가 있을 것이다.

④ '유전론' 수용

자연주의 문학, 특히는 졸라의 문학에서 유전론은 구태여 설명할 필요조차 없다. 그 설명이 군더더기에 불과하기 때문이다. 인물에 대한 유전의 영향은 그의 모든 작품에서 수도 없이 제시되고 있다. 『목로주점』, 『나나』, 『제르미날』, 『대지』 등 그의 모든 소설에 등장하는 인물들은 죄다 유전의 결과물들이다. 따라서 필자가 여기서 『인간 짐승』에 나오는 유전 관련 단락 몇 대목을 인용하는 것으로 담론을 대신하려고 한다 해서 이의를 제기할 독자들은 없을 것이라 믿는다.

그는 순간순간 자기에게도 그것이, 그 유전적인 결함이 있음을 느꼈다.

술을 마셨던 그의 아버지 대, 할아버지 대, 그 술주정뱅이 가계로부터 자신이 나쁜 피를, 서서히 진행되는 중독성을, 여자를 잡아먹는

늑대 무리에 자신을 끌어넣어 깊은 숲속으로 몰고 가는 야만성을 물려받은 것이라고 생각했다.

그가 칼을 쥐고 방을 벗어난 다음부터 더 이상 그가 행하는 것이 아니었다. 그의 매우 깊숙한 곳에서 준동하던 아주 먼 조상으로부터 대를 물려 그에게 유전된, 살인에 대한 갈망으로 불타는 존재였다.

어린 시절부터 누군가를 죽이고 싶었던 나[351]

동인에게서는 졸라처럼 유전론 수용이 그렇게 노골적으로 또는 뚜렷하거나 빈번하게 나타나지는 않는다. 하지만 일단 소설을 읽기 시작하면 유전론의 흔적들을 심심찮게 발견하게 된다. 「유서」의 경우 작가는 화가 O와 그의 아내 봉선의 묘사를 통해 인간에게 미치는 유전의 영향을 암시하고 있다. 화가 O의 시기와 질투는 한마디로 유전의 영향이다. 우리는 그것을 예수의 그림을 통해 짐작할 수 있다. O가 처음에 그린 예수의 얼굴에는 "고민과 괴로움, 의심과 증오와 악독함"[352]이 나타나 있었다. '나'는 그것을 지워 버린다. 하지만 이는 아직 사람으로서의人神 예수의 모습이었다. 신인神人의 모습이 되었을 때 예수의 얼굴에는 비록 "고민과 괴로움, 의심과 증오와 악독함"은 사라졌지만 "시기만은 여전히 감추어진"[353] 채로 사라지지 않았다. 신으로서의 예수의 얼굴에서 사라지지 않는 시기는 실은 인간인 화가 O의 얼굴 표정이 투영된 것이다. 실제로 소설 속 인물인 O도 의심과 시기가 가득

차 있다.

> "자네는 왜 곧 내게 이야기하지 않고 두 달 동안을 의심과 시기로
> 만 보냈나?"

> O의 의심과 시기의 불에 기름을 붓는 것과 마찬가지의 일로
> 서……

> 의심 많고 시기 잘하는…… O는……[354]

신과 인간이 공통으로 지니고 있는 이 "시기"는 우리들에게 무엇
을 시사해 주는가? 그것은 "시기"의 역사가 태고 때부터 시작되었음
을 의미한다. 그것은 "먼 조상으로부터 대를 물려받은"[355] 유전이며 "살
인 욕망"이다. "시기"를 살인 욕망이라 함은 그것이 팽창되면 살인 욕
망을 불러일으키기 때문이다. 실제로 의심과 시기로 불타오르던 O는
몇 번이나 짐승 같고 개 같은 아내를 죽여 버려야겠다는 살의를 체험
한다. 『인간 짐승』에서 루보의 그랑모랭에 대한 살인의 심리적 원점은
시기와 질투였다.

"바보-천치天痴"[356] 봉선의 경우도 유전을 떠나서는 그 비정상적인
행위를 설명할 길이 없다. 일단 천치天痴라는 한자어의 천天 자부터 그
사전적 의미가 "타고난, 천부의, 천성의"[357]라는 의미를 가진다. 봉선의
어리석음이 선천적으로 타고난 것이라면 두말할 것도 없이 그것은 유

전이다. 더구나 소설에는 산모의 정신적·육체적 충격 또는 부적절한 투약에 관한 정보가 전무할 뿐더러 봉선에게서도 비유전성 질환, 육체적·정신적 충격 등 후천적 지능 장애 요인은 발견되지 않고 있다는 점에서 유전이라는 주장에 더욱 설득력이 실린다.

유전적으로 어리석은 봉선은 O의 "센티멘탈한" 과잉 사랑에 만족하지 못하고 "힘 있고 의지할 만한 거인의 굳센 품"[358]에 빠져들어 "겨움증"을 모르는 성적 쾌락에 집착한다. 그녀가 바보·천치라 함은 불륜의 결말은 파멸임을 모르는 어리석음에 있다. 그 어리석음은 도를 넘어 A 씨가 죽고 사랑이 소멸된 뒤에도 그를 따른다는 데서 뚜렷하게 나타난다.

> A 씨가 불의에 죽어 버리면, 그(O의 아내)는 만날 소복하고 A 씨의 무덤에 가서 울기라도 할 만치 어리석고도 정직한 계집이다.[359]

끝으로 한마디 첨부할 것은 "유서"에 관한 모방이다. 「유서」에서는 '나'가 봉선이에 대한 살해를 자살로 위장하기 위해 그녀에게 유서를 쓸 것을 강요한다. 이 장면은 『인간 짐승』에서 루보가 자신의 범죄를 감추기 위해 세브린을 강요하여 그랑모랭에게 쪽지를 쓸 것을 강요하는 장면과 유사하다. 다만 '나'는 기만 수법을 써 봉선이더러 유서를 쓰게 하는 반면 루보는 말 안 들으면 죽일 거라고 협박하여 쪽지를 쓰게 하는 점이 다를 뿐이다.

결론적으로 말해 김동인의 「유서」는 이른바 "동인(東仁)만의 문체와 표현 방식"이 조금 가미된 『인간 짐승』의 모방작이다.

2) 『제르미날』—「배회」

① 주제 모방

졸라의 『제르미날』에 대한 동인의 소설 「배회」의 모방은 역시 주제
에서부터 선명하게 나타난다. 두 소설은 첨예한 계급 갈등의 특수한
환경을 살아가는 노동 운동 지도자의 치열한 고뇌와 투쟁 과정을 그
린 작품이다. 회사(부르주아지) 측과 노동자들의 충돌과 갈등은 물론, 분
산된 노동자들의 투쟁 의지를 규합하고 노동 운동을 견인 또는 통솔하
는 지도자를 전면에 내세움으로써 소설 서사를 운행시키는 수법에 이
르기까지 속속들이 닮아 있다. 『제르미날』에서 노동 운동의 지도자인
에티엔과 라스뇌르 등은 "자본과 노동, 고용주(자본가)와 노동자로 대변
되는 두 세계의⋯⋯ 첨예한 대립"과 "착취자와 피착취자로 이뤄진 두
세계의 ⋯⋯ 끊임없는 충돌"[360] 속에서 노동자들의 당연한 경제적 이익
을 위해 그들을 조직하고 투쟁에로 인도한다. 그들은 탄광에서 벌어진
"갱목 사건"과 "공제 조합"을 통해 노동자들을 조직하고 투쟁에로 인
도한다.

동인의 소설 「배회」의 주인공 A와 B도 노동자들의 정당한 이익을
위해 그들을 조직하고 이끌어 공장주 측과 맞서 투쟁한다. 불량품 급
증으로 인한 노동자들의 "공전 손해"를 해결하기 위해 노동자들과 머
리를 맞대고 "대책"을 논의하고 해결책을 마련한다. 주인공 A는 『제르
미날』의 "갱목 사건"을 닮은, 공장 내의 "불량품 사건"을 통해 노동자

들의 뜻을 모아 "공전 손해"문제를 해결해 나간다.

> 그들은 머리를 모으고 의논하였다. 제각기 의논을 제출하였다. 그
> 러던 끝에 마침내 B의 의견을 좇아서 지배인에게 배합사를 주의시켜
> 달라기로 결정되었다. 그리고 그 대표자로는 A가 뽑혔다. A는 그 직
> 책을 달갑게 받았다.[361]

뿐만 아니라 A는 불량품으로 인해 발생한 공전 손해금과 배상금을
합쳐 노동자들의 돈으로 배합사와 네리공을 고용雇用하려고 규맹서
規盟書를 만들어 직원들의 도장을 받는 운동을 전개하기도 한다. 물론
이 날인捺印 운동은 B가 예언한 대로 노동자들의 동조를 상실한 채 아
무 결과 없이 끝나 버리고 만다. "그가 받은 도장은 삼백 명 직공 가운
데서 겨우 열 서너 사람에 지나지 못하였다."[362] 그렇지만 A와 B가 『제
르미날』에 나오는 에티엔과 라스뇌르처럼 삼백 명이나 되는 공장 "직
공"들을 대변하여 그들의 의견을 청취하고 해결책을 마련하여 공장주
측에 전달하는 대표 역할을 담당하고 있다는 점에서 두 소설은 유사성
을 보이고 있다.

두 소설의 친연 관계는 부르주아를 향한 노동자들의 투쟁에 관한
두 작가의 태도에서도 어렵지 않게 엿볼 수 있다. 물론 작가의 태도는
인물의 태도에 이입되어 있다. 『제르미날』의 에티엔과 「배회」의 A는
노동자들의 투쟁에서도 공통성을 보이고 있다. 에티엔은 스스로에게
항상 "왜 누구는 찢어지게 가난하고, 누구는 저토록 호의호식하며 살

아가는가?"[363]라는 질문을 던짐으로써 "압제자들을 향한 용맹한 분노"를 되새기고 "억압받는 이들이 머지않아 승리를 쟁취"[364]하리라는 신심을 키워 나갔다.

에티엔과 A는 라스뇌르와 B와는 달리 처음부터 적극적 저항의 방법을 선택하고 있다. 그것은 다름 아닌 두 소설의 주인공들의 임금 인상을 위한 고용주들과의 투쟁이다. 카를 마르크스 이론의 영향을 받은 에티엔은 "자본은 약탈의 결과물이며, 노동은 도둑맞은 부를 다시 빼앗을 수 있는 의무와 권리가 있다"[365]라고 주장하며 러시아 무정부주의자 수바린의 반론에도 불구하고 "임금 인상을 투쟁의 목표로 선정한다."[366]

마찬가지로 「배회」에서도 김동인은 소설의 주인공 A를 "조종"하여 임금 인상을 위한 투쟁 방안을 제시하도록 한다.

> A의 들은 바—
>
> 1. 임금 인상賃金引上
>
> 2. 대우 개선
>
> 3. 배합사 해고解雇
>
> 이 세 가지의 문제에 대하여 B는 웃어 버렸다.[367]

여기서 "임금 인상"과 "대우 개선"은 에티엔이 "투쟁 목표로 선정"한 임금 인상을 위한 투쟁과 다를 바 없다. 다만 에티엔의 경우에는 이론적 근거가 충분한 반면 A의 경우에는 그것이 결여되었다는 차이가 있을 따름이다. 물론 노동자들의 의견을 대변한 A의 이 견해는 B의 반대에 부딪혀 실행에 옮겨지지 않지만 그는 거기서 좌절하지 않고 공전 손해금과 배상금으로 공장주들을 밀어내고 노동자들 자체로 배합사와 네리공을 고용하기 위한 서명(날인) 운동을 전개한다. 이른바 이 규맹서規盟書 서명 운동 역시 에티엔이 주도하고 실행에 옮긴 '공제 조합' 운동과 너무나 흡사하다.

부르주아를 겨냥한 노동자들의 투쟁에 관한 두 작가의 태도는 에티엔과 A와는 판이한 라스뇌르와 B의 노동 운동에 대한 견해차를 통해서도 제시되고 있다. 라스뇌르와 B는 가는 곳마다에서 에티엔과 A의 주장에 반론을 펼 뿐만 아니라 작가를 대신하여 자신들의 선택을 나름대로 관철시키는 최종 승자의 역할을 담당하고 있는 인물들이다. 두 사람의 성격도 라스뇌르는 에티엔에 비해 "좀 더 실리적이고, 안정적인 삶을 영위하는 사람 양식을 지닌"[368] 사람이며 "천하를 태평하게 보는 B"[369]는 모든 "일에는 순서가 있다"라고 믿는 사람이며 그 "순서를 밟아서 일을 할"[370] 때에만 얻어지는 "무사함"[371]만을 바라는 성격이다. 두 사람 다 "합리적인 요구"[372]만을 주장한다는 점에서 일치하다.

라스뇌르는 에티엔의 공제 조합 기금 모음 제의에도 부정적이거니와 파업에도 타협을 주문한다. "단번에 모든 것을 얻으려고 하면 결국 아무것도 얻지 못할 것"이라고 에티엔에게 경고할 뿐만 아니라 폭력적인 방법으로 고용주와 노동자의 갈등을 해결하는 투쟁 방식에도 반대한다. 그의 주장에 따르면 "단 하루 만에 세상을 바꿀 수는 없기" 때문이다. 그러면서 그는 단번에 모든 것을 바꿀 수 있다고 주장하는 에티엔을 "사기꾼"이라고 지적한다.

그런데 분명히 말하지, 난 자네들과는 생각이 달라! 난 정치나 정부 따위에는 관심 없어! 내가 바라는 건, 광부들이 지금보다 더 나은 대우를 받는 거야. 난 막장에서 이십 년을 일했댔어. 거기서 굶주림과 고된 노동을 진저리 나게 겪었지. 그래서 아직도 거기서 일하는 불쌍한 친구들의 삶을 좀 더 나아지게 하겠다고 맹세했어. 그런데 난 알수 없어. 자네가 주장하는 그런 이론들로는 그들에게 해 줄 수 있는게 아무것도 없다는 걸 말이야. 오히려 노동자들의 운명을 더 가혹하게 만들 뿐이지······ 그리고 그들이 배고픔 때문에 다시 갱으로 내려가게 된다면 회사는 그들을 더욱 가혹하게 다룰 거야. ······ 나는 그런 불상사를 미리 막고 싶을 뿐이야.[373]

B의 경우도 이와 다르지 않다. 다만 그는 라스뇌르보다도 더 소극적인 태도를 취한다. A가 제시한 투쟁 방침—임금 인상賃金引上, 대우개선, 배합사 해고解雇 등 세 가지 조건 중에서 B가 선택한 건 단 하나배합사 해고解雇 뿐이다. 그에게 임금 인상賃金引上과 노동자들의 대우개선과 같은 문제들은 관심 밖이다.

공연히 '임금 인상'이며 '대우 개선'을 덧붙였다가는 공장주 측에서 질겁을 해서 물러서고 말리. 한 가지씩 한 가지씩 해 나가면 손쉽게 될 가능성이 있는 걸, 공연히 섣불리 덤벼서 동맹 파업이라 무엇이

라 해 가지고 피차에 손해를 보면 긁어 부스럼이야. 우선 급한 문제만

해결하고 기회를 봐서 서서히……[374]

그는 동맹 파업에 대해서도 "피차 손해를 볼" 뿐만 아니라 "긁어 부
스럼"이라는 이유로 반대 입장을 분명하게 천명한다. 결국 그는 "직공
들의 대부분"이 주장하는 파업을 반대함으로써 고스란히 라스뇌르의
전철을 밟고 있다. B가 아니, 더 정확하게 말해 작가 김동인이 동맹 파
업을 반대한 이유는 그것이 "일종의 유희"이고 "무지 위에 도입한 외
래 사상"[375]이기 때문이다.

부르주아를 겨냥한 노동자들의 투쟁에 관한 두 작가의 태도는 주인
공들의 심리적인 갈등에서도 표현되고 있다. 혁명 의지가 강인한 에티
엔도 파업이 실패한 후 안락한 삶을 찾아 도피하려는 심리적인 변화
때문에 고민한다. 프롤레타리아 혁명 투쟁을 진두지휘하는 에티엔도
정신적으로 어려움에 봉착하면 가끔씩은 "온건적인 태도와 자기모순
에 빠질"[376] 때가 있었다. 투쟁을 포기하고 "평온한 삶"의 보금자리로
도피하려는 생각은 카트린과의 애정 속에서 절정에 달한다.

하지만 에티엔은 한없는 슬픔에 잠겨 카트린의 말에는 아랑곳하
지 않고 그녀를 미친 듯이 힘껏 끌어안았다. 평온한 삶에 대한 욕구,
행복을 갈망하는 주체할 수 없는 욕구가 물밀듯이 몰려왔다. 그는 그
녀와 결혼해 깔끔하고 아담한 집에서 함께 죽을 때까지 행복하게 사
는 것 말고는 아무것도 바라지 않았다.[377]

이러한 현상은 동인의 소설 「배회」에서도 그대로 답습되고 있다. 에티엔과 달리 A는 아내와 자식 그리고 부모가 있다. 그는 공장과 가정이라는 두 공간 사이에서 갈팡질팡한다. 그것은 환경과 양심의 갈등이기도 하다. 그러한 심리 갈등은 아내에게 저고릿감을 사주었을 때, 도순이와 부정한 관계를 맺었을 때 뚜렷하게 나타나고 있다.

　　말도 없고 표정도 없었지만 얼마나 좋아하는지가 역연히 보였다. 집을 나서서 공장으로 가는 동안, A의 마음은 명절을 맞는 어린아이들과 같이 괴상히도 들먹거렸다. 무한 명랑하고 기뻤다. 단 일 원, 그것으로 아내의 마음을 그만치 기쁘게 할 수가 있는 것이었다.

　　집에만 돌아가면 즐거운 가정이 있지 않느냐? 귀동이가 있지 않느냐? 아내가 있지 않느냐? 시골에는 늙은 어머니가 있지 않느냐? 그리고 그들은 모두 나 하나를 힘입고 살고 있지 않느냐? 나는 그들을 돌볼 권리와 의무가 있지 않느냐?

　　A는 공장을 그만두고 처자를 거느리고 시골로 떠났다.[378]

　　물론 A의 심리 갈등은 주로 여자와 술이라는 타락한 생활과 양심 사이의 갈등이다. 반면 『제르미날』에서의 주인공 에티엔의 심리 갈등은 혁명가와 평범한 인간 사이의 갈등이다. 이러한 차이는 계급으로 분화된 자본주의 사회에 대한 두 작가의 사상적 견해 차이에서부터 비롯된 것이다. 이에 대해 우리는 아래의 담론을 통해 규명해 나갈 것이다.

주제에서의 모방은 부르주아와 노동자들에 대한 두 작가의 시선에서도 읽어 낼 수 있을 것이다. 그런데 여기서 우리가 주목해야 할 것은 김동인의 『제르미날』에 대한 노골적인 모방이 여기에서 돌연 중단되고 서사 방향을 전혀 엉뚱한 곳으로 끌고 간다는 예상외의 시도이다. 동인은 더 이상 졸라를 답습하기를 거부한 채 자신만의 개성적인 목소리를 내기 시작하기 때문이다. 그는 지금까지의 수용적 코스를 이탈하여 독창적 코스를 개척해 나간다. 그가 개척한 코스는 졸라의 부르주아지에 대한 비난과 통렬한 질책이 아니라 묵언과 침묵, 더 나아가서는 서사 거부를 통한 변상적인 두둔 또는 비호라고 규정할 수 있을 것이다. 그러한 침묵과 서사 거부 행태는 지독한 것이었다.

주지하다시피 부르주아지에 대한 졸라의 비판은 시종일관한 것이었다. 노동자들에 대한 부르주아지의 착취와 그들의 피땀으로 모은 재산으로 호의호식하는 부르주아지의 향락과 무위도식에 대해 무자비한 비난을 퍼부었다. 졸라는 소설에서 에티엔의 입을 통해 "기름 낀 배를 내밀며 거들먹거리는" 부르주아지는 노동자들을 "가축"이나 "노예처럼 부려 먹는"[379] "천인공노할…… 도둑들과 살인자"이기에 혁명을 통해 "처단해야"[380]만 할 존재들일 따름이라고 맹렬히 규탄하고 있다. 우리는 부르주아지의 추악한 면모를 네그렐과 그레구아르의 대화를 통해서도 읽을 수 있다.

"자칫하면 그들이 댁을 약탈할지도 모르니까요."

......

"어째서 우리 집을 약탈한다는 거야?"

"그레구아르 씨는 몽수의 주주가 아니시던가요? 게다가 아무 일도 하지 않으면서 다른 사람들이 땀 흘려 번 돈으로 먹고살고 계시잖아요. 그러니까 저들이 보기에 그레구아르 씨는 혐오스러운 자본가인 거죠. 그것만으로도 충분한 이유가…… 어쨌거나 만약 노동자들이 일으키는 혁명이 성공한다면 그레구아르 씨는 모든 재산을 내놓아야할 겁니다. 그건 그들에게서 훔친 돈이나 마찬가지니까요."[381]

이는 졸라가 자본가 스스로의 입을 통해 그들의 추악상을 적나라하게 드러내 보인 서사 전략의 일종이다. 졸라는 노동자들의 편에 확고히 서서 그들을 대변하여 부르주아지를 노동자들이 "땀 흘려 번 돈으로 먹고살면서도" "자신들이 먹다 남긴 음식 찌꺼기조차 허용하지 않는"[382] "혐오스러운" "도둑"들에 불과하다고 일갈한다. 부르주아에 대한 이러한 비판은 『제르미날』한 소설에 국한되지 않고 그의 소설 전반에 관통된 사상이다. 전문적으로 부르주아지를 비판한 장편 소설 『쟁탈전』은 물론 노동자들에 대한 비난을 쏟아 낸 『목로주점』에서도 예외 없이 날카로운 비판의 칼날을 들이대고 있다.

졸라는 "노동자들이 권력을 쟁취함으로써 이 땅의 진정한 주인으로 우뚝 서게 될" 때야말로 "진실과 정의가 새롭게 태어나는 새벽이 밝아올 것"이라며 노동자들의 투쟁에 절대적인 신임을 표명한다. 뿐만 아니라 작가는 소설의 결말에서 노동자들의 투쟁이 종국적으로 승리할 것이라는 희망을 나타내는 그 유명한 구절로 마감한다.

이제 하늘 높이 떠오른 4월의 영광스러운 태양이 생명을 배태하고 있는 대지를 따사롭게 비추고 있었다. 출산의 기운을 머금은 산허리에서 삶이 솟아 나오고 있었다. 나무의 새순들이 기지개를 활짝 펴면서 초록빛 나뭇잎을 터뜨리고, 새로운 풀들이 대지를 뚫고 나올 때마다 들판 전체가 가늘게 떨렸다. 사방에서 따뜻한 기운과 빛을 갈망하는 씨앗들이 부풀어 오르고 키가 자라면서 땅을 뚫고 들판 위로 솟구쳤다. 속삭이는 소리와 함께 나무의 수액이 넘쳐흘렀고, 싹트는 소리는 뜨거운 입맞춤 소리가 다시 널리 퍼져 나갔다. 그리고 또다시, 여전히, 땅과 가까워지는 것처럼 동료들이 두드리는 소리가 점점 또렷이 들려왔다. 뜨겁게 달아오른 햇살이 비치는 젊은 아침에 전원이 잉태한 것은 바로 그 소리였다. 사람들이 자라나고 있었다. 복수를 꿈꾸는 검은 군대가 밭고랑에서 서서히 싹을 틔워 다가올 세기의 수확을 위해 자라나고 있었다. 그리하여 머지않아 그 싹이 대지를 뚫고 나올 것이다.[383]

반면 동인의 「배회」에서는 어느 구석에서도 고용주나 자본가 또는 부르주아지에 대한 비난의 문구를 전혀 찾아볼 수 없다. 불량품 사건을 해결하기 위해 A와 B가 지배인을 찾아갔을 때 그가 한 일은 배합사, 네리공, 유화공을 불러 양자 사이를 중재한 일밖에 없다. 그는 사실을 중시했을 뿐 어느 편도 들지 않는다.

"자네도 듣다시피 제각기 잘못했노라니깐 어느 편이 잘못했는지
모르겠네그려. 허허허"

지배인은 수염을 쓰다듬었다.[384]

소설에서 고용주 측의 인물은 단 한 번 등장한다. 동인의 서사에서
는 고용주에 대해 비난이 아닌 은밀한 호의가 드러나고 있다. 노동자
들에 대한 압제나 착취 행위도 없을 뿐만 아니라 중립을 지키며 공정
함을 도모하는 개명한 인물로 묘사되고 있기 때문이다. 게다가 사람
좋고 성격마저 호방하다. 지배인은 그 번 노동자들의 공전 손해 사건
에서 당사자가 아니며 사건의 중재자의 역할만 수행할 따름이다. 노동
자들에게 끼친 공전 손해는 그와는 아무런 연관도 없음을 암시하면서
동인은 은연중 부르주아지를 두둔하고 있는 것이다. 공전 손해 문제는
고용주들의 착취에 의한 결과가 아니라 노동자들 사이의 치사한 이익
다툼의 결과일 따름이라는 게 동인의 생각이다. 노동자들을 대표하여
불량품 문제를 해결하려고 공장 측을 찾아갔던 A는 이 사건의 책임을
고용주가 아닌 노동자들이 성심껏 붙이지 않은 잘못에 돌린다.

제가 져야 할 책임까지도 남에게 밀지 않고는 살아가지 못하나! 여
기 들어온 나부터가 잘못이다. 아무리 배합이 나쁠지라도, 아무리 네
리가 부족할지라도, 아무리 유화가 잘못되었을지라도 성심껏 붙이기
만 하면 안 붙을 바가 아니었다. 왜 그 책임을 남에게 밀려 했는가?[385]

뿐만 아니라 고용주 측에서는 노동자들의 요구 사항에 어떤 조건도 달지 않고 모두 승낙함으로써 비난의 예봉을 교묘하게 회피하고 있다.

졸라의 영향으로부터 이탈한 동인 특유 서사의 홀로서기는 여기에서 멈추지 않고 한 단계 더 진척된다. 노동자들의 입장에서 그들의 대변자로 되어 그들의 불행을 동정하고 그들에게서 긍정적인 희망까지 발견하는 졸라와는 달리 동인은 노동자들을 향해 온갖 비난과 경멸의 서사를 총동원하고 있다. 동인에게 노동자들의 불행은 자본가의 착취에서 기인된 것이 아니라 그들 자신의 결함 때문에 빚어진 결과로 간주되고 있다.

『제르미날』에서는 졸라의 "고통받는 이들에 대한 연민"[386]의 감정이 서사의 갈피마다 진하게 배어 있다. 그와 같은 연민은 "우리 아버지와 할아버지, 그리고 또 그 아버지들이 옛날부터 대대로 우리가 지금 겪고 있는 고통을 겪어 왔고, 또 앞으로도 여전히 우리 아들과 그 아들들이 이 고통을 겪어야"[387] 하는 노동자들에 대한 동정에서 비롯된 것이었다. 졸라는 "탄광의 짐승 같은 삶"[388] 지독한 굶주림을 참다못해 "빵을 달라!"라고 외치며 파업에 나선 노동자들의 편에 굳건히 서 있다.

하지만 동인은 이번에도 졸라가 구축한 길을 따라가기를 거부하고 샛길로 빠져나가 자신의 성향에 맞는 길을 새롭게 개척한다. 그가 선택한 길은 졸라와 정반대의 것이었다. 비난의 대상도 부르주아가 아니라 노동자였다. 동인의 시선에 잡힌 노동자의 이미지는 술과 여자에 빠진 타락의 무리일 뿐만 아니라 게으르고 무지하고 불순한 무리에 불과했다. 작가는 A의 입을 빌려 그들을 "짐승만도 못한 것들"[389]이라고 거침없이 매도한다. 소설의 서두에서 등장하는 "노동은 신성하다", "너의 후손으로 하여금 게으름과 굴욕적 유산에 눈이 어두워지지 않게 하라"[390]라는 문구는 문자 그대로 한낱 표어에 불과할 따름이다. 동인의 붓끝에서 묘사된 노동자들은 "자기의 환경과 입장을 고찰하지도 못하고 덤비는 무리"이며 그 불결함 때문에 "전파력이 강한 검은 물"[391]이다.

> 이 공장에 들어와서 한 주일이 지나고 열흘이 지나고 한 달이 지나는 동안에, 그는 여기서 움직이는 온갖 게으름과 시기와 허욕을 보았다. 힘을 같이하여 자기네의 길을 개척해 나가야 할 이 무리의 사이에도 온갖 시기와 불순한 감정의 흐름을 보았다.[392]

동인이 노동자들에게 뒤집어씌운 감투는 게으름, 시기, 허욕, 불순한 감정과 같은 것들뿐이다. 서사에서 드러나는 작가의 노동자들에 대한 극도의 비난과 경멸은 그들이 살고 있는 환경과 공간에 대한 부정으로까지 이어진다. 졸라에게서 공장의 부정적 이미지의 생산자는 노동자들의 고혈을 빨아먹는 고용주 또는 부르주아지이다. 『제르미날』에서 탄광이라는 환경이 불순한 공간이 되는 원인은 "불쌍한 사람들을 기계에 먹잇감으로 던져 주고 가축처럼 탄광촌에 가둬"[393] 놓고 짐승처럼 부려 먹는 고용주와 부르주아지들 때문이다. 하지만 동인에게서 공장의 부정적 이미지의 생산자는 물들기 쉬운 "검은 물"로 상징되는 노동자들이다.

공장 노동이란 십중팔구는 그 사람의 성격을 파산시키며 품성을
타락시키며 순진함과 향상욕을 멸망케 하는 커다란 기관이란 것도
어렴풋이 짐작되었다. 검은 물은 들기가 쉽고, 따라서 무서운 전파력
을 가졌다는 평범한 진리도 다시금 느꼈다.[394]

공장을 불순한 공간으로 만든 "검은 물"은 타락의 원인이 된다. 노
동자들이라는 "검은 물"이 고여 있는 한 공장이라는 불순한 공간은
"아무 바램과 광명을 발견할 수 없는 환경"일 뿐이다.[395] 주인공은 그런
이유 때문에 결말에서 이 불순한 공간—공장을 떠나 시골로 낙향한다.
물론 그 시골 역시 때가 오른 불순한 공간이기는 마찬가지다.

물론 졸라 역시 노동자들을 변호하고 그들의 입장에 서서 두둔한
것만은 아니다. 그 역시 노동자들의 결함과 무지, 게으름, 타락에 대해
신랄한 풍자와 비판의 칼날을 휘두른 적이 있다. 그러한 시도는 세상
에 잘 알려진 『목로주점』에서 비판의 정점을 기록한 바 있다. 하지만
"노동자 계급을 위한 변론"이자 "희망의 찬가"이며 "혁명의 노래"[396]
인 『제르미날』에서도 그들에 대한 비난 수위는 결코 낮지만은 않다.
"모든 것을 파괴하고 휩쓸어 버리는 광란의 무리"[397], "부랑자들"[398], "거
침없이 살육을 자행하는 흉측한 푸주한"[399] "광포한 폭도들"인 노동자
들에 대한 비난은 에티엔의 심리 갈등을 통해 제시되고 있다. 그들은
"똑같이 더러운 피부와 악취 나는 숨결을 뿜어내는, 저들과 똑같이 끔
찍하고 야만스러운 무리"[400]들이다. 부르주아지들의 눈을 통해 표현한
노동자들은 "어리석은 야수"들이다.

동료들을 지배하는 천박한 탐욕과 상스러운 본능…… 한 대야의 세숫물을 쓰는 가난하고 지저분한 무리들!…… 언제나 똑같이 숨이 막힐 정도로 역한 양파 냄새를 풍기는 짐승 같은 삶.[401]

에티엔은 머릿속에서 피가 끓어오르고, 이제는 동료들이 무지한 존재들로 여겨졌다. 무식하고 상스럽게 행동하는 그들을 보며 짜증이 치밀었다. 세상사의 필연적인 귀결을 그의 탓으로 돌리다니! 얼마나 어리석고 편협한 생각인가! 에티엔은 예전처럼 그들을 자기 마음대로 좌지우지할 수 없다는 무력감에 환멸마저 느꼈다.[402]

정말 무지하고 어리석은 자들이 아닌가! 자신들을 위해 해 준 것들을 어떻게 그리 까맣게 잊어버릴 수 있는지![403]

저 미치광이들은 지금 거짓말을 하고 있었다. 그들은 그가 자신들에게 배불리 먹고 여유롭게 살 수 있는 삶을 약속했었다며 터무니없는 비난을 퍼붓고 있었다. …… 무분별하고 통제되지 않는 이 거대한 무리는 법칙이며 논리 따위는 깡그리 무시한 채 모든 것을 쓸고 지나가는 불가항력적인 자연의 힘과도 같았다. 에티엔은 점차 그들에게 혐오감을 느끼며 그들에게서 멀어져 갔다.[404]

혁명가 에티엔에게도 이들은 어리석고 무지한 무리들이며 혐오스러운 존재이다. 하지만 노동자들에 대한 졸라의 이러한 비난은 동인의 그것과는 질적으로 다르다는 점에 유의해야 한다. 노동자들의 광란이 극도에 도달했을 때에도 작가는 작중 인물을 동원하여 반복적으로 "저 사람들은 절대 나쁜 사람들이 아니"[405]라고 암암리에 그들을 변호하고 있다. '파종의 달, 싹트는 달'이라는 의미를 지닌 『제르미날』이라는 제목을 선택한 데 대한 작가 자신의 말에서도 우리는 졸라의 노동자들에 대한 지지와 연대감을 파악할 수 있다. 졸라가 이 소설을 통해 독자들에게 보여 주고 싶었던 것은 노동 계급의 성장이라는 "새로운 인간의 자라남과, 캄캄한 어둠 속에서 벗어나기 위해 힘겹게 일하면서 발버둥치는 노동자들의 노력"[406]이었다. 뿐만 아니라 에티엔은 결과적으로 심리 갈등 과정을 거쳐 다시 노동자들의 입장으로 돌아오며 그들을 신뢰하고 그들에게서 희망을 본다. 뿐만 아니라 부르주아지에 대한 비판은 졸라의 서사에서 잠시라도 중단된 적이 없다. 간혹 노동자들에 대한 비난이 진행될 경우에도 부르주아지에 대한 비난은 항상 병행될 뿐만 아니라 그 수위도 훨씬 높기 때문이다.

동인의 소설 제목 「배회」는 공장주와 직공들 사이에서 입지를 정하지 못하고 갈팡질팡하는 주인공의 심리 상태를 상징하고 있다. 주인공 A는 처음에는 노동자들의 공전 손해의 책임이 공장 측에 있다는 생각과 나중에는 직공들 자신의 게으름과 태만에 책임이 있다는 생각이 마찰하며 생긴 배회이다. 결국 A는 고용주와 직공들 간에 발생한 모순의 책임은 노동자들에게 있다고 판단하고 그 갈등으로부터 이탈하고 시골로 피신하여 방관자가 된다.

결국 노동자들을 향한 동인의 비난은 약한 자에 대한 경멸과 냉소라는 작가의 개인적인 문학관에서 비롯된 결과물에 불과함을 의미한다. 물론 그 목적은 계몽 작가 이광수와 차별화하려는 전략으로부터 유발된 것이다. 그렇게 함으로써만 자존심과 오기의 필마단창으로 무모한 도전에 나선 후발자 김동인이 당대 최고의 작가 이광수를 따라잡거나 능가할 수 있었기 때문이다. 마치도 졸라가 발자크를 능가하기 위해 자연주의 문학을 선택한 것과 다를 바 없다.

② 플롯 모방

김동인이 「배회」에서 졸라의 『제르미날』에 대한 모방은 그 플롯 형식에서는 한층 더 뚜렷하게 나타나고 있다. 정확하게 일대일로 대칭되는 플롯들의 유사성은 「배회」가 『제르미날』을 모방했음을 입증한다. 모방은 주로 1부에 국한되지만 2부에서도 일부 플롯들이 모방되고 있다. 김동인이 졸라에게서 수용한 몇 가지 대표적인 플롯들을 요약하면 아래와 같다.

a) 에티엔과 라스뇌르=A와 B의 대칭 파트

b) 에티엔과 라 무케트=A와 도순의 대칭 파트

c) 음주 공간과 인간과의 관계 대칭 파트

d) 갱목 사건=불량품 사건 대칭 파트

e) 임금 인상=임금 인상·처우 개선 대칭 파트

f) 공제 조합 기금 모으기 운동=날인·서명 운동 대칭 파트

g) 파업=동맹 파업 대칭 파트

h) 결말의 대칭 파트

a) 에티엔과 라스뇌르=A와 B의 대칭 파트

동인 소설 「배회」의 주인공 A의 원천 모델이 된 기계공 에티엔은 마르시엔에서 "작업반장의 따귀를 때리고 철도 회사에서 쫓겨나"[407] 실업자로 떠돌다가 탄광으로 온 이방인이다. 나이는 21세이며 "공산주의 이론으로 무장"[408]된 "카를 마르크스의 추종자"[409]이며 책과 신문을 비롯하여 "끊임없이 수많은 글을 읽고 공부한다."[410] A 역시 "직업도 구하지 못하여 헤매다가 뚝 떨어지면서 고무 공장의 직공"[411]이 된 이방인이다. 나이는 19세이고 톨스토이를 읽었을 뿐만 아니라 "외래사상外來思想을 잘 씹지도 않고 거저 그대로 삼켜서, 그것이면 무조건하고 좋다고 자기의 환경과 입장을 고찰하지도 못하고 덤비는 무리들"[412] 즉 노동자들을 비난하고 있는 것을 미루어 볼 때 서책을 통해 서구 사상도 접한 "철학자"[413]임을 예측할 수 있다.

뿐만 아니라 노동 운동의 지도자로서 에티엔과 A는 끊임없는 자기 성찰과 치열한 고민 속에서 성장한다. 에티엔의 경우 탄광에 들어와 "지옥 같은 막장"[414] 속에서 짐승처럼 기어 다니는 노동자들의 삶을 체험하고 그것을 벗어나려고 한다. 차라리 죽어 버리든지 이곳에서 나가 실업자의 굶주린 삶을 다시 살리라 생각한다. "그 짓을 다시 해야 한다고 생각하니 역겨움이 몰려왔다. 그것은 너무나 부당하고 고된 일"[415]이었기 때문이다. 하지만 에티엔의 "인간으로서의 자존심"은 "짐승 같은 존재로 살아야 한다"[416]라는 현실 앞에서 도피 대신 도리어 반항심과 연대하기에 이른다. "인간으로서의 자존심"은 개인의 안위보다 정의를 추구하는 양심의 호소로서 성찰을 통해 얻은 결과일 수밖에 없다.

> 마음속으로 자신과 싸우는 동안 에티엔은 그곳에 머물기로 갑작스레 마음을 굳혔다. 어쩌면 저 위 탄광촌 입구에서 카트린의 맑은 눈동자를 다시 본 것 같아서였을까. 어쩌면 르 보뢰 탄광에서 반란의 기운이 실린 바람이 불어왔기 때문인지도 몰랐다. 그 자신도 이유를 알지 못했다. 그는 갱 속으로 다시 내려가 고통받고 싸우기를 원했다.[417]

졸라 자신이 탄광에 머물기로 마음을 굳힌 결과는 자신과의 마음속 싸움에서 비롯된 것임을 명쾌하게 지적하고 있다. 물론 그 심리적 갈등 속에는 "카트린의 맑은 눈동자"도 있고 르 보뢰 탄광에서 불어온 반란의 기운도 섞여 있다. 그런데 카트린의 경우에도 그 기저에 깔린 것은 애정이기보다는 짐승 같은 삶에 유린되는 "맑은 눈동자" 즉 순수한 인간의 권리에 대한, 유린에 대한 분노가 전제된 것이다. "에티엔의 머릿속에서는 수많은 생각이 서로 충돌"[418]했는데, 그것은 "본능적인 반항심"과 "온갖 혼란스러운 질문"[419]이 벌이는 자기반성과 성찰의 과정이었다. "압제자들을 향한 용맹한 분노로 가득 찬 가슴을 안고, 억압받는 이들이 머지않아 승리를 쟁취할 것임을 의심치 않으면서도" 한편으로는 "체계적이지도 못하고 단지 배움을 향한 열의로만 가득한 자의 시도에 그침"[420]으로써 이 양자 사이에 파인 골을 메우려면 치열한 사고와 고민 그리고 성찰이 필요했기 때문이다.

> 사회 개혁의 구체적인 청사진을 제시하고자 할 때마다 갈팡질팡
> 했기 때문이다. 심지어 그는 온건적인 태도와 자기모순에 빠지는 모
> 습을 보이기도 했다. [421]

> 하지만 이 모든 것은 그의 머릿속에서 모호한 이론으로 존재할 뿐
> 이었다. 그는 감성과 이성 사이에서 갈등하며, 단호한 태도로 자신의
> 신념을 실현하려는 광신적인 신봉자가 되지도 못한 채 자신의 새로
> 운 꿈을 어떻게 실행에 옮겨야 할지 막막해했다. [422]

에티엔은 이 자기모순 속에서 노동자들의 곁을 떠나서 부르주아
의 편으로 기울기까지 한다. 그가 고민 끝에 도달한 결론은 노동자들
을 "이 세상의 주인"으로 만들려면 "얼마나 오랜 시간이 걸릴"[423]지 모
르기에 "자신이 그토록 혐오하던 부르주아지의 한 사람"[424]이 되기도
한다. 그리하여 때로는 노동자들을 극도로 혐오하며 경멸하기도 한
다. 하지만 파업 단행 후 굶주리는 노동자들을 목격하면서 자신의 행
위를 반성하고 지부장 급여를 포기했을 뿐만 아니라 부르주아의 상징
인 "나사 바지와 프록코트를 전당포에 맡기고 마외 가족의 저녁거리
를 마련"[425]하면서 원위치—노동자의 편으로 복귀한다. 심리적인 갈등
과 끊임없는 반성을 통해 에티엔은 종당에는 "수백만 노동자들이 이
땅의 진정한 주인으로 우뚝 서게 될 것"[426]이라는 확신을 가지게 된다.

에티엔이 지도자로 성장하는 과정은 이처럼 부단한 자기 성찰의 과정이기도 하다.

「배회」의 주인공 A도 에티엔이 걸은 족적을 따라 나름대로 혹독한 자기반성과 성찰의 과정을 밟는다. 그의 반성은 "오로지 자기의 길을 개척하려고 힘썼다. 사람으로서의 감정과 사랑과 양심을 잃지 않으려"[427] 하고 "부단不斷히 향상을 바라"[428]는 데서부터 출발한다. A는 자신의 행위를 이 "양심"과 "향상"의 거울에 비춰 보며 끊임없이 "사람다운 것과" 어긋나는 점들을 교정해 나가려고 애쓴다. "양심과 배치되는 일을 저지르는 제 약함을 스스로 꾸짖고"[429] "자기의 비열하고 참되지 못한 생활"[430]들을 부단히 뉘우치고 "부단히 자책"[431]한다. 때로는 "아무 바램과 광명을 발견할 수 없는 이 환경 아래서 혼자서 위로 광명으로 손을 저으며 헤매면 그것이 무슨 쓸데가 있으랴"[432]라는 생각에 절망도 하지만 그럴 때마다 "위로! 위로!"를 부르짖으며 지쳐 버린 정신을 고양시킨다.

그러나 그의 정신적 고민은 에티엔과는 다르다. 그가 처음 "직공"이 되었을 때 자신을 발견하고 느꼈던 "승리자의 기쁨과…… 우월감"은 에티엔이 느꼈던 노동 운동의 지도자로서의 자부심이나 부르주아에 대한 "반항심이 아니라" "스스로의 힘으로 살아가는 한 개 사람이 되었다"[433]라는 사소한 생활적인 데 근원을 두고 있기 때문이다.

그리하여 A의 이러한 자기 성찰은 노동 운동에 대한 자신의 태도와 입장에 대한 것이라기보다는 술과 여자에 빠져든 자신의 타락한 삶에 대한 반성이었다. 그렇다고 그가 지도자로서의 자신의 이미지 수립에 대해 고민하지 않은 것은 아니다. 이러한 내막은 "공장 노동자로서는 성격까지 파산"당할 정도의 극도의 "벽창우 결벽가"[434]인 A가 고무공장 배합사 문제 해결을 놓고 B와 대화하는 과정을 통해 심리 고충을 엿볼 수 있다.

> 아무런 일에 처하여도 자기의 본심뿐은 잃지 않는 B는, 어떤 의미로 보아서는 A에게는 영웅으로까지 비치었다. 아무런 일이든 B는 그 일이나 마음을 지배했지 거기 지배당하지는 않았다. 꼭 같은 일을 A와 B가 할지라도 A에게 있어서는 '그 일에 끌려서 행하는 것'에 반하여 B는 '그 사건을 지배'하였다. A에게는 B의 그 점이 몹시 부러웠다. 그리고 A는 막연하게나마 자기의 성격이라 하는 데 대하여도 처음으로 이해의 눈이 벌려지기 시작하였다. 공장 노동이라 하는 것은 자기에게 적당치 않은 것을 어렴풋이 깨달았다. B와 같이 굳센 성격의 주인이거나, 그렇지 않으면 다시 소생할 여망 없이 타락한 사람이 아닌 이상에는, 공장 노동이란 십중팔구는 그 사람의 성격을 파산시키며 품성을 타락시키며 순진함과 향상욕을 멸망케 하는 커다란 기관이란 것도 어렴풋이 짐작되었다. 검은 물은 들기가 쉽고, 따라서 무서운 전파력을 가졌다는 평범한 진리도 다시금 느꼈다.[435]

A가 공장 노동이 자신의 적성과 맞지 않는다고 판단한 이유는 그가 굳센 성격의 소유자도 아니고 그리고 타락한 사람도 아니라는 점 때문이다. 다시 말하면 A와 같은 성격의 소유자일 경우 공장은 성격 파

산, 품성 타락, 순진함과 향상욕을 멸망시키기 때문이다. 벽창우는 "고집이 세고 무뚝뚝한 사람을 비유"하는 뜻이고 결벽은 "부정이나 악을 극단으로 미워하는 성질"이라는 사전적 해석을 받아들일 때 A가 과연 굳센 성격의 소유자가 아닌지에 대해서는 잠시 담론을 접는다. 단지 확실한 것은 A가 자신이 노동 운동을 이끄는 지도자로서의 자격이 있는지에 대해 자기반성을 하고 있다는 점이다. 물론 A가 성찰을 통해 도달한 결론은 에티엔과는 전혀 상반되는 것이다. 동인의 모방이 다시 한 번 졸라로부터 방향을 비트는 대목이라 할 수 있다.

동인의 모방은 계속하여 B에게서도 나타난다. B는 『제르미날』의 라스뇌르의 몽타주라고도 할 만큼 닮아 있다. 다만 동인은 라스뇌르 한 사람이 아닌 두 인물 즉 라스뇌르와 수바린을 합쳐서 B의 형상을 창조하고 있다는 점에서 그나마 차이점을 보이고 있다. 수바린의 지식과 라스뇌르의 캐릭터를 조합한 인물이 B의 형상이다.

르 보뢰 탄광에서 기계공으로 일하는 수바린은 서른 살 좌우의 러시아인으로 모스크바에서 "의학을 전공하던 전문학교 학생"[436]이었으며 "교육받은 사회주의자"이기도 하다. 무정부주의자인 그의 하숙방에는 "종이와 책이 가득 든 상자 하나"[437]밖에 없었다. 에티엔도 그에게서 책을 빌려 보며 지식을 넓혀 간다. 「배회」의 B 역시 지식인이다. 그는 "상당한 학부學府를 졸업"[438]했으며 "십여 년을 배운"[439] 사람이었다.

B의 다른 모델이 되고 있는 『제르미날』에 나오는 라스뇌르는 에티엔보다 나이도 많고 탄광 회사에서 일한 지 오랜 채탄부이다. B도 A보다 연상이고 그보다 먼저 고무 공장에서 일한 직공이다. 라스뇌르는

"커다란 체격에 둥근 얼굴"[440]을 하고 "퉁퉁하고 낙천적이고 유쾌한 기질의 남자"[441]다. 동인은 소설에서 B의 몸매에 대한 이미지 정보를 제공하지 않고 있다. 하지만 우리는 A에게 매를 맞은 B가 "꽤 굵은 쇠몽치"[442]를 무릎에 대고 단번에 구부리는 단락을 통해 근육질이 발달한 그의 건장하고 우람진 몸매를 유추할 수 있을 것이다.

라스뇌르의 "낙천적이고 유쾌한" 기질 역시 B에게서도 나타나고 있다. B는 항상 콧노래를 흥얼거린다. <도라지>를 부르는가 하면 "나는 열아홉"이라는 노래도 자주 흥얼거린다. 게다가 A와 농담도 잘 던진다.[443] "세상에 엄숙이란 없고"[444] "천하만사를 되는 대로 해 나가는"[445] 그는 A의 애인 도순이와 살다가 발각되고도 이튿날 아침 천연덕스럽게 손을 들어 인사를 건넬 만큼 낙천적인 인격자다.

동지이자 라이벌인 에티엔과 라스뇌르 및 수바린의 관계가 협력과 갈등의 관계인 것처럼 A와 B의 관계도 같은 코스를 밟고 있다. 에티엔은 광부들 속에서 라스뇌르나 수바린 못지않은 "영향력을 가졌음에도 불구하고 여전히 라스뇌르의 지지가 필요"[446]했다. 에티엔이 라스뇌르가 운영하는 아방타주 주점에 매일 저녁 찾아가 탄광 일에 대해 의논하는 것도 그가 "오랫동안 이곳에서 일했고, 그의 단골들 중에는 그를 따르는 사람들이 꽤 있었기"[447] 때문이다. A도 마찬가지로 사사건건 B를 찾아 자문을 구하고 함께 대책을 논의한다. 배합사에 대한 대응 수위, 배합사와 네리공 고용 문제, 임금 인상·대우 개선, 동맹 파업 등 거의 모든 문제를 B와 머리를 맞대고 상론을 거친 후 결정한다. 뿐만 아니라 많은 문제에서 B의 결정에 따른다.

하지만 에티엔과 라스뇌르는 "혁명가적 과격함"과 "지나친 신중함"[448]의 충돌 때문에 더욱 많은 경우 서로 모순과 대립의 진통을 겪을 수밖에 없게 된다. 그들의 첫 번째 의견 충돌은 런던에서 막 창립된 '국제 노동자 협회' 가입 문제를 놓고 벌어진 실리주의와 환상주의의 한판 대결로 시작된다. 라스뇌르는 전 세계 노동자들이 다 함께 들고 일어나 한데 모여 노동자들이 마음 놓고 빵을 먹을 수 있기 위한 투쟁을 하고…… 노동자들이 온 세계를 정복하려면 연맹에 가입해야 한다는 에티엔의 주장에 과감히 맞선다.

> 일반 기금 마련을 위한 회비로 일 년에 오십 상팀, 지부에 이 프랑씩 내는 게 별것 아닌 것 같아도, 납부를 거부하는 이들이 대부분일 거라고.[449]

에티엔은 임금 인상 문제에서는 수바린의 무정부주의와 격돌한다. 임금이 내려가면 노동자들이 굶어 죽고 올라가면 노동력이 넘쳐 임금을 깎게 된다[450]는 열변 앞에서 에티엔은 속수무책이었다. 이러한 격돌은 파업 문제에서도 예외는 아니다. 논쟁에 말려들면 두 사람 사이에는 언제나 "냉혹하고 신랄한 적대감이 팽배"해 있다. 에티엔이 바라는 목표가 낡은 세계를 짓부숴 버리는 것이라면 라스뇌르가 바라는 목표는 "광부들이 지금보다 더 나은 대우를 받는" 정도의 합리적인 요구였다. 파업에 대한 그들의 견해 차이는 바로 이곳에서 파열이 시작된 것이다.

대체 그런 게 왜 필요한 거지? 파업을 하는 게 회사나 노동자 양쪽에 무슨 득이 된다고. 난 서로 타협하는 게 최선이라고 생각해.[451]

라스뇌르는 낡은 사회의 멸망은 이제 몇 달 남지 않았다는 에티엔의 주장에 언제나 "단번에 모든 것을 얻으려고 하면 결국 아무것도 얻지 못할 것"이며 "단 하루 만에 세상을 바꿀 수 있다"라고 약속하는 사람은 "장난꾼이거나 사기꾼"이라고 질타하며 정면으로 대적한다. 그들의 이러한 정치적 격돌은 결국 "둘 중 하나가 죽어야 끝나는 싸움"일 만큼 치열하고 한 치의 양보도 없다. 하지만 그들은 여전히 친구이자 동지이다. 라스뇌르가 곤경에 빠진 에티엔의 은신처를 밀고하지 않을 뿐만 아니라 도리어 주점 안에 숨겨주고 에티엔을 공격하는, 분노한 무크 영감과 샤발을 설득하는 장면을 통해서도 알 수 있다.

졸라의 『제르미날』을 모방한 동인의 소설 「배회」의 두 인물 A와 B의 갈등 구조도 별로 다르지 않다. 이야기의 기본 틀은 거의 완벽한 유사성을 드러낸다. 그들은 일단 불량품 사건의 책임자인 배합사를 대처하는 일에서 함께 협력한다. "지배인에게 배합사를 주의시켜 달라기로 한 결정"은 B의 의견을 수렴하고 회사 측과의 담판 "대표로는 A를 뽑았다"[452]라는 것은 그 번 대책 회의의 핵심이 그 두 사람이며 이들의 협력 결과라는 것을 입증해 준다.

뿐만 아니라 동맹 파업이라는 노동자들의 무지한 요구를 압살하는 일에서도 손을 잡는다. A와 B는 직공들과는 현격한 차이를 이룰 만큼 두 사람만의 의견을 연대한다. A가 동맹 파업을 반대하는 이유는 잘 씹지도 않은 외래 사상에 맹종하는 노동자들의 무지라면 B가 반대하는 이유는 "일에는 순서가 있다"라는 논리이다.

물론 이들의 협력도 제한적이다. 더 많은 경우에 에티엔과 라스뇌르처럼 갈등과 대치 상태에 놓여 있다. 이들의 첫 번째 견해 차이는 "배합사 고용" 문제에서 터진다. 불량품 사건으로 빚어진 삼백 명 공전 손해금과 배상금을 합쳐 매달 180원으로 직공들이 직접 배합사와 네리공을 고용하는 게 어떻겠느냐는 A의 의견에 B는 반대는 물론 공상가, 샌님이라며 노골적으로 빈정대기까지 한다.

> 공상가의 생각일세. 샌님 도련님, 직공들이 말을 들을 줄 아나? 배
> 합이 나빠서 한 달에 일만 원을 손해를 볼지언정, 그것을 개량할 비용
> 으로 십 전은커녕 일 전도 안 낸다네.[453]

A는 그러는 B를 "사람으로서의 신성함을 무시하는 독단"이라고 비난하지만 정작 B는 웃으며 "나쁜 일은 아니"라며 흔쾌히 도장을 찍어 준다. 결국 삼백 명 직공 중 열 서너 사람밖에 도장을 찍지 않음으로써 B의 예언이 맞아떨어진다. 두 사람의 관계에서 첫 단추가 이렇게 끼워짐으로써 주도권은 시작부터 B에게로 기울어질 수밖에 없었다. 한 사람이 열세에 처함으로써 주도권 쟁탈에서 막상막하였던 에티엔과 라스뇌르의 팽팽한 긴장 관계보다는 느슨한 구조가 형성될 수밖에 없었던 이유이기도 하다. 동인이 그들 사이의 긴장을 완화시킨 데에는 그럴 만한 동기가 존재한다. 이에 대해서는 결말에서 상세하게 논하려고

한다.

두 사람은 A의 "임금 인상·대우 개선·배합사 해고"에 대한 제안을 놓고 다시 한번 의견이 엇갈리면서 갈등 국면을 초래하게 된다. B는 A의 제안을 거부하고 "배합사 무조건 해고"만을 주장한다.

> 소위 개선改善이라 하는 건 한 가지씩 점진적으로 해야 된다네. 한 꺼번에 여러 가지를 구했다가는 저편에서 질겁을 해서 승낙을 안 해. 지금 우리에게 절박한 문제는 배합사가 아닌가. 게다가 공연히 '임금 인상'이며 '대우 개선'을 덧붙였다가는 공장주 측에서 질겁을 해서 물러서고 말리. 한 가지씩 한 가지씩 해 나가면 손쉽게 될 가능성이 있는 걸, 공연히 섣불리 덤벼서 동맹 파업이라 무엇이라 해 가지고 피차에 손해를 보면 긁어부스럼이야. 우선 급한 문제부터 해결하고 기회를 봐서 서서히……[454]

하지만 이런 갈등과 견해 차이가 에티엔과 라스뇌르의 경우처럼 결코 그들의 동지 관계를 훼손시키는 마력을 발휘하지는 못했다. B는 A의 시골행을 지지할 뿐만 아니라 두 사람 다 결벽주의자라는 동질감을 인정하며 "자네마저 가면 난 적절할세그려"[455]하며 그와의 이별에 대해 아쉬움을 표출하기도 한다. 헤어진 뒤에도 서신 거래를 통해 견해의 동일성을 기반으로 돈독한 우정을 지속시킨다. 환언하면 A와 B의 관계는 에티엔과 라스뇌르의 관계를 그대로 본뜬 플롯이라 할 수 있다.

b) 에티엔과 라 무케트=A와 도순의 대칭 파트

졸라의 소설 『제르미날』에 대한 동인의 모방은 A와 도순의 플롯에서는 거의 표절에 이를 만큼 수용 수위가 높아진다. 모방을 초월하여 문자 그대로 철면피한 판박이를 자행하고 있기 때문이다. 그러한 현상은 라 무케트와 도순의 비교를 통해서도 입증 가능하다. 나이·직업·신체 특징은 물론 생활 방식에 이르기까지 두 사람은 쌍둥이 자매처럼 닮아 있다. 라 무케트가 "열여덟 살"[456]이라면 도순도 "18~19세"[457]이다. 전자는 탄차 운반부이고 후자는 고무 공장 직공으로 다 같은 노동자이다. 신체 특징도 두 여자는 모두 뚱뚱한 체형이다. 라 무케트의 체형은 "웃옷과 바지가 터져 나갈 정도로 가슴과 엉덩이가 풍만"[458]하고 "기름진 돼지 방광처럼 뚱뚱하고 번들거리는 모습"[459]이라면 도순은 뚱뚱하고 탄력 있는 몸매[460]를 가진 계집애이다. 두 여자 모두 정조 관념에는 일고의 관심도 없이 아무 남자하고나 몸을 섞을 만큼 생활 방식에서도 판에 박은 듯하다.

> 그녀는 여름에는 밀밭에서, 겨울에는 벽에 기대선 채, 일주일 단위로 달라지는 애인과 즐거운 시간을 보냈다. 탄광의 일꾼 모두가 그녀를 거쳐 갔다. 동료들끼리 서로 아무런 충돌 없이 차례를 지켰다.[461]

도순도 라 무케트의 길을 고스란히 답습하여 A든 B든 가리지 않고 한 이불 속에 든다. 뿐만 아니라 이들의 공통점은 돈을 받고 몸을 파는 직업적인 매춘부들도 아니라 회사에 출근하는 직장 여성들이라는 점에서도 찾을 수 있다. 그들은 단지 자신의 성을 즐길 따름이다. 모방의 흔적은 그녀들의 옷차림에서도 나타난다. "공장에서 일할 때와는 달리 비단옷을 입고 얼굴에는 분도 약간 바른"[462] 도순의 모습은 남자들 앞에서 "외설스러운 옷차림을 과시"[463]하는 라 무케트의 그림자에 불과하다. 두 여자의 우스꽝스러운 박색 면상도 거푸집에 찍어 낸 듯이 흡사하다.

동인의 모방은 인물 형상에만 국한하지 않고 플롯에 이르러서는 더욱더 전 방위적으로 수용되고 있다. A와 도순의 이야기는 에티엔과 라 무케트의 이야기를 그대로 따온 것이라고 할 만큼 너무 닮아 있다. 사랑이 배제된 이 두 커플의 만남의 과정도 그 차이가 분간이 되지 않을 만큼 비슷하다. 여자들은 남자를 원하는 반면 남자들은 에티엔은 물론 A마저도 자의가 아닌 타의에 의해 여자와 인연을 맺게 되기 때문이다. 라 무케트가 주위를 맴돌며 추파를 던졌으나 그녀에게 "일말의 관심도 없던"[464] 에티엔은 거절했고 도순이가 말을 붙여 보려 하였으나 A는 부끄러워 피했다는 내용에서도 알 수 있다. 라 무케트는 스스로 굴러들어 온 여자였고 도순은 B가 술판에서 그의 몫으로 남겨 준 여자였다. 에티엔도 A도 그녀들을 혐오했으며 어쩔 수 없는 상황에서 성관계를 가진다. 남자들이 여자와 사귀는 것을 수치로 여기는 상황도 다를 바 없다. 라 무케트에 대한 에티엔의 "부끄러운 생각"[465]과 도순에 대한 A의 "더럽다"라는 느낌은 그녀들에 대한 거부감이라는 점에서 공통성을 띤다.

그곳 남자들은 라 무케트를 가졌다는 사실을 자랑스럽게 생각하지 않았다.

그는 자신을 마치 예수처럼 섬기는 그녀에게 이끌리는 데 수치심을 느꼈다.[466]

증오에 불붙는 눈을 도순의 얼굴에 부었다. 얼굴에 발랐던 분이 절반만치 지워져서 버짐 먹은 것 같이 된 면상에 미소를 띠고 있는 도순을 보매 불쾌감이 더욱 맹렬하여졌다. 그 얼굴에 침을 탁 뱉고 싶었다. ……

저편 여직공들의 일터에서 무엇이 좋다고 재재거리는 도순의 뒷태도를 증오에 불붙는 눈으로 수없이 흘겼다. 벌써 잊었느냐? "에익 더러워."[467]

두 커플의 어정쩡한 성관계도 완벽하게 대칭을 이룬다. 그것이 어정쩡하다 함은 성 결합에서 사랑이 결여되었기 때문일 것이다. 그것은 연애는 물론 심지어 유쾌함도 아니었다. 에티엔과 A가 느끼는 그런 성 결합은 오로지 성 쾌락만 존재할 뿐이었다. 에티엔은 라 무케트와의 관계를 지속시키는 것에 대한 부담감의 원인을 그 행위가 단지 "쾌락만을 쫓는 옳지 못한 일"[468]이기 때문이라고 판단한다. 쾌락의 원천은 라 무케트의 "반짝이는 눈빛과 마법 같은 욕망의 떨림"[469]에서 시작된 것이었다. 성에서 부여받는 일시적인 쾌락은 "크고 둥그런 얼굴과 탄가루 때문에 삭아 누렇게 뜬 피부"를 가진 박색의 라 무케트를 "소녀"[470]처럼 보이게 한다.

도순의 경우도 예외는 아니다. A도 라 무케트의 추파를 거절한 에티엔처럼 도순과의 동침을 거부한다. 첫날 술상이 끝난 후 B는 A를 도순의 집에 밀어 넣어 성적 쾌락을 누리도록 자리를 마련해 주지만 A는 거절하고 그 자리를 피한다.[471] A가 자고 나면 "얼굴에 침을 탁 뱉고 싶을 정도로 맹렬한 불쾌감"을 주는 도순과의 성행위를 지속한 것은 다름 아닌 "일종의 병적 쾌감…… 더러운 감정"[472] 때문이었다.

두 커플의 결별 과정에도 모방의 흔적이 짙다. 결별의 원인은 두말할 것도 없이 양심의 작용 즉 타락한 생활 습관에 대한 반성과 각성의 결과일 것이다. 에티엔에게는 그것이 동료들이 배고파 죽어 가는 현 상황에서 옳지 못한 일이며 정치적인 신조까지 위태롭게 하기에 관계를 끝내야 한다는 의미였고 A에게는 양심에 어긋나는 행위에 대한 자책을 통한 관계 단절의 의미였다고 할 수 있다.

사실 이와 같은 결론은 구실에 불과하다. 에티엔의 경우, 라 무케트와의 결별 선언의 본질적인 이유는 카트린에 대한 사랑이었다. 라 무케트와의 관계 지속은 곧바로 자신의 사랑에 대한 능멸과 다름없었기 때문이다. 심지어 그는 카트린과 "결혼해 깔끔하고 아담한 집에서 함께 죽을 때까지 행복하게 사는 것 말고는 아무것도 바라지 않을"[473] 정도로 그녀를 사랑했다. 라 무케트 자신도 에티엔을 보고 "당신이 날 원하지 않는 건 다른 여자를 좋아해서예요"[474]라고 말한다.

그렇다면 소설 「배회」가 『제르미날』 모방작임을 인정할 때 A의 경우도 다를 수 없을 것이다. A가 도순과 결별 선언을 한 이유는 아내에 대한 남편으로서의 책임감과 죄책감이었다. 그가 양심의 가책을 느꼈을 때는 "밤을 다른 데서 보내고 어슬렁어슬렁 집으로 돌아갈" 때이다. 그러기에는 "그의 양심은 너무 맑았기" 때문이다. A가 고민하고 괴로워하는 것은 "지금껏 아내 이외의 딴 계집을 접해 본 일이 없는"[475] 건전한 삶을 잃었기 때문이다. A에게는 도순이보다 아내가 더욱 "은근스럽고 흡족"[476]한 존재였다.

> 집에만 돌아가면 즐거운 가정이 있지 않느냐? 귀동이가 있지 않느냐, 아내가 있지 않느냐? 시골에는 늙은 어머니가 있지 않느냐? 그리고 그들은 모두 나 하나를 힘입고 살고 있지 않느냐? 나는 그들을 돌볼 권리와 의무가 있지 않느냐?[477]

물론 자식과 아내 그리고 어머니에 대한 이러한 책임감은 동양식 사고방식이라는 국한된 의미의 범위 안에 축소될지도 모른다. 하지만 그와 같은 생각은 종국적으로 유부남으로서 범해서는 결코 안 될 불륜이라는 죄책감이 두텁게 깔려 있다고 봐야 할 것이다. 환언하면 그것은 아내에 대한 미안함이고 참회이다. A가 진심으로 사랑하는 사람은 아내이다. 그것이 결코 종교적인 도덕적 영향만은 아닐 것이다. 그녀와 아내와의 사이에는 귀동이라는 사랑하는 자식까지 있기 때문이다.

c) 음주 공간과 인간과의 관계 대칭 파트
술을 제외하는 순간 소설적 공간도 함께 사라질 정도로, 졸라의 문학에서 음주 공간은 중요한 위치를 차지한다. 그것은 졸라의 자연주의 문학을 탄생시킨 환경이며 배경이기도 하다. 부르주아는 물론 노동자들에 대한 그의 신랄한 비판 역시 이 공간이 전제된 상황에서만 성공적일 수 있었다. 그런 연유로 술과 음주 담론의 비중도 수위를 증가하는 것이다.

일단 졸라의 소설에서 술과 음주 관련 장면이 차지하는 비중은 말로 형언할 수 없을 만큼 높은 것이다. 『제르미날』을 포함하여 『목로주점』, 『나나』, 『쟁탈전』 등 거의 모든 작품들이 술이라는 배경에 의존하고 있다. 『제르미날』에서도 "맥주가 길 한복판까지 개울처럼 흘러넘치는 주점"[478]들이 환하게 불을 밝힌 채 도처에 널려 있다. 졸라에게서 음주 공간은 등장인물들의 기본적인 생존 공간으로서 소설의 결정적인 배경 역할을 수행하고 있다.

> 수많은 댄스홀과 주막, 그리고 맥줏집들이었다. 어찌나 많은지 천여 채의 집에 500곳이 넘는 술집이 있었다.[479]

탄광촌에는 랑팡 주막, 피케트 주막, 테트쿠페 맥줏집, 티종 주막, 생텔루아 주막, 카지미르 맥줏집, 프로그레 주막…… 술집들이 수도 없이 많다. 노동자들은 퇴근하거나 휴식일이면 이 술집과 주막 혹은 맥줏집에 들러 술을 마신다. 술과 노동자들의 삶은 하나의 유기체처럼 끈끈하게 연결되어 있다. 어떤 의미에서 술은 노동자들의 삶이기도 하다.

이에 비해 김동인의 소설 「배회」에서 음주 공간은 『제르미날』에 비해 상대적으로 위축되어 있음을 인정하지 않을 수 없다. 일단 소설에는 주점이나 술집 혹은 맥줏집도 등장하지 않는다. B가 A를 안내한 "술집"은 전문적으로 술과 안주를 파는 주점이 아니라 "공장 근처의 어떤 집" 즉 가정집이다. 안주인은 "남편더러 오십 전을 줘서 밖에 나가 놀다 오라"[480]라고 내보낸 유부녀이다. 물론 동인의 소설에서 음주 공간은 가정집에 국한된 것만은 아니다. 부르주아들이 이용하는 음주 공간에 대한 정보도 주어지고 있다.

> 돈 있는 놈의 반찬은 명월관 식도원에 있고, 우리 반찬은 이 뚱뚱보, 말라꽁일세 그려.[481]

우리는 위의 인용문을 통해 동인이 부르주아들―"돈 있는 놈"들 역시 "'명월관'"이나 "'식도원'" 같은 음주 공간이 있다는 것을 독자들에게 암시하고 있음을 파악할 수 있다. 하지만 그와 같은 암시는 술과 음주로 인해 타락하는 부르주아에 대한 저주나 비난은 생략된, 단순한 정보에 그치고 만다. 그 술로 인해 부르주아들의 타락의 일면을 작가는 서사의 밑바닥에 깊숙이 감춰 두고 있기 때문이다.

음주 공간 담론으로 접어들어 동인의 「배회」를 살펴보면, 마치 이것이 『제르미날』에 대한 모방임을 증명이라도 하듯이, 그의 다른 작품에서는 드물게 나타나는 술이나 음주 관련 내용에 이례적으로 많은 지면이 할애되고 있다. 「배회」의 배경은 두말할 것도 없이 음주 공간이다. 하지만 졸라가 야심차게 펼쳐 낸 음주 장소에 비해 동인이 구축한 음주 공간은 초라하다 할 만큼 협소하고 위축되어 있다.

그리고 동인이 졸라에게서 수용한 술과 음주에 관련된 답습은 그 특징에서도 나타난다. 술은 『제르미날』이나 「배회」를 막론하고 동일하게 타락의 온상일 따름이다. 『나나』에서 주인공 나나는 물론이고 그녀를 추구하던 부르주아들도 모두 술 때문에 타락과 패망의 길을 걷는다. 『목로주점』에서도 주인공 쿠포가 장기간의 과음에 타락의 일로를 걷다가 결국에는 죽음에 이르고, 여주인공 제르베즈를 죽음으로 내몬 결정적인 요인 또한 술이다. 술의 해악은 여기에서 멈추지 않고 그 범위를 기하급수적으로 확대해 나간다. 그 대상은 인간 전체에 해당할 만큼 영향력이 막대하다.

술의 이와 같은 훼멸적인 영향력을 일찌감치 감지한 「배회」의 주인공 A는 그 피해로부터 도피하려고 온갖 노력을 다한다. 술에 의해 조성된 타락에서 탈피하려고 부단히 자신을 반성하고 성찰한다. 에티엔 역시 술만 마시면 미쳐 버리는 파국에서 벗어나려고 모든 의지적인 노력을 총동원한다. 물론 에티엔의 술에 대한 두려움은 A의 그것과는 다르다. 도덕적이지도 않고 양심적이지도 않은 유전의 문제이기 때문이다. 여기에 대해서는 아래 담론에서 풀어 가려고 한다.

작가적 양심을 항상 염두에 두고 있는 김동인은 술과 음주 문제에서도 염치없는 도둑놈처럼 졸라의 문학을 훔치는 행위만을 고집하지는 않는다. 한 번 더 그와의 거리를 벌려 차별화 작업에 심혈을 기울인다. 술과 음주의 해악의 범위를 논할 때 졸라는 그 대상을 항상 노동자들에만 국한시키지 않는다. 술의 부정적인 파급 대상은 부르주아도 예외는 아니다. 이들은 모두 술과 음주에 의해 죽어 가는 인간들이다. 그의 주장에 따르면 이러한 현상을 초래하는 근본적인 원인은 자본주의 제도의 부정에서 비롯된 것이다.

하지만 김동인이 생각하는 술과 음주의 해악은 부르주아와는 상관 없이 단지 노동자 계급에게만 해당된 특별한 현상일 따름이다. 주색잡 기에 바닥 없는 나락으로 끝없이 타락하는 노동자들에 대한 노골적인 비난과 풍자와는 전혀 다른 동인의 태도이다. 동인은 「배회」에서도 그 자신의 모든 문학 작품에서 일관되게 준수해 온 원칙—부르주아지에 대한 비난과 경멸 서사의 강력한 거부를 연장시키고 있다. 그 원인에 대해서는 본장의 말미에서 상세하게 해명할 것이다.

졸라와 동인의 두 작품에서는 술과 음주를 노동자들의 현장적인 삶 과 긴밀히 연관시키고 있다는 점에서도 유사성을 띠고 있다. 술과 음 주는 노동자들의 게으름과 직결될 뿐만 아니라 봉급 내지는 가족의 생계와 밀접하게 연관되어 있다. 두 작가의 주장에 따르면 그들은 모 두 다 한결같이 "잡수세요, 먹어라, 먹자, 먹는다"[482]라는 식의 음주 때 문에 타락하고 망한다. 노동자들 속에서는 "무슨 술 있겠다, 미희 있 겠다…… 세상 사는 게 다 그렇다네. …… 세상에 어디 엄숙한 게 있 나?"[483]라는 식의 염세주의 세상이 팽배해 있다.

『제르미날』에서 광부들은 탄광 회사 현장에서 임금을 지급하는 날 이면 "임금을 받기도 전에 술집"[484]에 들어가 술을 마셨다. 이들에게 가 족의 위치는 술 다음이었다. 그런가 하면 「배회」에서도 똑같은 패러디 가 벌어진다. 고무 공장 직원들은 "한 달에 두 번씩 내어 주는 공전을 받은 뒤"[485]면 어김없이 "술집"으로 향한다. 그곳에는 그들을 기다리는 술과 여자가 있기 때문이다. 그들은 술과 환락에 빠져 그들의 "봉급을 기다리는 어버이나 처자"[486]마저도 뒷전이다. 술과 환락에 빠진 B의 망언을 들어 본다.

> 오늘이 우리 아버지 생일이다. 저녁에 고등어 사 가지고 가마 했다. 그러나 고등어가 다 뭐냐? 술이다. 술이야.[487]

노동자들의 이러한 게으름과 타락에 대해 졸라는 『제르미날』에서 부르주아—그레구아르의 입을 빌려 다음과 같이 질타한다.

> 내가 보기엔 노동자들도 그다지 현명하게 사는 것 같지는 않소만…… 우리 농부들처럼 저축을 하는 대신, 돈만 생기면 술을 마시거나 흥청망청 써 버려 빚을 지곤 하지. 그러다 결국 식구들 먹을 것마저 남김없이 탕진하게 되고 말이오.[488]

그레구아르의 지적에 따르면 노동자들의 가난과 궁핍은 벌어들인 돈을 술을 마시는 데 흥청망청 써 버렸기 때문이다. 이러한 견해가 졸라의 입장이라는 추측은 『목로주점』에서 잘 드러나고 있다. 쿠포와 제르베즈는 술 때문에 망한다. 김동인도 노동자들의 게으름에 대한 그레구아르의 질책에 동의할 것이다. 우리는 소설의 서두에서 지문을 통해 동인의 생각을 충분하게 읽을 수 있기 때문이다. 그의 시선에 비친 노동자의 형상은 "온갖 게으름과 시기와 허욕"[489]으로 충만한 무리에 불과했다.

이제 우리의 관심사로 부상할 사건은 술 또는 음주와 소설의 주인공들인 에티엔과 A와의 관계에 대한 연구이다. 과연 이 면에서도 『제르미날』과 「배회」 사이에 연관성 또는 친연성이 존재할까? 그것은 우리가 동인의 소설이 졸라 소설을 모방했음을 인정하는 순간 가볍게 해결될 연구 과제일 것이다.

일단 두 사람은 이유 여하를 불문하고 똑같이 술에 대한 거부감을 드러낸다는 점에서 일단 동일성을 보인다. 에티엔의 음주 거부는 "술에 대한 뼛속 깊은 증오"[490]에서 비롯된 것이다. 그에게 술은 "독약"이었다. 두 사람에게 동일성을 부여한 음주 거부 증세는 A에게서도 동일한 현상에 불과하다. 물론 그의 음주 거부는 금주가 아니다. 그는 아예 술을 마실 줄 모른다. 동인은 에티엔의 술에 대한 거부를 그 과정만 약간 수정하였을 뿐 그대로 수용하고 있다.

두 사람이 술을 거부하는 원인도 유사하다. 두 사람 다 실수를 피하기 위해서다. 술을 과음한 에티엔은 "철도 회사의 작업반장의 따귀를 때리는"[491] 실수 때문에 공장에서 쫓겨나야 하는 대가를 지불해야만 했다. 그와 다를 바 없이 A도 술에 취해 밖에서 자고 영문도 모르고 도순의 집에서 잔다. 두 사람은 공통으로 이러한 실수를 미봉하기 위해 극력 술을 기피한다. 술은 그들에게 정상적인 인간을 휘멸시키는 "독약"이기 때문이다.

졸라에 대한 동인의 공개적인 모방은 결코 여기서 중단되지 않는다. 모방 퍼레이드는 4)~8)까지는 끊임없이 이어지고 있다. 다만 불필요한 편폭이나 지면의 팽창과 같은 방만 서사를 절제하기 위해 기타 모방에 대해서는 생략하고 다음 기회로 미루기로 한다. 다만 에티엔이 탄광을 떠나가고 라스뇌르가 남는 것처럼 동인도 A공장을 떠나게 할 뿐만 아니라 B를 남김으로써 「배회」라는 소설이 끝까지 『제르미날』의 완벽한 모조품임을 입증해 준다.

③ '환경 결정론' 수용

"환경은 비단 사회적, 시대적 상황만이 아니라, 자연이나 개별적 생활 조건은 물론 심지어 냄새나 음식에 이르기까지 인간의 생체에 작용하는 일체의 영향을 가리키는 말이다."[492] 졸라의 소설에서 인물들이 파멸에 이르는 것은 모두 어떤 열악한 환경에 의해 초래된 결과물들이다. 그것은 『인간 짐승』에서는 인간의 내면에 웅크린 짐승의 광기, 『나나』에서는 음탕한 성욕을 향한 질주, 『목로주점』에서는 술의 질탕한 광란으로 조성된 환경이 배태한 파생물에 불과하다. 그렇다면 『제르미날』에서 인물들을 파국에로 내몬 전형적인 환경은 한마디로 "굶주림"이라고 단정할 수 있다. 살인 욕망, 성욕, 주색 욕구, 굶주림은 모두 인간의 기본적인 본능이다. 졸라는 굶주림을 소설의 기본적인 환경으로 설정하고 있다. 그것은 파업이 일어나게 된 동기도 굶주림이고 파업이 실패하게 된 원인도 굶주림이었다는 사실에서도 설득력을 부여받는다.

물론 파업을 유도한 것은 갱내 노동자들과 광산 측 사이에 벌어진 갱목 사건이다. 하지만 갱목 지급으로 인해 낮아진 탄차 가격과 갱목 작업 때문에 줄어든 채탄 시간에서 빚어진 경제적인 손해는 고스란히 광부들의 굶주림과 이어지고 있다는 사실을 인정하지 않을 수 없다. 만일 갱목 사건이 굶주림과 직결되지 않는다면 결코 파업 같은 사건은 발생하지 않았을 것이다.

탄부들이 회사의 규정대로 갱목 설치 작업을 기피하는 이유는 시간이 들기 때문이다. 갱목을 설치하는 시간에 탄차 한 대라도 더 채우면 그만큼 수익이 더 늘어나기 때문이다. 하지만 광산에서는 갱목을 설치하지 않음으로써 발생하는 갱내 사고에 들어가는 보수 비용을 절약하려고 안전을 강요한다. 회사는 "일당을 더 쳐준다면 물론 갱목도 더 튼튼하게 설치"[493]하겠다는 광부들의 의견을 단호하게 묵살한다.

> 맙소사! 왜 보수 비용이 그렇게 많이 드는지 이제야 알 것 같군. 안 그렇소? 당신들이 맡고 있는 동안에만 그럭저럭 버티면 된다는 심보 아니냐고! 그런 다음에 몽땅 무너져 버리면, 회사는 수많은 수선공을 고용해 보수해야 할 테고.[494]

"갱목 작업 수당을 별도로 지불"해 달라는 채탄부들의 요구에 대해 회사 측이 내놓은 대책은 "그 수당만큼 탄차 가격을 깎아 내리는"[495] 것이었다. 회사 측의 이런 야비한 대응에 오랜 광부인 마외는 분노한다. 이 분노는 회사와 노동자들 사이에 일어난 갈등의 단초가 되었고 혹독한 굶주림을 예고하는 신호탄이 된다.

다들 들었지? 탄차 가격을 깎고 갱목 수당을 따로 지불하겠다고! 그따위 야비한 방법으로 쥐꼬리만 한 일당을 깎아 먹으려 들다니![496]

이 사건이 굶주림을 예고함은 그것이 노동자들의 경제 수익과 직접적으로 연관되기 때문이다. 광부들의 분노는 탄광 회사 현장에서 임금을 지급하는 날 드디어 폭발한다. 회사에서 내붙인 "갱목 작업에 필요한 비용 별도 지불, 대신 탄차 가격 50상팀에서 40상팀으로 내려갈 것"[497]이라는 공지와 그 방침에 따라 줄어든 월급 때문에 생계에 치명적인 타격을 입었기 때문이다.

그들은 탄차에서 줄어든 10상팀을 갱목 작업으로 결코 채우지 못할 것이다. 기껏해야 8상팀을 받을 수 있을 뿐이며, 나머지 2상팀은 회사가 그들에게서 훔쳐 가는 거나 다를 바 없었다. 게다가 갱목을 꼼꼼히 처리하는 데 추가로 드는 시간은 계산조차 하지 않았다. 그러니까 결국 회사는 허울 좋은 핑계를 내세워 임금을 깎고자 했던 것이다! 광부들의 주머니에서 돈을 훔쳐 자기들 배를 불리려는 속셈이었다.[498]

갱목 사건에 의해 터진 노사 간의 경제적인 손익 갈등을 둘러싸고 조성된 특수 환경은 결국 파업의 도화선이 된다. 벌금 20프랑까지 떼고, 달랑 "50프랑"밖에 안 되는 너무 적은 급여를 받은 마외는 "심장까지 얼어붙게 만드는 차가운 전율이 느껴질" 정도로 놀랐다. 전에 "보름치 급여로 받은 150프랑"[499]의 3분의 1밖에 안 되는 "50프랑으로 보름 동안 아홉 식구가 어떻게 살아간단 말인가?"[500] 이 사건은 그대로 탄광촌의 빈궁과 굶주림으로 이어졌다.

> 탄광촌 전체에서 이내 빈곤함을 한탄하는 똑같은 비명이 터져 나왔다. 남자들이 집에 돌아오자 집집마다 빈약하기 그지없는 급여가 예고하는 재앙 앞에 너도나도 탄식을 뱉어냈다.[501]

그 돈으로는 "식구들 먹을 빵을 사기도 힘들었다." 어떤 집에서는 입고 있는 "셔츠를 내다 팔지"[502] 않으면 당장 입에 풀칠하기도 어려운 상황이었다. "배가 고파 죽게 생긴 노동자들"의 분노와 격렬한 몸짓들이 거듭되었고 "입속에 든 빵까지 빼앗아 가는 회사 측의 부당함"[503]을 성토하던 끝에 그날 밤 드디어 파업이 결정된다. 한마디로 파업은 가난과 굶주림의 막다른 골목에서 찾아낸 탈출구였다. "오랜 세월을 견뎌 온 굶주림이 학살과 파괴를 향한 갈망이 되어 그들을 괴롭혔다."[504] 더 말할 것도 없이 이 가난과 굶주림은 탄광 회사의 부당한 착취로 인해 초래된 것이다. 하지만 착취가 극도의 빈곤과 굶주림을 초래하지 않는다면 노동자들은 참고 견뎠을 것이며 파업이라는 최후 수단까지 선택하지는 않았을 것이라는 사실을 감안할 때 파업을 부른 궁극적인 환경은 굶주림이라고 단언할 수 있을 것이다.

졸라의 소설 『제르미날』에서 '환경 결정론'의 도입은 파업 실패라는 사실에서도 알 수 있다. 파업에 참가한 노동자들은 삽시에 "불한당", "폭도"로 돌변하며 "야수"처럼 날뛴다. 그들을 "광포한 폭도"로 만든 것은 두말할 것도 없이 극도의 기아와 굶주림이다. 파업 내내 노동자들이 "빵을 달라!"라고 목이 쉬게 외치는 사실에서도 알 수 있다. "저마다의 배에서 먹을 것을 달라고 아우성쳤다."[505] 굶주림으로 눈에 달이 오른 광란의 무리는 먹을 것을 구하기 위해 "날강도"처럼 도끼로 메그라의 가게를 까부순다.

> 날강도들이 달려들어 서랍을 열어젖히고 식료품 자루를 비워 내면서, 모든 걸 먹어 치우고 마셔 버릴 것이다.[506]

그런데 이 굶주림을 초래한 원인은 공제 기금의 부족이었다. 공제 기금이 바닥나면서 더욱 극도의 상황을 향해 치닫게 된다. 공제 기금 부족이라는 환경은 빈곤과 굶주림을 낳고 굶주림은 파업으로 이어지는 악순환의 고리를 형성했던 것이다. 공제 기금 3천 프랑으로는 파업 기간 굶주림을 이겨 내기에는 턱도 없었다. 국제 노동자 협회에서 보내온 4천 프랑으로도 겨우 사흘 버틸 빵을 마련했을 뿐이다. 240번 탄광촌이 식량이 바닥났을 뿐만 아니라 "파업 기간이 길어질수록 탄광촌 주민들은 굶주리고 추위에 떨면서 시시각각 최악의 상황 속으로 빠져들었다."[507] 그러한 상황은 소설 속의 인물 라 마외드의 탄식 속에서 잘 드러나고 있다.

> 맙소사. 어떻게 이렇게까지 곤궁한 지경에 이르렀단 말인가! 찬장에는 빵 부스러기조차 없고, 집 안에는 팔아먹을 게 하나도 남아 있

지 않으며, 어떻게 해야 빵이라도 먹을 수 있을지 아무런 대책도 없다니![508]

노동자들을 빈곤의 구렁텅이에 빠뜨린 장본인은 다름 아닌 공제 기금 부족이었다. 환언하면 파업이 실패한 원인은 환경 여건이 아직 성숙되지 않았기 때문이었다고 할 수 있다. 환경이 모든 것을 결정한다고 생각했던 졸라는 인물의 입을 빌려 이 문제에 대한 자신의 견해를 피력하고 있다. 굶주림으로 죽어 가는 노동자들을 보며 에티엔은 이렇게 자책하고 있다.

> 그가 무척 안타깝게 생각하는 것은 공제 조합 기금이 충분히 모이기도 전에 너무 일찍 파업을 시작했다는 사실이었다. 그가 보기에는 그것만이 이번 대재앙의 유일한 이유였다. 앞으로 그들이 오랫동안 버틸 수 있을 만큼 충분한 기금이 마련되기만 한다면 노동자가 고용주에게 승리를 거두는 것은 자명한 사실이었다.[509]

파업을 성사시키려면 환경적인 요소가 먼저 조성되어야 할 것이다. 노동자들은 굶주리면 파업을 단행할 수는 있지만 굶주림이 지속되면 도리어 파업의 목적을 달성할 수 없기 때문이다. 굶주림을 해결할 수 있는 환경 조성은 오랫동안 빈곤을 버틸 만한 충분한 기금을 마련하는 것이다.

공제 조합 기금을 확보한 노동자들은 한데 힘을 모아 몇 달 동안

굶주리지 않고 버틸 수 있을 것이다.[510]

이렇듯 『제르미날』에서 파업의 단행은 물론이고 파업의 실패를 결

정하는 주된 요인은 환경이라고 할 수 있다. 졸라가 보건대 파업이 빈

곤과 가난이라는 굶주림의 환경이 배태한 결과물이라면, 파업의 실패

는 부족한 공제 기금 때문에 비롯된 굶주림의 환경이 만들어 낸 결과

물일 따름이다. 환경은 모든 결과를 생산하는 자궁이다.

그렇다면 졸라를 모방한 김동인의 소설에서는 '환경 결정론'이 어

떤 양식으로 나타날지 궁금하지 않을 수 없다. 「배회」에서 '환경 결정

론'은 졸라의 경우처럼 그렇게 뚜렷한 모습을 드러내지는 않지만 그래

도 독자들이 능히 감지할 수 있을 만큼 윤곽이 그려져 있다고 보는 것

이 타당할 것이다.

물론 불량품 사건은 『제르미날』의 갱목 사건을 모방한 플롯이다.

하지만 우리는 여기서 그 담론은 잠시 뒤로 제쳐 놓기로 한다. 공장주

를 향한 노동자들의 청원 운동과 무산된 동맹 파업은 공전 손해를 초

래한 불량품 증가라는 경제 환경과 허영과 무지라는, 약간 특이한 심

리적 환경에 의해 결정된 결과이다. 먼저 불량품 사건의 경우 그 여파

는 직접 직공들의 생계와 연관된 공전 손해로 이어질 수밖에 없다.

불량품을 한 켤레를 낼 때마다 그 직공은 '불량품을 낸 벌'로서 한

켤레와 '불량품이 된 원료에 대한 보상'으로서 한 켤레—이렇게 두 켤

레를 공전을 안 받고 만드는 것이 고무 공장의 내규였다. 그런지라, 한 켤레의 불량품을 내면 그 직공은 공전 못 받는 세 켤레(불량품까지)를 만드는 셈이었다. 잘해야 하루에 십칠팔 켤레 이상은 못 붙이는 그들이 어떻게 해서 하루에 세 켤레만 불량품을 내어 놓으면 그날은 공전 받는 일은 칠팔 켤레밖에는 못한 셈이 되는 것으로, 사실 불량품이 많이 난다 하는 것은 직공들에게 대하여는 큰 문제였다.[511]

불량품 수효가 많아 직공들마다 3~4켤레가 되었다. "장화공 삼백 명이 한 달에 네 켤레씩 불량품을 낸다면 그 공전 손해가 육십 원"[512]이고 불량품을 낸 이천 사백 켤레에 해당하는 배상금까지 합하면 매달 손해 보는 공전이 무려 일백팔십 원이나 된다. 단돈 50전으로 남편이 놀러 나가고[513] 오 원으로 쌀과 저고릿감[514]을 살 수 있다는 사실을 미뤄 볼 때 이 돈은 결코 적은 액수가 아님을 알 수 있다. 직공들이 단합하여 공장주와 맞서 투쟁할 만한 조건으로도 충분하다고 해야 할 것이다. 그래서 실제로 A를 대표로 선출하여 직공들의 의견을 지배인에게 청원하기로 결정한다.

하지만 아이러니하게도 동인은 졸라와는 달리 직공들에게 공전 손해를 보게 한 장본인을 공장주나 고용주가 아닌 같은 "양복 입은 노동자"[515] 배합사에게 돌리고 있다. 동인이 보건대 노동자들의 경제적인 손해는 고용주의 착취 때문에 빚어진 결과가 아니다. 전적으로 배합사 개인의 사정에 의해 초래된 불행일 따름이다. 그는 졸라에게서 플롯이나 '환경 결정론'은 수용하되 노동자와 자본가와의 갈등 내지는 노동자에 대한 자본가의 착취 행위에 대해서는 은근슬쩍 덮어 감추려고 한다. 더욱 한심한 것은 동인이 A의 고민을 통해 그 책임을 노동자들의 게으름에 돌리려고까지 한다는 점이다. 이와 같은 결과는 동인의 전기 문학을 관통하는 사상—약한 자에 대한 경멸에서 비롯된 것이라 할 수 있다. 이에 관한 담론은 본장의 결말에서 상세하게 다루려고 한다.

물론 청원 운동은 한 번으로 끝나지 않고 두 번으로 이어지면서 소기의 목적을 이룬다. 배합사를 축출하라는 직공들의 요구를 공장주가 아무 부가 조건 없이 수락하면서 이른바 노동 운동은 애매하게 끝나 버린다. 결국 환경도 애매하고 결과도 애매하다. 그것은 자궁으로서의 환경이 확실한 결과(동맹 파업)를 잉태할 만큼 생산력이 결여되어 있음을 의미한다.

한편 동맹 파업이 성사되지 못한 것도 그에 상부하는 환경이 조성되지 못한 데 기인한다고 할 수 있다. 파업은 공격 대상을 상실했기 때문이다. 공전 손해를 입힌 주동자가 공장주가 아니라는 사실이 그것을 입증한다. 그들의 파업은 처음부터 배합사 개인 다시 말해 고용주가 아닌 노동자 내부 싸움으로 끝날 수밖에 없는 운명이었다. 더구나 중요한 것은 파업의 동기가 자본가의 착취가 아닌 노동자들의 한낱 허위와 무지에 그 지반을 두고 있다는 동인의 의도적인 환경 설정이다. 동인은 A를 전면에 내세워 자신의 견해를 대독하도록 사주한다.

아아, 이 무지여! 외래 사상外來思想을 잘 씹지도 않고 거저 그대로 삼켜서, 그것이면 무조건하고 좋다고 자기의 환경과 입장을 고찰하지

도 못하고 덤비는 이 무리들이여. ──A에게는 딱하고 한심하기가 끝이 없었다.[516]

동인이 졸라에게서 배운 '환경 결정론'은 환경이 환경답지 못하고 결과도 결과답지 못하다. 그것은 어쩌면 졸라 소설의 갱목 사건과 파업의 플롯을 모방하면서 곁들여 수입된 것일지도 모른다. 「유서」와는 달리 동인은 이 소설에서 '환경 결정론'을 도입하려는 확고한 의지가 없었던 것 같다. 반대로 「배회」를 읽다 보면 우리는 도리어 '환경 결정론'과 배치되는 장면들과 만나게 된다. A는 술과 여자라는 주색의 환경 속으로 빠져들지만 결코 그 환경에 물들거나 노예가 되지 않고 "건전한 삶"으로 복귀한다. 다시 말해 그에게 환경은 결정권을 상실한 것인 동시에 환경이 결과를 결정한다는 자연주의 문학의 원칙도 그만큼 위배하고 있다.

졸라에게서는 환경 영향의 사정권으로부터 자유로운 인간은 드물다. 혹여 그런 인물이 있을 경우에도 작가는 인물과 환경 사이에 견고한 방어벽을 설치해 준다. 환경과의 연계를 단절시킴으로써 그 영향에서 탈피하도록 도와주는 것이다. 주지하다시피 『목로주점』의 주요 환경은 술과 음주이다. 하지만 그러한 환경과는 무관하게 물들지 않는 사람이 있으니 그가 바로 대장장이 구제이다. 그가 술이라는 타락의 환경 속에서도 물들지 않을 수 있었던 비결은 그런 생활과의 철저한 단절이다. 『제르미날』에서 에티엔도 술 없이는 살아가지 못하는 노동자들 속에서 금주의 신념을 확실히 지킴으로써 물들지 않고 타락하지 않는다.

> 그는 대대로 알코올 중독에 찌들어 비참한 삶을 이어가는 가문의
> 막내로서 술에 대한 뼛속 깊은 증오를 품고 있었다.[517]

에티엔이 단 한 번 술을 마신 것은 어쩔 수 없는 상황 때문이었다. 파업 단행 후 맹세를 어기고 갱으로 내려간 배신자들을 징벌하기 위해 여러 탄광을 돌아다닐 때였다. 사실 그는 전날 자신의 몫으로 배당된 술과 빵을 사양[518]했었다. 그럼에도 그가 술을 마신 것은 굶주림과 추위를 극복하기 위한 방편이었다. 추위를 잊기 위해 수통에 술을 채워 휴대하며 허기증이 발작하거나 추위가 엄습할 때면 마신 것이다. 그렇게 마신 술의 취기 때문에 "해묵은 증오심"을 품고 있는 샤발 앞에서 "강렬한 살인 충동"[519]을 느낀다.

하지만 A의 경우는 이와는 전혀 다르다. 그는 주색의 환경과 자신 사이를 차단하는 그 어떤 조치도 취하지 않는다. 원래 술을 마시지 않으면서도, B의 권고에 못 이겨 술과 여자에 접촉하지만 나중에는 스스로 그 환경 속에 깊숙이 빨려 들어가기 때문이다. 이러한 자진 타락은 "B의 말에도 일리가 있다"라는 생각에서부터 시작된다.

> 아무 바램과 광명을 발견할 수 없는 이 환경 아래서 혼자서 위로 광명으로 손을 저으며 헤매면 그것이 무슨 쓸 데가 있으랴. …… "술이다, 술이야." B의 부르짖음은 '위로 위로' 부르짖음보다도 더 침통

하고 진실한 부르짖음이 아닐까?[520]

　A는 이제는 B의 유도가 없이 혼자서도 몰래 술을 마시고 도순의 집을 찾았다. 그 발길은 갈수록 잦아졌다. 그녀의 집에 다녀온 이튿날이면 몹시 불쾌하여 다시는 가지 않으려고 맹세했지만 얼마 못 가서 "그의 발은 뜻하지 않고 그리로 향해"[521]지곤 했다. 부단한 자성 끝에 도순이와의 관계가 단지 "여성 정복이라는 일종의 병적 쾌감"[522] 때문이라는 결론에 도달하자 다시는 그녀의 집으로 가지 않았다. 하지만 그것도 잠깐 B와 도순이가 함께 가는 것을 보고 다시 그들을 미행하여 그녀의 집으로 간다. 뿐만 아니라 "호기심"을 가지고 B가 소개한 얼간이네 집에까지 간다.

　보다시피 A는 대장장이 구제나 에티엔과는 달리 스스로 술과 여자라는 환경 속에 깊이 빠져 있다. 그럼에도 그는 이러한 환경에 물들지 않을 뿐만 아니라 굳센 의지로 건전한 삶을 되찾기까지 한다. 이는 졸라의 자연주의 문학의 '환경 결정론'과는 정면으로 배치되는 결과라 하지 않을 수 없다. 뿐만 아니라 주인공에게 미치는 술의 영향도 졸라와는 판이하다. 졸라의 경우 술은 언제나 주인공들에게 부정적인 영향을 미치고 있다면 동인의 경우는 이와 반대이다. 긍정적인 역할을 미친다.

　A의 속에 술이 들어가면 언제든 마음이 차차 무거워 갔다. 순교자와 같은 비장한 마음이 늘 생겼다. 술은 언제든 그의 양심으로 하여금

부기케 하였다. 제 거칠은 생활을 뉘우치게 하였다. 취기가 들면 들수록 그는 자기의 비열하고 참되지 못한 생활과 행동을 뉘우치게 하였다.[523]

술은 양심을 깨우치고 거친 생활을 뉘우치게 한다. 게다가 취하면 취할수록 이 긍정적인 작용은 강화된다. 그럼에도 불구하고 동인은 A더러 술이 있는 환경을 회피하고 거부하도록 인도하고 있다. 당연히 동인이 서술한 경우는 술에서 깬 다음에나 느낄 수 있는 심리 상태이다. 술에 취한 상태에서는 실수를 하면 하였지 뉘우칠 수는 없기 때문이다. 실수―그것은 술이라는 환경이 만들어 낸 필연적인 결과물이다. 졸라의 소설에 설치된 코스는 바로 이 공식에 근거한 것이다. 졸라의 이러한 창작 의도는 "환경에 의해서 달라지는" 인간의 곡절을 묘사하기 위한 "순전히 박물학적이고 순전히 생리학적"[524]이며 자연주의적인 방법으로부터 기인한 것이다.

④ '유전론' 수용

환경과 유전은 "자아가 통제할 수 없는 두 요소"[525]이다. 그런 의미에서 출발할 때 우리는 동인의 소설 「배회」에도 졸라의 유전론의 맥박이 가늘게나마 뛰고 있음을 인지할 수 있다. 일단 다른 소설들과 마찬가지로 졸라는 『제르미날』에서도 자아의 통제를 벗어난 유전의 작용에 대해 여러 곳에서 언급하고 있다.

샤발에 대한 강렬한 살인 충동은…… 술주정뱅이였던 그의 부모에게서 물려받은 고질병 때문이었다.[526]

매서운 추위로 빈속에 술을 마신 탓에 난폭한 취기를 드러내며 칼을 들고 샤발에게 달려들려 했던 일이 뼈저리게 후회되었다. 그런 행동은 에티엔으로 하여금 그의 내면에 웅크리고 있던 낯선 두려움, 대대로 전해져 온 유전적인 악과 마주하게 했다. 그는 술이 한 방울이라도 몸속에 들어가면 그럴 때마다 자신도 모르게 살인 충동에 사로잡혔다.[527]

갱 속에서 돌로 샤발의 머리를 까부셔 죽인 것도 "조상 대대로 몸속에 쌓여온 알코올 중독"[528]이라는 유전의 사주를 받은 행위였다. 졸라가 보건대 이러한 유전적인 행위는 인간이 받은 교육이나 도덕 또는 양심 같은 것으로 억제될지는 몰라도 통제되지는 않는 것들이었다. 그것은 항상 몸속에 웅크리고 있다가 술이나 증오심과 같이 탈출구만 생기면 분출하는 본능적인 욕구들이다.

인간이 받은 교육이나 도덕 또는 양심 같은 것으로 통제되지 않는 것이 유전이라고 할 때 「배회」에서도 우리는 미약하나마 그런 맥락을 찾을 수 있을 것이다. 교양인으로서의 A는, 그 때문에 항상 향상 욕구를 가슴에 품고 있으며 자신을 반성하는 A는 도저히 이런 것들로 통제되지 않는 본능과의 싸움 때문에 고통을 치러야만 했다. 양심과 의지를 동원하여 타락의 일로를 달리는 자신을 멈춰 세우려고 하지만 그 질주는 결코 쉽게 중단되지 않는다. 수많은 맹세와 다짐들이 무색할 정도로 그는 타락의 수렁에서 빠져 나오지 못한 채 오랫동안 헤맨다.

하지만 결국 A의 양심은 유전적 작용을 통제하고 건전한 삶으로 돌아온다. 에티엔이 금주까지 하며 지독하게 자신의 유전적 작용을 통제하려 했지만 결국에는 살인을 저지르고야 마는 졸라의 '유전론'과는 상반된 결과가 아닐 수 없다. 그것은 교양 또는 양심과 유전의 대결에서 승자는 후자라는 단정하에 엮어진 이야기이다. 동인은 어느 정도 유전의 작용을 인정하면서도 양심과 의지를 전면에 내세우려고 했던 것이다. 그것은 A라는 인물이 그의 경멸 서사의 대상인 약한 자가 아니기 때문이다. 배운 자에게는 인간성이 존재한다는 게 그의 생각이다. 그 인간성은 얼마든지 유전성을 극복할 수 있다는 게 그의 지론이다.

결론적으로 김동인이 졸라의 자연주의를 수용한 것은 이광수의 사실주의 계몽 문학에 대항하기 위한 데 있었다고 단정할 수 있다. 그런데 문단에서 이광수와 겨루려면 대중 계몽의 문학관을 가진 계몽 작가 이광수와 반대의 길을 걷는 것이 가장 빠른 지름길이었다. 약한 자는 계몽이 불가능할 뿐만 아니라 무지하고 게으른 존재라는 서사적 설정은 이광수의 계몽 문학에 반기를 드는 효과적인 소설적 수단이었을 것이 틀림없다. 그리하여 김동인은 이광수에게 월계관을 선물한 리얼리즘을 포기하고 졸라의 자연주의를 수용하면서도 약한 자에 대한 동정과 연민의 서사만은 제외시킬 수밖에 없었다. 졸라의 자연주의 '환경결정론'과 '유전론'이 제한적으로 수용된 것은 이런 이론이 강한 자의 형상 부각에는 불리하다는 이유 때문이었다. 강한 자의 형상에 완벽함을 부여할 때에만 약한 자의 결함이 상대적으로 더욱 부각된다는 이유에서였다.

하지만 다음 장에서 담론의 주제로 삼겠지만, 김동인은 약한 자의 경멸이라는 자신의 문학관을 실현하기 위해 일본 문학을 통해서 무개입·무이상의 자연주의 이론을 자신의 소설 속에 받아들인다. 그것은 대중 계몽과 사회 개혁이라는 소설적 서사를 통해 인간의 운명에 개입하고 사회 개량을 시도하는 이광수 문학의 군림을 극복하려는 동인의 문학적 전략의 일환이었다. 결국 동인의 자연주의 문학의 특징은 약한 자에 대한 경멸과 냉소이며, 이는 이광수를 제패하려는 동인의 목적에 부합한 조건부 선택으로서 구축된 문학관이라고 볼 수 있다.

이밖에도 동인의 기타 여러 작품들에서도 졸라의 작품을 모방한 흔적들이 나타나고 있다. 이를테면 『나나』와 「감자」에서 몸을 파는 매춘부, 『대지』와 「명문」에서 부친과 모친 살해 등이다. 하지만 방대한 서사로 인해 지면이 팽배하는 것을 제한하기 위해 담론을 다른 기회로 미루고 여기서 접으려고 한다. 우리한테는 아직도 김동인 자연주의 문학의 원천이 될 수 있는 일본 자연주의 문학과의 비교 연구 과제가 남아 있기 때문이다.

III.

김동인 문학과
일본 자연주의 문학
비교 연구

김동인 문학과 일본 자연주의 문학의 관계는 러시아 톨스토이의 리얼리즘 문학은 물론 프랑스 졸라 자연주의 문학과의 관계에 비해서 그 연관성이 미미하다. 동인 자신도 "섬나라 인종에게서 무슨 큰 문학생이 나랴 하는 생각은 늘 속에 품고"[529] 있었으며 "일본 문학 따위는 미리부터 깔보고 들었다"[530]라고 공언하면서 러시아나 서구 문학에 비해 일본 문학을 천시한 경향이 있었다. 그가 소설을 쓸 때에도 "일본어로 구상"[531]할 만큼 일본 문화에 종속적이라는 사실을 감안하면 어떤 식으로라도 일본 자연주의 문학에 빚을 지고 있을 거라는 추측에 힘이 실리지만 실제로는 "일본 자연주의파와 동인을 연결시킬 구체적인 자료가 없는" 관계로 "'일원 묘사'에서 가장 큰 유사성이 나타날 뿐" 둘 사이의 연계 관계는 "국부적인 유사성밖에는 나타나지 않는다."[532]

　　일본에는 대중 소설밖에 없어서 읽을 만한 책이 없다는 것이 동인의 견해이다. 그렇다면 읽어야 할 소설은 서양 소설밖에 없다는 결론

이 나온다.[533]

　　일본 문학의 영향을 의식적으로 거부하려는 자세를 확고하게 가지고 있던 김동인 같은 문인도 실질적으로는 일본 문단에서 재정립하여 원형과는 거리가 멀어진 서구 문학의 개념과 창작 방법을 그대로 답습하는 일이 많았다.[534]

　　결국 동인 문학 특히 자연주의 문학은 러시아 리얼리즘 문학과 프랑스 자연주의 문학을 위주로 받아들이면서 "일본의 자연주의 문학과는 밀착되지 못하였음"[535]을 알 수 있다. 그리하여 유사성을 띤 동인과 일본 자연주의 작가의 작품도 찾기 어려워 본 장의 담론은 "일원 묘사"와 "과거 시제", "무개입, 무해결, 무이상"이라는 일본 자연주의 특징들에 대한 개괄적인 비교 연구에 그 범위를 한정할 수밖에 없게 되었다. 자연주의 작품에 대한 비교 분석이 빠진 지면에 대신 탐미주의에 대한 담론과 작품 비교 분석을 추가함으로써, 김동인의 순수 문학의 전반을 아우르는 연구 과제에 부응하도록 할 것이다.

　　김동인의 탐미주의 문학은 그 스스로가 창시한, 약한 자에 대한 경멸과 냉소서사 속에 내재하는 부당함과 절망감에 대한 나름의 치유 대안으로 제시된 것이라 할 수 있을 것이다. 동인은 유미주의 작품들을 통해 경멸과 냉소서사의 집중 포화에 훼멸된 약한 자들을 대신하여 사회와 민족의 희망 기대주로 영웅(천재)을 창조하고 그를 찬미하기에 이른다. 탐미주의 문학은 그 수가 많지 않지만 오랫동안의 경멸과 냉소

서사에만 깊이 빠져 있던 동인의 문체를 찬미 서사에로 전환하게 하는 계기가 되기도 했다. 하지만 아쉽게도 약한 자에 대한 고질적인 그의 경멸과 냉소서사가 여전히 존재하는 한, 그의 편향된 소설의 자궁으로는 영웅 창조에도 실패할 수밖에 없었다. 그것은 예고된 비극이었다.

1장

김동인의 일원 묘사와 일본 자연주의 영향

1. 김동인과 이와노 호메이의 일원 묘사

김동인과 일본 자연주의 문학과의 채무 관계는 크게 세 가지로 귀납할 수 있을 것이다. 첫째는 창작 초기 묘사 기법상의 문제이고 둘째는 과거 시제상의 문제이며 셋째는 주제에서의 무해결·무이상주의 문제가 그것이다. 첫 번째 경우에는 일본 자연주의 작가들인 이와노 호메이와 다야마 가타이의 소설 묘사와 연관이 있다. 전자는 일원 묘사가 담론 내용이 될 것이고 후자는 객관 묘사가 담론의 주제가 될 것이다.

김동인과 이와노 호메이의 소설에 대한 비교 연구를 통해 안영미는 "작중 주요 인물의 눈에 비친 것에 한하여 작자는 쓸 권리가 있다"[536]라고 주장하는 김동인의 일원 묘사를 "그 한 사람(갑이라면 갑)의 기분이 되어 그 갑이 본대로의 인생을 묘사해야"[537] 한다고 주장하는 이와노 호메이의 일원 묘사와 "똑같은 묘사 방법"[538]이라는 결론에 도달한다. 그녀는 자신의 주장을 입증해 줄 작품으로 이와노 호메이의 『오부작』 중의 첫 번째 작품『발전』과 김동인의 초기 작품「약한 자의 슬픔」을 제시하고 있다.

하지만 이 두 작품은 그 내용에서부터 채무 관계가 희박하다. 굳이 둘 사이의 연관성을 찾으려면 불륜이라는 사실 하나밖에 없다. 그러나 요시오의 불륜은 사랑을 전제한 애정이라면 K 남작의 불륜은 육체적 욕구를 전제로 한 성관계라는 점에서부터 이야기를 달리하고 있다. 요시오가 오토리와 깊은 관계를 맺는 이유는 "아내 지요코와 그 아이들을 싫어하기" 때문이라면 K 남작은 부인을 싫어해서가 아니라 일시적 성욕의 충동이 엘리자베트와의 남녀 관계를 가진 이유가 되기 때문이다. 실제로 오토리를 사랑하는 요시오는 아내와 이혼까지 요구하며 그녀를 데리고 여행까지 떠난다. 하지만 K 남작은 임신한 엘리자베트를 축객하고 재판에서도 변호사를 통해 "정조 유린에 대한 배상 및 위자료로서 5천 원, 서생아庶生兒 승인"[539] 요구를 쌀쌀하게 묵살해 버린다.「약한 자의 슬픔」에서 문제가 되는 것은 불륜과 경제 배상 갈등에서 불이익을 당한 약한 자의 어리석음이라면『발전』에서 문제가 되는 것은 애정이다. 뿐만 아니라 앞에서도 언급했듯이「약한 자의 슬픔」은 그 내용 면에서는 톨스토이의『부활』에 많은 빚을 지고 있다.

안영미는 김동인의 초기 작품에서 나타나는 "'인형 조종술'과 일원 묘사가 공통된 부분"[540]을 가지고 있다고 간주한다. 김동인이「약한 자의 슬픔」에서 사용한 "묘사描寫는 일원 묘사"였지만 "여주인공女主人公의 자살自殺을 집어넣으려 한"[541] 것처럼 일원 묘사로 그려 내는 인물 형상 창조에서도 인형 조종술 적용이 가능하다는 이유 때문에 공통성이 배당된 것이라고 추정된다. 하지만 이러한 인형 조종술은 화자와 연대한 작중 인물, 환언하면 작중 인물화 된 화자 스스로의 판단이라는 사실을 감안하는 지점에서 화자의 타자, 화자의 조종 대상으로서의 작중 인물은 사라지기 때문에 타자를 아는 신(작자)의 권위는 전복될 수밖에 없을 것이다. 진정한 신은, 타자를 임의로 조종할 수 있을 때에만 존재하기 때문이다. 타자로서의 작중 인물에 대한 조종 권위를 가진 화자(또는 작자) 그것이 톨스토이에게서 전수받은 김동인의 이른바 인형 조종술이다. 화자와 타자라는 묘사의 이중 구도는 일원 구도에 반하기에 결과적으로는 객관성을 지향할 수밖에 없다.

이러한 전제에서 출발할 때 김동인은 초기 창작에서 이와노 호메이의 일원 묘사와 톨스토이의 신적인 "인형 조종술" 사이에서 서사적인 혼돈과 방황을 했다고 추정할 수 있다. 동인은 일원 묘사에 대해 "경치든, 정서든, 심리든 작중 주요 인물의 눈에 비친 것"에 한정하며 "주요 인물 이외의 인물의 눈에, 혹은 마음에 비친 사물은, 아무리 귀한 것일지라도 작자는 쓸 권리가 없기에…… 경원선 열차에서 C가 횡사橫死를 하였다 할지라도, K가 보지만 못하였으면 작자는 C의 횡사를 쓸 권리가 없을"[542] 것이라고 정의한다. 우리가 작품 중에서 구태여 예문을 확인할 필요도 없을 만큼 소설 전반에서 이러한 묘사는 주류를 이루고 있다. 하지만 소설 속에서 우리는 타자로서의 작중 인물을 조종하는 묘사도 발견하게 되면서 김동인이 일원 묘사와 '인형 조종술'이라는 이 양자 사이에서 서사적 방황을 하고 있음을 확인할 수 있다. 다름 아닌 이환에 대한 묘사가 그것이다.

그의 차차 혼돈되어 가는 머리에도 한 가지 생각은 꼭 들어붙어서 떠나지를 않았다. ―그는 이환이를 사랑하였다. 이환이도 그를 사랑하였다. (엘리자베트는 이것을 의심치 않게 되었다) 그렇지만, 그들에게는 서로 사랑을 고백할 만한 용기는 없었다. 그것으로 인하여 그들은 각각 자기가 사랑을 짝사랑이라 생각하였다.[543]

이환은 통학하는 길에서 만난, 모르는 청년[544]이다. 말도 한 번 건넨 적이 없었다. 그럼에도 불구하고 엘리자베트는 이환이 자신을 사랑하고 있음을 확신하며 이환에게는 사랑을 고백할 용기가 없음을 인지하고 있다. 일원 묘사의 작중 인물로서는 절대로 인지할 수 없는 영역이다. 물론 엘리자베트의 시선에서 벗어난 이환의 정보는 엘리자베트의 "생각"에 불과하지만 전지적 화자가 아니고서는 입수할 수 없는 정보가 아닐 수 없다. 이환은 이 보이지 않는, 일원 묘사 원칙과는 배척되는 조종술에 의해 "아내의 배신으로 거지가 되고 엘리자베트의 자동차에 치이기"[545]까지 한다. 이 모든 사건들은 일원 묘사의 영역으로는 그 한계 때문에 수용할 수가 없는 것이 아닐 수 없다.

김동인의 묘사가 일원 묘사와 '인형 조종술' 사이에서 방황하고 있다는 주장은 역시 일원 묘사를 사용한 동인의 초기 작품 「마음이 옅은 자여」에서도 확인할 수 있다. 동인의 아내와 아들 순덕에 대한 톨스토이식 '인형 조종술' 묘사에서 명확하게 드러나고 있다.

어머니가 목이 메인 소리로 설명한 바는 이와 같다. ―팔월 그믐께 (음력) K의 아내는 이번 세계를 휘돈 돌림감기에 걸려서 자리에 누웠다. K의 아들도 그와 함께 감기가 걸렸다. 구월 초순께는 K의 아들 순덕이는 낫지 못하였어도 k의 아내는 전쾌에 가까웠다. 감기가 낫는 것과 함께 그에게는 발광증이 또 일어났다. 구월 초사흗날 K의 아내는 없어졌다. 동리에서 모두 나서서 찾은 결과, 그가 산 중동에 기절하여 있는 것을 발견하였다. —병세는 갑자기 더하여졌다. 이때부터 일승 일강 一昇一降, 모자가 서로 발걸음을 맞추어서 앓았다. K의 아내가 열이 날 때는 K의 아들도 나고, K의 아내가 좀 내릴 때는 아들도 따라 내리고, 이렇게 며칠 지내다가 모자의 병은 함께 폐렴으로 변하였다. K의 아내는 죽을 줄은 벌써 깨닫고, 죽기 전에 한 번만 남편의 얼굴을 보고 싶다, 다만 한 번이라도 만나 보고 싶다. 거저 죽으면 고혼孤魂이 되겠다고, 매일 울며 부르짖고, 아들도 아버지, 아버지 하며 우는 고로, K의 어머니는 평양까지 갔으되, K는 금강산을 갔다 하므로 할 수 없이 그냥 돌아왔다. 돌아와서 보니, K의 아내는 일어나 앉았는데, 이상한 것은 그의 낯이 K의 낯과 거의 같이 된 것이다. 한참 있다가 오후 한 시쯤 아내가 죽고, 이튿날 새벽 두 시쯤 아들이 따라 죽었다. 아내가 죽을 때 마지막 말도 순덕의 아버지를 다만 한 번이라도 보고 싶다는 것이었다. 이날이 K가 금강산에 도착한 날이다. 이튿날 뒷산 공동묘지로 가져갔다.[546]

엘리자베트의 시선에서 벗어난 이환처럼 '나'의 시선에서 벗어난 아내와 아들은 화자와 연대한 작중 인물이 아닌 화자와 독립한 타자로서의 작중 인물이다. 이때의 독립은 신적 화자의 조종을 전제로 한 것이지만 객관성을 부여받은 인물로서 자신만을 바라보는 일원 묘사적인 작중 인물과는 확연히 구별된다. 모친의 눈을 통해 포착된 아내와 순덕은 며느리나 손자도 아니라 모친의 시선을 초월한 "K의 아내"와 "K의 아들"로 호칭되면서 일원 묘사의 한계를 돌파하여 객관화되고 있다. 그러다가도 때로는 다시 일원 묘사로 복귀하며 "아내"가 되며 '나'의 시선의 포로가 되면서 일원 묘사와 객관 묘사의 사이에서 시점이 흔들리고 있다.

'나'의 아내와 아들에 대한 모친 시선의 절대적 권위를 박탈한 이유는 모친 시선의 개입으로 유발될 수 있는 며느리와 손자에 대한 동정과 긍정의 결과를 미리 차단하기 위해서라고 할 수 있다. 소설의 서두에서 아내와 아들은 '나'에 의해 부정적인 이미지가 부여된 바 있다. "할머니 뒤에 서서 낯설은 나를 힐끗힐끗 쳐다보는 아들"과 "어린 아이를 내어 버리고 자기 집에 가…… 본집의 농사는 도와주면서도 마음은 걱정 없이 지낸" 아내의 "새까맣게 타진 얼굴, 살찐 허리"[547]는 '나'를 "성나게 하고 낙담"시킴으로써 "사랑을 소멸"[548]하게 한 부정적 이미지의 소유자들이다. 그런 아내와 아들을 모친의 며느리와 손자에 대한 동정심을 개입시켜 긍정적 이미지로 교체할 하등의 이유도 없었을 것이다. 객관화를 통해 "마음이 옅은 자", 즉 약한 자의 어리석음을 부각시키려는 의도가 담겼다고 할 수 있다.

아내는 남편을 "다만 한 번이라도 만나 보고 싶어" 아픈 몸을 이끌고 평양까지 찾아왔지만 헛걸음을 한다. 그녀의 남편에 대한 이러한 집착은 약한 자의 어리석음에 대한 동인의 인식을 확연하게 드러내 준다. 아내가 사경을 헤매면서도 남편에 대한 집착에 매달리는 이유는 세 가지다. 자신은 남편이 있는 지어미임을 확인함으로써 결혼·부부·가정·자식을 다 가진 제대로 된 여성의 삶을 살았고 아내의 본분을 다했다는 위로를 삼으려 했을 것이다. 아니면 생과부로 독수공방하게 한 남편을 성토함으로써 억울함을 하소하려 했을 수도 있다. 그도 아니면 남편에게 가족으로 복귀하여 지아비와 아비의 직분에 충실할 것을 애원하려 했을 가능성도 없지 않다. 하지만 이 세 가지 경우 모두 이미 마음이 떠나간 남편을 돌릴 수 없을 뿐만 아니라 불치병 치료에도 도움이 되지 않는다는 사실을 전혀 모르고 있다는 데 약한 자로서의 그녀의 어리석음이 존재한다고 작가는 암시해 주고 있다.

2. 김동인의 객관 묘사와 다야마 가타이의 평면 묘사

동인은 초기에 일본 자연주의 특히 이와노 호메이의 묘사 기법을 수용하여 소설을 창작했지만 그때에도 일원 묘사의 결함을 인지함과 동시에 객관 묘사에 흥미를 보이기 시작했다. 그것은 일원 묘사가 이광수의 계몽 대상인 약한 자에 대한 경멸과 냉소라는 그의 문학관을 소설을 통해 구현함에 있어서 만족스러운 결과를 얻을 수 없기 때문이었다고 할 수 있다.

일원 묘사는 무론 간절하고 명료한 점은 다른 방식보다 나았다 할
지나, 주요 인물 이외의 인물 행동이며 심리를 쓸 필요가 있을 때에
는, 그 행동이며, 심리를 주요 인물의 시점권 내示點圈內에 끌어들여야
하니까, 저절로, 얼마간의 모순이 생기지 않을 수 없다. 그 호례好例로
서, 빙허憑虛의 「지새는 안개」의 150엽頁부터 151엽頁까지를 들 수가
있으니, 화라라는 계집애가 창섭이라는 청년의 정조를 빼앗기 위하야
창섭을 술에 취하게 하였는데, 창섭은, 그만 술에 취하여서 잠이 들었
다. 작자는 창섭을 주요 인물(그 절節의)로 삼아서 아직껏 써 왔으니깐,
이 순간의 화라의 심리를 써낸다 하면, 거기는 일원 묘사로 거의 파탄
이 생길 것이다.[549]

주요 인물 즉 화자와 연대한 작중 인물 이외의 인물에 대한 묘사의
어려움은 주요 인물의 시점권 내에 끌어들였을 때 관찰자의 시선이 주
관의 범위만큼 위축될 수밖에 없다는 점에 존재한다. 주요 인물 이외
의 인물의 심리를 전달하는 면에서 일원 묘사는 그 기능이 실각 또는
"파탄"될 수밖에 없기 때문에 그 단점이 노출되는 것이다. 일원 묘사
에서는 화자의 전지권全知權은 주요 인물에 의해 박탈·축소되고 인물
의 배면에 숨겨져 존재감마저 증발될 뿐만 아니라 현실과 타자(주요 인
물 이외의 인물)를 주관 속에 끌어들여 판단의 대상으로 삼음으로써 그 진
실한 모습이 변형 또는 위축되는 단점이 초래될 수밖에 없다는 점을
동인은 이미 알고 있었다. 그것은 복수의 또는 화자(주요 인물)로부터 타
자화된 약한 자의 결함을 경멸해야 하는 동인에게는 완벽도가 결여된

묘사 기법이 아닐 수 없었을 것이다. 동인이 초기 몇 편의 작품에서 일원 묘사를 수용 혹은 실험하는 것으로 만족하고 재빨리 객관 묘사로 전향한 이유도 여기에 있다.

객관 묘사는 일원 묘사에서 혼연일체가 된 화자와 그로부터 인지권, 서술권을 인수한 주요 인물과의 연대를 파괴·분리시킴으로써 박탈당한 화자의 권위를 복원하고 주관을 현실과 타자에게 예속시켜 판단의 대상으로 격하시킴으로써 판단의 주체를 교체한다. 이제 묘사 대상은 자신이 아니라 객관적인 타자이며 묘사 주체는 제한된 인지 영역을 넘어 전지적 영역으로 확대된다. 바로 그곳은 동인이 경멸할 대상인 약한 자들의 생존 공간이다. 그리하여 동인은 객관 묘사(다원 묘사)를 "번잡한 감을 느끼게 하며, 나아가서는, 그 소설의 역점이 어디 있는지까지 모르게 하는 일이 생긴다"[550]라고 우려하면서도 실제 창작 실천에서는 일원 묘사와 단호히 결별하고 본격적으로 "객관 묘사에 의한 새로운 소설 기법"[551]으로 전향한다.

> 1925년 「명문」, 「감자」를 기점으로 해서 동인의 서술에 변화가 생긴다. 그 이전에는 소위 일원 묘사가 대부분이었는데 「명문」, 「감자」에서 순객관 묘사로 변한 것을 김상태는 지적하고 있다. 김동인의 단편 소설은 객관 묘사가 대부분이고 이러한 경향은 1925년에 정착한 것이라고 볼 수 있다. …… 결국, 김동인 소설에서 가장 많이 보이는 것은 객관 묘사를 사용해 현실 세계를 그린 것이었다.[552]

안영미는 김동인의 일원 묘사와의 결별과 순객관 묘사의 사례를
「감자」의 묘사를 통해 입증하고 있다. 그녀는 김동인의 객관 묘사의
표현을 "서정적인 경향"으로 나타나는 "주관의 배제"[553]에서 확인하고
있다. 그녀는 「감자」의 초고에서 "때때로는 자기까지 섞어서 놀고 있
는 것을 볼 때에, 복녀는 이상하다 하였다"라는 구절이 "단행본에서는
'때때로는 자기까지 섞어서 놀고 있었다'"로 수정된 사례에서 "복녀의
주관적인 감정을 나타내는 '복녀는 이상하다 하였다'의 부분이 삭제되
고 객관 묘사로 바뀐"[554]부분에 주목하고 있다.

> 이 부분이 복녀의 내면 묘사이므로 객관 묘사로는 어울리지 않는
> 다고 생각하고 작가가 삭제한 것으로 생각된다. 이와 같이 복녀의 감
> 정이 일절 삭제되는 것으로 작품 세계는 객관적인 사실만을 서술한
> 다. 「감자」에서는 작중 인물과 화자가 완전하게 분리되는 객관 묘사
> 를 창출했다.[555]

> 「감자」에서 화자는 냉정한 시선으로 복녀를 객관적으로 서술하고
> 있다. 「명문」, 「감자」는 화자의 주관을 배제한 객관 묘사를 사용하고
> 있다.[556]

동인이 일원 묘사의 원칙인 '내면 묘사'에 대한 거부감을 드러낸 이
유는 그러한 묘사가 약한 자의 성격적 흠결이나 어리석음을 표출하는
데 별로 도움이 되지 않았기 때문이다. 무지와 어리석음은 행동·처신·

판단에서 나타날 따름이다. 혹 '내면 묘사'가 인물의 어리석음을 드러내다고 해도 그것은 객관성이 결여될 수밖에 없기에 선호 대상이 될 수 없었다. 동인에게는 묘사 대상과 분리된 화자가 인물과 한 걸음 물러선 채 객관적으로 이광수의 계몽 대상이었던 약한 자들에 대해 가질 수 있는 태도, 바로 신적인 화자의 이 "냉정한 시선"이 필요했던 것이다. 그 시선이 소설에서 체현된 것이 다름 아닌 경멸과 냉소서사이다.

김동인은 일본 자연주의 대가들인 "도송(藤村)이나 가타이(花袋)보다는 졸라이즘에 근접"[557]함으로써 그의 자연주의는 "졸라의 그것과 공통성을 지니고 있다."[558]

졸라이즘에 가까운 동인의 객관 묘사는 일본 자연주의 대가인 다야마 가타이가 주장한 '평면 묘사'와도 궤적을 달리한다. '외적 초점화의 소설 담론'이라는 점에서는 두 사람의 객관 묘사는 유사해 보이지만 실제로는 다르다. 평면 묘사가 "현실의 자기 경험을 조금의 주관도 가하지 않고, 내부적 설명 또는 해부를 가하지 않고, 단지 본 대로 들은 대로 접한 대로 쓴 것"[559]이라면 동인의 객관 묘사는 "쓰레기를 버리고 남은 알짜"[560] 즉 허구이기 때문이다. 동인이 말한 "찌꺼기"란 약한 자에 대한 경멸과 냉소서사에 부합되지 않는 모든 것을 의미한다. 구체적으로 말하면 강한 자의 단점, 약한 자의 장점 등일 것이다. 이러한 재료들은 배제되어야 할 "찌꺼기"들에 속한다. 특히 "다야마 가타이의 평면 묘사에서 보이는 서정적이고 감상적인 경향"[561]은 묘사에서 철저하게 청산되어야 할 대상이다. 그것은 묘사에서 서정과 감상은 서술의 냉정성을 약화시키는 인소이기 때문이다. 따라서 찌꺼기로 분류될 수밖에 없다. 서정과 감상의 배제를 우리는 「감자」에서 분명하게 확인할 수 있다. 약한 자인 복녀에 대한 그 어떤 서정적이고 감상적인 묘사도 억제되어 있기 때문이다.

> 한 시간쯤 뒤에 그는 왕 서방의 집에서 나왔다. 그가 밭고랑에서 길로 들어서려 할 때에, 문득 뒤에서 누가 그를 찾았다.
>
> "복네 아니야?"
>
> 복녀는 홱 돌아서면서 보았다. 거기는 자기 곁집 여편네가 바구니를 끼고, 어두운 밭고랑을 나오고 있었다.
>
> "형님이댔쉐까? 형님도 들어갔댔쉐까?"
>
> "님자도 들어갔댔나?"
>
> "형님은 뉘집에?"
>
> "나? 육(陸) 서방네 집에. 님자는?"
>
> "난 왕 서방네! 형님 얼마 받았소?"
>
> "육 서방네 그 깍쟁이놈, 배추 세 페기……"
>
> "난 3원 받았다"
>
> 복녀는 자랑스런 듯이 대답하였다.
>
> 십 분쯤 뒤에 그는 자기 남편과, 그 앞에 돈 삼 원을 내어놓은 뒤에. 아까 그 왕 서방의 이야기를 하면서 웃었다.[562]

정조를 유린당한 복녀의 심정에 대한 그 어떤 정서적 감상적인 묘사도 존재하지 않는다. 도덕적 수치심도 없을 뿐만 아니라 남편에 대한 미안함마저도 깨끗하게 제거되어 있다. 왕 서방과의 성관계는 단지 생계를 위한, 정정당당한 근로 행위일 뿐 결코 지탄의 대상도 아니다. 그 의미는 심리적인 차원이라기보다는 3원이라는 경제적인 수익에 맞춰져 있다고 해야 할 것이다. 물론 "자랑스러움"과 "웃음꺼리"라는 감상적인 표현도 드물게 보이지만 그것은 문맥의 전체를 관통하는 냉소 서사의 도도한 흐름을 막을 만큼의 위력은 없다고 봐야 할 것이다.

동인이 이처럼 객관 묘사에 심취한 이유는 인물의 객관화를 통해 약한 자를 계몽 대상으로 택한 이광수에 정면으로 도전하면서, 약한 자의 계몽은 불가능하다는 것을 역설하고 무지한 무리인 이들을 비난의 대상으로 삼기 위한 데 있었다. 그것은 그와의 차별화 전략을 통해 이광수라는 거대한 문학의 장벽을 넘어서려는 야심의 표현이라 할 수 있다.

2장
김동인과 일본 자연주의 소설의
인칭 대명사와 과거 시제 도입

1. 김동인과 일본 자연주의 소설의 인칭 대명사
He '그', She '그녀'

일본 자연주의와 김동인이 삼인칭 대명사를 소설에 도입한 이유는 표면적으로는 번역의 필요성과 고유 명사의 반복이 유발하는 번잡함을 해소하기 위한 데 있지만, 그 이면에는 종교적 이데올로기 문제·문화적인 문제·언어학적인 문제가 복합되어 있다. 번역의 경우 일본에서도 일본어에는 없는 영문의 삼인칭 대명사 He, She를 자국어로 옮기는 과정에서 만들어진 것이다. 한국어도 일본어와 마찬가지로 "번역문을 모델로 해서 변화한 것"[563]이다.

일본 자연주의 소설에서 "대명사적 기능을 가지게 된 彼(카레, 그), 彼女(카노죠, 그녀)가 사용된 최초의 작품은 사가노야 오무로의 『들가의 국화(野末の菊)』(메이지 22. 1879. 7.)"[564]이지만 오자키 고요(尾崎紅葉)의 『청포도(靑葡萄)』(메이지 28. 1885.)를 거쳐 다야마 가타이(田山花袋)와 이와노 호메이(岩野泡鳴)

에 와서야 "삼인칭 대명사의 기능으로 완전하게 정착"[565]하게 된다. 결국 "彼, 彼女"의 사용은 일본 자연주의 작가들을 포함한 당시의 학자들이 "번역 작업을 통해서 서구어의 삼인칭 He, She의 존재를 의식하게 되었고 일본어에는 이와 같은 역할을 하는 말이 없다는 것을 알아차리고"[566] 그 대안으로 내놓은 결과물이었다.

김동인 이전의 한국어에도 삼인칭 대명사는 존재하지 않았다. 중세 국어에 "많지는 않지만 삼인칭 대명사의 기능을 하는 '저', '뎌', '그'가 존재"[567]하긴 했지만 삼인칭 대명사의 기능과 함께 지시 대명사의 의미도 동시에 가지고 있어 그 인칭성의 순수함이 결여된 상태였다. 한국어 삼인칭 대명사를 가장 먼저 문학에 사용한 사람은 이광수와 김동인이다. 이광수는 일본어 소설 『사랑인가(愛か)』(1909)에서는 삼인칭 대명사 彼를, 『무정』(1910)에서는 삼인칭 대명사 '그'의 역할을 하는 '저'를, 『헌신자』(1910)와 『김경』(1915)에서는 '그'를 사용하고 있지만 여전히 지시 대명사의 기능이 작동하거나 현대 한국어에서 볼 수 있는 삼인칭 대명사의 기능은 결여되어 있었다고 할 수 있다. 이광수의 작품 『무정』에서 사용된 '그'는 언문일치에 의한 완전한 삼인칭 대명사의 기능을 하는 것은 아니고 전통적인 지시 대명사의 성격이 짙은"[568] 불완전함을 드러내고 있다.

소설 창작에서 지시성을 배제하고 인칭성만 부각한 최초의 작가는 김동인이다. 이러한 판단은 그의 소설 「약한 자의 슬픔」을 통해서도 분명하게 드러나고 있다.

그는 피곤하여진 고로 눈을 감았다. 더움과 추움이 그를 쏘았다. 그는 추워서 사지를 부들부들 떨면서도, 이마와 모든 틈에는 땀을 줄줄 흘리고 있었다.[569]

여기서 '그'는 공간 개념으로서의 지시 대명사가 아니라 엘리자베트를 가리키는 삼인칭 대명사로서 영문의 He, She와 대응하는 개념이다. 그런데 김동인은 왜 굳이 "우리말에는 없는 …… He, She를 정확히 우리말로 옮기려"[570] 했을까? 그것은 일본어와 마찬가지로 한국어에는 서구어에서 나타나는 삼인칭 대명사가 부재했기 때문이었다. 그러면 일본어와 한국어의 삼인칭 대명사 부재의 공통성은 어디에 기인하는 가에 대한 의문이 뒤따르지 않을 수 없게 된다. 앞에서 우리는 삼인칭 대명사의 수용에는 표면적인 이유 말고도 종교적 이데올로기문제·문화적 문제·언어학적 문제가 공존한다고 지적한 바 있다.

한국어와 일본어와 같이 존경어와 겸양어가 있는 언어에서는 연상과 연하에 대한 동사가 달라진다. 그 때문에 이러한 언어권에서는 동사와 형용사의 활용을 최대한 살리고 있기 때문에 주어와 인칭을 나타내는 단어를 생략해도 아무런 지장이 없다. 결국 한국어와 일본어의 소설은 동사의 어미 활용을 풍부하게 하는 것에 의해 주어의 생략을 가능하게 하고 있기 때문이다.[571]

일본과 한국은 다 같은 유교 문화권 사회에 속한다. 유교 사회에서

"연상과 연하" 즉 연령의 차이는 곧 신분의 차이이다. 인칭으로서의 주어는 삼인칭 대명사의 도움이 없이도 존댓말의 다양한 변화에 의해 확인이 가능하다. "드신다", "먹게", "먹는다" 등 동사의 존댓말 변화에 따라 연장자, 동년배, 손아래라는 주어의 윤곽이 드러나기 때문이다. 경어에 의한 주어의 이러한 은폐는 연령에 따른 서열을 중히 여기는 유교 사회의 결과물이라고 할 수 있다. 따라서 삼인칭 대명사 '그', '그녀'의 사용은 그 자체로도 유교적 서열을 전복하고 부당하게 말소抹消된 주어의 부활을 도모하는 결과로 이어질 수밖에 없다.

여기서 제기되는 하나의 문제라면 같은 유교 문화권인 중국어의 경우에는 경어 체계가 부재한다는 사실일 것이다. 하지만 중국 역시 유교 사회가 가지는 연령에 따른 서열 의식이 존재한다. 다만 중국에서의 유교적 서열 관념은 언어가 아닌 주거 문화 형태에서 체현된다는 특이한 점이 있을 따름이다.

중국에서는 주거 공간 내에서의 가족의 서열을 철저하게 방위에 의해 구분한다. 북쪽을 등지고 남쪽을 향해 정좌한 자는 가족 성원 중에서 가장 연장자이며, 남자는 서쪽, 여자는 동쪽에 자리가 배정되어 있다. 북쪽에서 남쪽으로 내려오며 나이 순서에 따라 자리가 엄격하게 규정되어 있다. 그러나 한국인은 온돌이라는 특이한 주거 공간으로 인해 방위를 이용하여 가족 구성원들의 서열을 지정할 수 없다. …… 이렇듯 온돌 구조에서의 방위에 의한 서열 구분이 어렵게 되자 방위가 아닌 별도의 양식에 의한 위계질서 구분의 필요성이 대두하

게 된 것이다. 그 대안으로 부상한 것이 다름 아닌 언어에 존댓말 기능을 첨가하는 전략이었다.[572]

서구어 특히 영어에서 He, She와 같은 삼인칭 대명사가 일찍부터 정착된 데에도 종교 이데올로기적인 원인이 있다. 단수 삼인칭 대명사 He는 고대 영어에서부터 보이며 "13세기부터는 중고中古 영어의 북부 방언(the Northern dialect)에는 제3인칭 음성陰性 대명사 주격主格 She라는 형식이 나타나기 시작했다. ······ 새로운 대명사 She는 13세기와 14세기 두 세기를 걸쳐 자주 사용되면서 결국에는 중부 방언과 남부 방언에 의해 수용"[573]되었다. 영어에서 삼인칭 대명사가 이렇듯 일찍 정착한 것은 "1362년 에드워드 3세가 의회에서 처음으로 영어로 개막사를 하고 같은 해 법정 소송에서 반드시 영어를 사용할 데 대한 칙령을 반포하고 1385년부터는 영어가 이미 프랑스어를 대신하여 학교의 정식 언어가 되고 부르주아가 탄생했다"[574]라는 정치적, 경제적 원인도 있겠지만 필자는 그보다도 당시 유럽을 정신적으로 지배했던 기독교 문화와 연관이 있을 것으로 추정한다. 기독교의 "원죄설"은 "사람은 날 때부터 본성이 착하다"라는 유교의 "성선설"과는 달리 인간의 본성 속에는 원래 사랑이 없었음을 의미한다. 신 앞에서 완벽한 인간은 없으며 누구나 죄인이라는 점에서 인간은 평등하다는 전제로 인해 기독교는 존비귀천의 차별을 타파하고 "박애"로써 양자의 차이를 극복하려 한다. 천주교의 이 인간 자유·평등사상은 인칭 평등의 토대가 되었으며 유교 사회인 동양보다 앞서 삼인칭 대명사가 영어에 정착할 수 있도록 토대를 마련해 준 것이다.

　김동인은 자신이 삼인칭 대명사 즉 He(그), She(그녀)의 사용 이유에 대해 "거추장스러운 어휘로 소설을 쓰려면 소설가의 영원한 고통"일 뿐만 아니라 "그 매번을 고유 명사(김 모면 김 모, 엘리자베트면 엘리자베트)로 쓰기는 여간 군잡스런 일이 아니"[575]라고 설명하고 있다. 하지만 동인이 작중 인물의 평등을 지향하는 삼인칭 대명사를 사용한 의도는 결코 "시끄러움"이나 "번잡함" 때문만은 아닐 거라는 판단이 필자의 생각이다. 왜냐하면 그는 삼인칭 대명사를 "강한 자"와 "약한 자"로 나누어 분별 있게 사용하기 때문이다. 그는 「약한 자의 슬픔」에서 이른바 "약한 자"인 엘리자베트와 그의 친구 혜숙이 그리고 S와 이환 등의 인물에는 '그'라는 삼인칭 대명사를 사용하면서도 "강한 자"로 분류되는 K 남작과 부인의 경우에는 의도적으로 사용하지 않고 있다.

　　이환! 그가 알고 이것을 S에게 말하였다. …… 그러면 그도 내게 주의를 한 거지? 이 말을 S에게까지 한 것을 보면 그도―내게…… 그도―내게…… 그도…… 남작, 남작은 내 말을 듣고 도망하였지―아니 도망시켰지― 아니 도망했지.

　　이환 씨, 전에 본 S의 웃음. 응! 그 전날 그는 S에게 고백하였다. 그것을 고것이―고것들이. 고―고―고것들이…… 어찌 되나? 모두 어찌 되나?

　　주부된 벗 가운데는 벌써 두 아이의 어머니 된 사람까지 있었다. 그들 사운데 한둘밖에는 지금은 엘리자베트를 만나도 서로 모른 체하고 말도 안 하고, 심지어 슬슬 피하게까지 되었다.

　　그러는 가운데 혜숙이—그는 엘리자베트의 어렸을 때부터의 벗이
다.[576]

　첫 번째와 두 번째 인용문은 이환 그리고 S와 혜숙 등을 지칭하는
삼인칭 단수 대명사와 삼인칭 복수 대명사로 표현된 경우이고 세 번째
와 네 번째 인용문은 삼인칭 복수 대명사와 혜숙을 지칭하는 삼인칭
대명사로 표현된 경우이다. 결국 동인은 삼인칭 대명사의 분별 있는
사용을 통해 인물의 서열 평등 기능을 "약한 자"에게만 적용하고 "강
한 자"에게는 절제함으로써 "약한 자"들을 하나의 공동체로 묶어 경
멸과 냉소의 대상으로 택하고 있음을 알 수 있다.

　그런데 소설 「명문」에 등장하는 전 주사(田主事)는 양반가의 자제이
며 부잣집 아들이고 아버지를 이어 대감의 벼슬까지 하니, 가히 강한
자로 분류될 수 있음에도 불구하고 삼인칭 대명사가 무수하게 따라다
니고 있다. 소설에서 전 주사는 "예수교인"이며 그로 인해 아버지에게
호되게 꾸지람을 들을 뿐만 아니라 집에서 축출당하기까지 한다. 세월
이 흐른 뒤 오랜만에 부친의 병환이 위독하여 집에 문안을 왔지만 아
버지는 "저리 가라! 애비의 임종에서까지 우라질 하느님? 너의 예수당
에 가서나 울어라. 가!"[577] 하고 아들을 축객한다. 부친이 타계한 후 전
주사는 집안의 몇 식구가 어머니 때문에 잠시도 마음을 못 놓고 지낸
다는 이유로 "어머니의 껍질을 쓴 바보"이며 "벌써 송장이 된 어떤 몸
집에 조금 손을 더하는 것"[578]이라는 이유로 모친을 살해한다. 결국 전

주사는 하느님의 판결로 지옥에 떨어진다. 이처럼 전 주사는 단지 예수교인이라는 조건 때문에 기독교에 대한 김동인의 부정적 태도의 희생물이 됨과 동시에 강한 자에서 배제되면서 약한 자들에게 주어지는 삼인칭 대명사를 부여받게 됨을 알 수 있다. 동인은 때로는 전 주사에게 강한 자의 권력을 배분하고 때로는 약한 자의 이미지를 부여하는 이중적인 태도를 취하고 있다. 반면에 그의 부친 전성철 대감은 여전히 강한 자로서 삼인칭 대명사의 굴욕에서 벗어나 당당하게 고유 명사를 거느리고 있다.

또한 김동인이 삼인칭 대명사를 사용한 은밀한 목적에는 이광수를 겨냥한 승부욕이 강하게 작용했음을 인정해야 할 것이다. 동인은 「망국인기」에서 대명사 사용에 주저하는 이광수의 결여된 자각성을 언급하고 있다. "1919년 이전의 춘원의 소설을 보자면 특수한 예외를 제하고는 모두 대명사는 안 쓰고 이름—고유 명사를 사용"[579]했다고 지적한다. 결국 삼인칭 대명사의 본격적인 사용은 이광수를 겨냥한 동인의 승부욕을 만족시켜 주는 하나의 다분히 계산된 전략이었음이 드러난다고 해야 할 것이다. 동인 스스로도 "조선 소설 용어의 주춧돌 놓은" "스무 살의 혈기와 자기를 선각자노라는 어리석은 만용"[580]을 부려 이광수를 앞지른 자신에 대해 자부심을 드러냄으로써 이러한 추측에 명분을 보태기까지 한다.

2. 김동인의 '쓰다'와
일본 자연주의 소설의 과거 시제

일본 근대 문학에서 과거 시제 사용은 후타바테이 시메이(二叶亭四迷)가 러시아 작가 투르게네프의 소설 『사냥꾼의 수기』(1852)를 번역한 『밀회(あひゞき)』(『国民之友』. 1888.)라는 설과 그의 소설 『뜬구름(浮雲)』(1887~1889)이라는 설이 공존한다. 후타바테이 시메이는 "청년기에 도쿄 외어학교(東京外語學校)에서 러시아어를 공부"[581]했고 1907년에는 "'아사히 신문' 특파원으로 페테르부르크에 파견"[582] 되어 외교관 신분으로 지내면서 러시아어로 된 문학 작품을 접할 기회가 많았던 것이다. 하지만 한국어의 '쓰다'에 해당하는 일본어의 문말 표현 '~た'가 과거 시제로 사용된 것은 1888년에 간행된 『밀회(あひゞき)』와 1887년에 간행된 『뜬구름(浮雲)』의 제3편 「都の花」에서부터였다. 번역 소설 『밀회』는 "한 문장 한 문장 모두 '~た[ta]'라는 과거 확정적 문말 표현으로 일관"[583]되고 있다.

하지만 후타바테이 시메이의 『뜬구름』 제3편과 『밀회』가 번역되기 전부터 일본에서는 벌써 과거 시제를 사용한 종결 어미 문말 표현이 교육 계통에서부터 부분적으로 실시되고 있었다. 1887년 일본 문부성에서 편찬해 낸 『보통소학독본(尋常小学読本)』 전7권 중 제1권은 전부 구어체로 집필되었고 34과 중 18과에서 종결 어미로 과거 시제 '~た'를 사용하고 있기 때문이다. 특히 이솝 이야기를 비롯한 일부 과목의 옛이야기들은 대화를 제외한 서술문은 죄다 과거 시제의 '~た'로 통일되어

있다는 점도 일본의 종결 어미에서의 과거 시제 사용이 후타바테이 시메이 이전에 벌써 시작되었음을 말해 준다. 물론 이 교재와 후타바테이 시메이의 시도가 이후의 작가들 특히는 다야마 가타이, 이와노 호메이 등을 위수로 한 자연주의 작가들에 의해 일본 근대 소설 문학을 주도하는 주류 시제로 정착하게 된다.

한국의 경우는 과거 시제를 사용한 문말 표현은 이광수의 『무정』에서 그 첫선을 보이고 있다. 그것도 소설의 전반부에서는 "'—더라'의 문체를 완전히 탈피"[584]하지 못한 채 기존의 문말 표현과 혼용하다가 후반부에 와서야 사용이 본격화되고 있다. 『무정』의 "집필 이전까지 그의 한국어 소설이나 외국 소설의 한국어 번역에는 전혀 '-쓰다'와 같은 과거 확정적 문말 표현은 보이지 않는다. …… 문말 표현은 전문傳聞을 나타내는 '-더라'로 일관"[585]하고 있다. 더 말할 것도 없이 이인직의 신소설 『혈의 누』에서까지도 "'더라', '이라', '한다', '하다', '잇다', '하얏다' 등의 여러 가지 종결 어미를 사용"[586]하고 있다.

문말 표현의 완전한 과거 시제 사용은 김동인에 와서야 실현되었다. "김동인은 「약한 자의 슬픔」에서 과거 시제 '쓰다'만을 사용"함으로써 "삼인칭과 과거 시제의 근대 문제를 창출"[587]하고 있기 때문이다. 그는 『문단 30년의 자취』라는 글을 통해 "『창조(創造)』 이전의 소설을 보자면 그 옛날 한문 소설은 물론이요, 이인직(李人稙)이며 이광수(李光洙)의 것도 모두 '현재시現在詞'를 사용하였지 '과거시過去詞'를 쓰지는 않았다. 『창조(創造)』 창간호에 게재된 나의 데뷔작 「약한 자의 슬픔」에서 비로소 철저한 구어체 과거시過去詞가 사용"[588]된 것이라고 말함과 동시에 과거 시제의 사용의 의의에 대해서도 언급하고 있다.

'느꼈다' '깨달았다' 등의 형용사를 본시 갖는 의의와 전연 다른 방면에 활용하여 재래의 우리말이 표현할 수 없는 특수한 기분을 표현하는 데 사용하였다.[589]

표현에 있어서, 동사動詞의 과거사화過去詞化도 어려운 문제의 하나였소. "김 군은 일어선다. 모자를 쓰고 밖으로 나간다" 하는 현재사와, "김 군은 일어섰다. 모자를 쓰고 밖으로 나갔다" 하는 과거사의 두 가지를 놓고 비교해 보자면, 그 실재미實在味에 있어서 어느 편이 더 현실적인지 거듭 말할 필요도 없을 것이오. 그러나 지금도 아직 현재사로 쓰는 작가가 적지 않은 형편이다. 30년 전인 그때는 전혀 뒤죽박죽이었소. 대체 현재사와 과거사가 독자에게 있어서 달리 감수感受되는지, 이 점을 이해하는 사람조차 적은 형편이었소. 춘원의 「무정」, 「어린 벗에게(尹光浩)」 등을 보아도, 현재사와 과거사가 꼭 반반半半으로 씌어 있는 형편이오.[590]

김동인 자신의 글에서 우리는 그가 과거 시제를 사용한 의도를 파악할 수 있다. 그가 "도무지 틀에 맞지 않아서 스스로도 불안에 불만을 느끼며 …… 헤아리지 못할 고심과 주저가 있음"[591]에도 불구하고 과단성과 만용을 부려 자신의 소설에서 사용했던 이유를 간단하게 요약하면 "특수한 기분", "실재미實在味", "독자의 감수感受성"이라는 문체적 효과를 얻을 수 있기 때문이었다. 환언하면 과거 시제의 사용을 통해 텍스트 내의 분위기 전환과 인물과 사건의 현실적 존재감과 독자의 느낌의 반전을 꾀하려는 의도에서부터 출발했다고 단언할 수 있다. 우리는 텍스트 내외에 미치는 과거 시제의 이러한 기능을 보다 쉽게 이해하기 위해 미술에서의 원근법과 비교 연구할 수 있을 것이다.

객관적 관찰적 서술 태도는 사물과의 거리를 설정하고 시점의 위치를 확보하는 서구 근대의 원근법과 맥락을 같이 한다. 이러한 것은 다양하고 중층적인 거리 및 시점을 통해 이야기를 기술해 가는 전근대의 방법과는 달리 어디까지나 하나의 시점으로 '중심화'하는 시점 구조를 통해 이야기를 전개하는 방식이다. 근대 소설의 작중 공간은 르네상스 이후 등장한 서구 근대 회화 공간의 아날로지이다. 한 지점에서 세계를 그려 가는 것과 같이, 작중 세계 내부의 작중 인물의 시점을 중심으로 또는 작중 세계 밖의 서술자의 시점을 중심으로 모든 사건이 수렴된다. 그럼으로써 근대 소설의 작중 세계는 단일한 원리가 통용되고 하나의 권력이 지배하는 질서 있고 투명한 균질적 공간으로 화한다.[592]

"다양하고 중층적인 시점"에 저항하고 "하나의 시점으로 '중심화'하는 회화의 원근법이 최초로 일본에 전래된 시기는 에도 중기(1740)에 나타난 '우키에(浮繪, 평평한 화면 위에 3차원적인 깊이를 특히 강조할 목적으로 선원근법線遠近法을 도입한 회화를 총칭)'라 불린 회화이지만 그것은 "중국의 옹정기擁正

期 말부터 건륭기乾隆期 즉 18세기 전기에 걸쳐 그려진 '서양풍 중국화'가 일본으로 수입"[593]된 선원근법이었지 서양에서 직수입된 것은 아니었다. 일본에서 본격적으로 회화에서 원근법이 도용된 시기는 "메이지 20·30년대 양화가들의 작품"[594]들이 수입된 이후부터였다.

> 원근법을 원근법답게 만드는 것은 시선의 엄밀한 단일성인 셈이다. 다시 말해서 원근법의 시점은 공간적으로나 시간적으로 단일한 부동점이라고 가정되어 있다.[595]

원근법의 이러한 시선의 단일성이 소설의 서사에 적용될 때에는 '~た'라는 과거 시제에 의해 수행되는데, 그 결과 시점은 "자기 위치를 명확히 하고"[596] "화자의 존재성은 한없이 희박해지며"[597] "이야기를 듣는 객체와의 구별이 뚜렷하게 된다"[598]라는 것이다. 이러한 현상은 한국어의 과거 시제 '쓰다'의 경우에도 마찬가지라고 할 수 있다. 여기에 하나 더 추가한다면 '~た' 또는 '쓰다'의 사용으로 인해 일본과 한국어에 고유한 경어의 생략이 독자에 대한 결례가 되지 않을까 하는 후타바테이 시메이의 고민도 포함되어야 할 것이다. 어쩌면 과거 시제 사용에 대한 이광수의 주저감도 이런 걱정이 작용했을지도 모른다. 이런 현상은 소설 텍스트의 안과 밖에서 시점을 둘러싸고 벌어지는 작중 인물과 화자의 관계, 작중 인물과 독자의 관계, 화자와 독자의 관계로서 이 삼자 사이를 교차하는 발신과 수신의 맥락에 관한 근대 서사학의 범주에 속한다.

이제 담론의 초점은 자연스럽게 과거 시제 도입에 과감했던 동인의 결단에 집중될 수밖에 없을 것이다. 유감스럽게도 동인이 과거 시제를 자신의 소설에 사용한 의도나 목적에 대한 괄목할 만한 연구 성과들은 찾아 볼 수 없었다. 이에 필자는 동인의 "만용" 정신을 빌려 감히 자신의 천박한 견해를 피력해 보려고 한다. '~더라'형 현재 시제는 "화자의 감정과 기분을 강하게 나타내는 종결 어미이며 …… 보고자로서의 얼굴이 텍스트의 표면에 노골적으로 나타나고 작중 인물의 행동과 사고에 화자가 개입"하는 반면 '쓰다'형은 "화자의 얼굴은 전면적으로 표시되지 않고 작중 인물 뒤에 숨어 있음"으로써 "보고자의 얼굴이 작품 세계에서 추방당한 구어체 문장"[599]이다.

'~더라'형 현재 시제에서 화자 또는 서술자 또는 보고자는 독자와 작중 인물이라는 두 개 측면으로부터 압박을 받고 있다. 첫 번째는 항상 독자의 구미를 맞춰야 한다는 부담이고 두 번째는 작중 인물과 연대될 수밖에 없다는 부담이다. '~더라'형 현재 시제에서는 화자가 항상 독자 앞에 노출되어 있기 때문에 독자가 기대하는, 이야기의 재미에 신경을 쓰지 않을 수 없다. 동인이 비판한 이광수 소설의 재미 추구[600] 역시 이 경우에 속한다. 독자의 시선에 완전 노출된 보고자로서의 화자는 청자인 독자의 기분을 의식하지 않을 수 없기 때문에 반드시 고민할 수밖에 없다. 뿐만 아니라 화자는 사건과 인물의 행위에 대한 마무리나 소설의 결말에서 독자의 기대에 부응하지 않으면 안 된다. 이를테면 권선징악이나 약자에 대한 동정 같은 것이다. 경어 사용도 독자를 의식한 대우 문체라는 것은 말할 필요도 없다. 하지만 '쓰다'형에서 화자는 작중 인물과 독자 사이에서 존재를 숨기기 때문에 독자나 작중 인물의 견제나 압박으로부터 자유로울 수밖에 없다.

두 번째 경우는 작중 인물에 대해 동참자이자 목격자로서의 화자는 인물의 사건과 행위에 연대 책임이 있음을 의미한다. 동참자로서, 목격자로서의 화자는 작중 인물의 부정적 사건과 행위(추·약)에 개입하지 않을 경우에는 방관의 연대 책임을 져야 하며 개입할 경우에는 그 판단의 정확성 또는 합리성 여부에 대한 연대 책임을 져야만 한다. 그런데 '쓰다'형의 경우 화자는 현장 부재와 목격자 신분으로부터 배제됨으로써 인물과 사건에 대한 연대책임에서 자유로워진다.

뿐만 아니라 '~더라'와 '쓰다'의 사용은 시점의 다원화에서 단일화로 전이하면서 주관성·불확실성의 한계를 넘어 객관성·확실성·정확성을 확보하게 된다.

작년 하기에 안주를 갔더니 박 진사의 집에는 낯모를 사람들이 장기를 두며 웃더라.[601]

그는 생각을 정키 전에 문밖에 나섰다.
"너무 갑갑해서 놀라 왔다 애"
하면서 혜숙의 방으로 뛰어 들어갔다.[602]

김동인의 경우 '쓰다'의 사용으로 집 안에서 문밖, 밖에서 방 안으로 들어가는 행위가 완료되었음을 알 수 있다. 이러한 동작의 완료는 화자의 전달에 의존하지 않고 작중 인물의 직접적인 행위의 결과처럼 보인다. 이는 독자를 향한 발신 권력이 화자로부터 작중 인물에게로 이동했으며 동작의 완료로 인해 확실성까지 확보되었음을 의미한다. 과거의 사건·행동은 비록 불확실성을 내포하고 있어 예측 또는 짐작이 필요하지만 완료에 의해 객관적 실재처럼 전달된다. 하지만 이광수의 경우 장기를 두는 사람들의 행위는 행위자와 전달자라는 이중의 권력구조 속에서 분위기와 감정을 공유함에도 불구하고 사건·동작의 진행이 현재라는 공간에 갇혀 있기 때문에 몇 가지 불확실성을 가지게 될 수밖에 없다. 장기라는 오락을 중심으로 불가피하게 제기되는 위치의 불확실성, 행동의 지속과 중단 여부에 대한 불확실성, 완료 시간에 대한 불확실, 서술자의 시선의 이동 여부에 대한 불확실성과 같은 것들이다. 이러한 불확실성은 묘사의 정확성과 실재성을 지향하는 리얼리즘이나 자연주의와는 위배되는 기법일 수밖에 없다. 결국 '~더라'형 현재 시제의 이러한 한계는 서사 속에서 독자와 작중 인물 사이라는 애매한 위치에 있는 화자의 존재를 철수하고 작중 인물을 독자와 직접 대면하도록 조치를 취함으로서 제거되는 것이다.

동인은 '쓰다'를 소설 문체에 사용함으로써 자연주의 묘사에 필요한 객관성, 실재성, 정확성을 위해 가장 기능적인 서사 기법을 개발할 수 있었다. '쓰다'에 의한 화자(보고자)의 추방은 과거라는 전근대 소설에서 배제되었던 시간 속으로의 추방이며 그 목적은 보고자의 뒤에 숨겨졌던 작중 인물들을 화자가 점유했던 현재라는 공간의 전면에 내세우기 위해서이다. 사실주의와 자연주의가 현실 전달을 원칙으로 한다는 이론과 부합되는 서사 전략이라 하겠다. 동인 이전의 이광수에게는 아직 작중 인물보다 화자의 역할과 권력이 필요했을 것이고 그 이유는 화자가 인물의 앞에 나서서 적극적인 개입을 통해 독자를 계몽하기 위함이었다면, 동인에게는 있는 그대로의 현실을 보여 주는 것이 필요했으며 그 이유는 화자의 개입을 배제시킴으로써 독자에 대한 계몽 역할을 포기하는 것이었다.

물론 원근법적 묘사가 "현실의 주요한 부분을 사장시키는 결과"[603]로 이어질 가능성을 배제할 수는 없을 것이다. 동인은 아니, 졸라를 비롯한 자연주의 소설가들도 이 점을 일찍부터 인식하고 있었다. 그리하여 그들은 대안을 만들어 원근법의 한계를 극복하려고 노력했다. 졸라와 동인이 고안해 낸 방법은 원근법의 한계로 사장된 현실의 주요 부분이 암흑면과 더러움醜과 같은 것들이라 판단하고 묘사의 렌즈를 이곳에 맞춤으로써 탈원근법을 시도했던 것이다.

> 근대 소설의 특징이라고 하면 서술자가 작중 세계의 사건을 기술함에 있어서 과거의 시간적 틀 속에서 일어났던 사실을 냉랭한 객관적 태도로 관찰하여 기정사실화하는 것이다.[604]

동인이 '쓰다' 표현에 과분한 집착을 드러냈던 것은 바로 이 사실에 대한 관찰의 "냉랭함"을 획득하기 위해서였다고 할 수 있다. 이 냉랭함이 우리 담론의 취지인 약한 자에 대한 동인의 경멸과 냉소서사의 형성에 초석을 마련한 계기가 되었음을 어렵지 않게 알 수 있다. 문체 실천을 통해 야심 차게 개발한 이 냉소서사는 당대를 군림한 이광수의 계몽 서사와의 도전에서 승리할 수 있는, 동인이 소유한 유력한 무기였다고 할 수 있다. 동인은 자신을 젊은 혈기와 만용으로 한국 문단에 주춧돌을 놓는 선각자로 자처하며 이광수의 권위에 조금도 굴함 없이 도전하며 문단에서 차지하는 스스로의 위치를 격상시켜 나갔던 것이다.

3장
김동인과 일본 자연주의 소설 작법에 대한
비교 연구

김동인과 일본 자연주의의 연관성은 지금까지의 담론에서 살펴본 일원 묘사와 삼인칭 대명사 및 과거 시제 사용의 범위에서 종지부를 찍었다고 해도 과언은 아닐 것이다. 소설 작법에서도 일본 자연주의 작품과 비교할 때 동인 작품의 유사성은 창작에서 나타나는 무이상, 무해결, 사회성 결여 등 극히 일부 측면에만 한정되어 나타나고 있다. 전통 소설 기법의 계승은 "모든 것을 묘사하는" 자연주의의 새로운 소설 기법 앞에서 선택받아야 하는 운명에 처하게 된 것이다.

"우리는 모든 것을 이야기한다. 우리는 더 이상 선택하지 않는다. 우리는 또한 이상화하지도 않는다. ……" 졸라의 이 말은 선택권의 포기를 의미한다.[605]

동인의 선택권에 대한 태도는 모든 것을 묘사하는 평면 묘사와 함께 콩쿠르의 인상주의 생략 묘사를 수용하는 다야마 가타이의 이중성과도 다르며 "일본 자연주의의 허구 부재 현상"[606]과도 궤를 달리하며 주객관 합일로 "어떠한 주관도 개입하지 않을 뿐만 아니라 어떠한 내부적 현상에 대한 설명도 거부"[607]한다는 스스로의 약속을 어기는 자기 모순적인 무개입 원칙과도 결별할 뿐만 아니라 불철저한 과학주의와 상상력의 배제에 대한 이중적 태도와도 선을 그음으로써 일본으로부터 전파되는 자연주의 요소들에 대한 수용에서 나태한 소극성을 보이고 있다. 동인이 자연주의 작품을 활발하게 창작하면서도 스스로를 자연주의자라고 인정하지 않은 이유도 일본 자연주의에 대한 그의 소극적 태도에서 기인된 것이라고 볼 수 있다. 일본 자연주의는 사실상 "낭만주의적 사실주의"라고 할 만큼 "자연주의의 기본적인 존립 여건이 되는 과학주의가 거세"[608]되고 대신 루소주의로 심하게 편향되어 있었다. 하지만 "과학과 예술의 악수"를 찬미하며 졸라의 과학주의를 수용한 동인은 "루소이즘을 거부하는 입장"[609]에 설 수밖에 없었을 것이고 그런 자신을 루소이즘에 기운 일본 자연주의와 동일시할 수 없었을 것이 분명하다.

관찰자는 눈앞의 현상을 순수하고 단순하게 확인할 뿐이다. …… 그는 현상의 사진사가 되지 않으면 안 된다. 그의 관찰은 자연을 정확하게 재현해야 한다. …… 그는 자연에 귀를 기울이고, 자연이 불러주는 대로 쓴다.[610]

동인이 주장한 허구론과는 달리 모든 것에 대한 묘사 때문에 선택의 권리를 포기한 졸라는 자연이 불러 주는 대로 베껴 쓰는 소설가를 사진사라고 표현함으로써 그 이전의 작가들에게 부여되었던 허구의 권위마저 박탈해 버린다. 자연주의 작가에게 배당된 작가의 관찰은 있는 그대로의 자연에 대한 정확한 재현일 뿐 결코 재구성·취사선택 같은 소설적 작업은 허용되지 않는다. 졸라는 한 걸음 더 나아가 "상상력은 더 이상 소설가의 능력을 보여 주는 주요 자질이 아니"[611]라는 주장까지 내놓는다. 일본의 경우에도 하세가와 덴케이와 다야마 가타이에게서 졸라의 자연주의의 허구 부정의 경향이 일부분 드러난다. 하세가와 덴케이는 "묘사 기법에서 허구를 절대적으로 배제시키고…… 원래의 객관을 될 수 있는 대로 거울에 비친 것처럼 진실하고 정밀하게 묘사함으로써 자연을 있는 그대로 재현하고 작가의 개성과 감정을 전부 은폐"시켰으며 다야마 가타이도 허구의 자궁인 "상상력의 배제를 주장"[612]하고 있다. 하지만 졸라와 일본 자연주의에서 나타나는 허구와 상상력에 대한 배제는 이론이나 일부 작품에서 나타날 뿐 실제로는 포용을 겸한 이중적인 현상을 띠고 있다.

졸라도 세간의 작가들이 사진사가 되고 싶어 하는 자연주의 작가들을 향해 "현실을 속속들이 옮기는 것은 불가능하며 모름지기 예술 작품을 창조하기 위해서는 사실을 재구성하는 것이 필요하다"라는 비난에 대해 "어리석은 논거"라고 반박하면서 "실험이라는 구상" 대안을 제시하고 있다. 졸라가 말하는 구상은 "관찰한 사실을 토대로 실험을 기획"하는 것으로 허구와 유사한 점을 포함하고 있다고 해야 할 것이다. 물론 여기에는 졸라 특유의 "방대한 상상력의 구사"[613]가 전제되었고 그것은 다시 허구의 발원지가 되었던 것이다. 졸라의 허구와 상상력에 대한 이러한 판단은 그의 작품 『제르미날』에서 잘 나타나고 있다. 탄광의 방수벽이 터져 갱이 붕괴되고 물에 잠긴 후의 8일 간의 에티엔과 카트린의 갱 속에서의 현실적 고난은 작가가 관찰할 수 없었던 미지의 공간이기 때문에 허구와 상상력에 의거할 수밖에 없었다. "반쯤 썩은 갱목 조각"과 "에티엔의 가죽 허리띠"[614]로 굶주림을 해결하는 사건이나 죽음을 앞둔 두 젊은이가 "지하 무덤 깊숙한 곳에 갇힌 채 진흙 침대 위에서" 성관계를 하는 장면 등은 허구와 상상이 없이는 묘사가 전혀 불가능하기 때문이다. 갱 안에서 십 년 동안이나 일한 말인 바타이유의 "마르시엔 근처의 물방앗간"[615]을 그리는 몽상과 무너지고 물에 잠긴 갱 속에서 살아남기 위해 "바위 틈새에 몸이 꽉 끼어 발버둥치는"[616] 말의 모습은 상상력이 없이는 그려 낼 수 없는 형상이다.

일본 자연주의에서도 허구는 거부하면서도 상상력은 배제와 수용이라는 이중적인 태도로 접근되고 있다. 다야마 가타이는 상상력의 배제를 주장하면서도 "결코 절대적으로 배제하지는 않았으며" "호게스 시마무라(島村抱月)는 더 나아가 일체 상상력이 배제된 것은 문학이라고 할 수 없다고 간주"[617]한다. 다야마 가타이의 자연주의 작품에서 상상력은 비록 소규모의 간헐적·산발적·소극적 형태이긴 하지만 분명히 나타나고 있다. "두부 장수의 딸랑이 소리도 비에 젖었다"[618]라거나 "뒤뜰 숲에서 쏴아쏴아하는 소리가 마치 바닷가에 온 듯한 느낌"[619]이라거나 "울타리 밑에서 벌레 우는 소리가 빗소리처럼 쏟아"[620]진다는 표현들은 작가의 풍부한 상상력의 결과물이 아닐 수 없다.

결국 졸라의 "무각색"은 작가의 관찰이 미치지 못하는 사각지대에서 허구와 상상력을 동원하여 실험 공간을 창조했다면 일본 자연주의 사소설은 내면의 인지 통로가 차단된 지점에서 상상력을 발휘함으로써 자아 밖 미지의 공간을 그려 낸다고 할 수 있다. 그에 비해 상상력이 억제된 동인의 허구가 작동하는 공간은 관찰과 인지가 가능한 평범한 지점이며 간략과 상세 묘사를 통해 기능을 발휘한다. 그의 허구는 요불요要不要와 경중輕重에 따라 묘사의 생략과 치중置重이 구분되는 회화繪畵·순화純化로서의 허구이다. 사진과 달리 회화가 "약繁한 자者를 치중해 그리고, 부요不要한 자는 그리는 듯 마는 듯, 경輕하게 취급"[621]하기 때문이다. 때문에 그에게서 허구는 주제 표현을 위해 창조된 소설적 현실이라기보다는 기존의 현실에 대한 취사선택 또는 변형이라는 의미가 더 강하다. 예컨대 「감자」에서 복녀의 시신 인계를 돈으로 거래하는 장면에서 설정된 허구는 작가에 의해 새롭게 창조된 것이 아니라 관찰이 가능한 기존의 현실에서 남편의 슬픔과 왕 서방의 죄책감, 한방 의사의 양심의 가책 같은 인간적 감정들이 의도적으로 생략된 형태의 부산물이다.

"모든 것을 묘사"하는 자연주의 창작 원칙에 의해 선택에서 배제된 또 하나의 중요한 소설 기법은 무개입이다. 자연주의 창시자인 졸라는 그의 저작에서 공공연히 "작가의 주관 개입을 부정하고 객관성을 주장"[622]했다. "소설가는 판단하거나 결론을 내리는 일은 금지당한 속기사速記士에 불과하다는 뜻이다. 작가는 자연에 귀를 기울이고 자연이 부르는 말을 그대로 받아쓰면 된다." 졸라는 그의 「실험 소설론」에서 소설가의 주관성의 배제에 대하여 이렇게 거듭하여 강조하고 있다. "주관성이 개입되면 자료(document)가 망쳐진다"라고 그는 생각했다. 그에게 있어 소설가는 속기사나 서기에 불과하다. 그에게는 판단하거나 결론을 내릴 권리가 없다.[623]

하지만 졸라의 이 주관 무개입 주장은 그에 뒤따르는 조건과 작품의 사회성 때문에 창작에서는 그 규칙이 제대로 준수되지 않고 있다. 졸라 스스로도 "결정 조건이 아직 밝혀지지 않은 현상에는…… 개인적 감정과 선험적 관념을 개입"[624]시킬 수 있으며 그것을 통하여 "삶을 조절하고 사회를 조절"[625]할 수 있을 것이라며 무개입론과는 전혀 상반되는 주장을 펴고 있다. 뿐만 아니라 창작 실천에서도 졸라의 자연주의는 무개입론을 포함하여 "그 자신이 주장하던 것과는 달리, 또 문학사에서 일반적으로 정의되고 있는 것과도 달리, 상이하고 상반되기까지 하는 두 가지 요소로 구성"[626]되어 있다. 졸라의 작품에서 주관 개입은 주로 사회적 측면에서 두드러지게 나타난다. 졸라는 "도학자로부터 사회학자로 변모했고, 그리고 『제르미날』을 통해서는 사회주의자로까지 변모"해 가며 작품 속에 "작가의 분노와 정의감을 담아"[627]낸다. 작가는 개입을 통해 "개인의 불행을 사회 구조적인 견지"[628]에로 격상시킴으로써 "실천적 사회학자와 정치학자와 경제학자의 일을 돕는다."[629] 결국 작가는 작품에 대한 적극적인 개입을 통해 "사회라는 신체의 균형, 더 알맞은 표현을 찾자면 사회라는 신체의 건강을 회복"[630]시키는 역할을 수행하는 셈이다.

일본의 경우에도 이론적으로는 "순객관적인 '사생寫実' 방법을 채택하여 원래의 객관을 될 수 있는 대로 거울에 비친 것처럼 진실하고 정밀하게 묘사함으로써 자연을 있는 그대로 재현하고 작가의 개성과 감정을 전부 은폐시키는"[631] 것을 원칙으로 하지만 창작에서는 주관 개입이 자연주의 사소설의 "공통적 특징"으로 나타난다.

> 일본 자연주의자들의 주정성主精性의 노출은…… 예외 없이 모든 작품에 주관성이 노출되는 것이 일본 자연주의의 공통적 특징임을 나타내고 있다.[632]

그러나 유독 김동인만은 무개입 기법에서 이중성을 보이는 졸라와 일본 자연주의와는 달리 철저하게 원칙을 준수하고 있다. 물론 사회성의 결여에서는 일본과 유사하고 인물과 주제 및 언어의 비속성에서는 졸라와 유사한 등 일부 기법에서 양자와의 동일성을 보이지만 무개입 원칙만은 동인 혼자 우직하다할 만큼 끝까지 고수하고 있다.

동인이 창작에서 일본과 유사성을 띠는 또 다른 기법은 무이상과 무해결 원칙이다. 졸라는 무해결을 주장하는 한편 "실험에 의해 범죄의 문제를 해결함으로써 정의의 굳건한 토대를 마련하는 것, 이것이야말로 인류의 과업 중에서 가장 유용하고 가장 도덕적인 과업"[633]이라며 자연주의 소설에 해결의 공간을 남겨 두었다. 하지만 다야마 가타이는 무목적·무해결을 주장했으며 일본 자연주의는 "무목적·무이상에서 출발하여 무해결이라는 종착점"[634]에 도달한다. "일본 자연주의자들은 현실 세계의 복잡함을 특별히 강조하면서 작가는 눈앞의 현실에 어떠한 해결책도 제시할 수 없다"[635]라고 주장한다. 동인 역시 자연주의의 이러한 기본 원칙들을 완벽하게 준수하며 창작 실천으로 보여 주고 있다. 「감자」에서도 복순의 죽음은 개인적 비극 혹은 약한 자의 어리석음의 결과에 그칠 뿐 사회적 문제로 거론되지 않음으로써 권선징악이나 도덕적 판단과 같은 전통적인 해결을 무한정 연기하고 있다.

그렇다면 동인이 선택권의 배제에서 졸라와 일본 자연주의의 기법에 대해 일부 수용, 일부 배척이라는 이중적인 태도를 취한 이유는 어디에 있을까가 궁금해진다. 그것은 김동인이 한 두 가지 말에서 짐작할 수 있다. 하나는 소설은 "사회 교화 기관"이 아니라는 주장이고 다른 하나는 이광수에 대한 비판에서 사용된 "산모와 유모"에 관한 언급이다.

> 춘원은 유모乳母이지 산모産母가 아니다. 국초菊初(-이인직)가 낳아 놓고 그냥 갔기 때문에 영양 불량이 된 조선 근대 소설을 받아서 후대로 넘겨준 그 공적의 위대함은 몰각沒覺할 수 없지만 과거의 춘원은 엄정한 의미의 근대 소설을 출산出産치를 못하였다.[636]

> 소설자小說者는 인생의 회화繪畵는 될지언정 그 범위를 넘어서서 사회 교화 기관社會敎化機關(직접적 의미의)이 되어서는 안 되는 것이며 될 수도 없는 것이다.[637]

동인이 춘원에게 "유모"의 모자를 씌운 이유는 이광수의 "작품이

전부 신문 연재물"이기 때문이라고 지적하고 있다. 신문 연재물은 대중을 독자로 한다는 특성 때문에 대중성과 계몽성을 가질 수밖에 없다. 이 점에 대해서는 한영원[638]의 글에서도 확인이 가능하다. 이인직의 『혈의 누』를 발단으로 1910년대 신문에는 이광수를 중심으로 한, 계몽성과 대중성을 가진 연재소설이 흥행했다. 춘원은 자신의 신문 연재소설을 통해 "조선 전 민중全民衆과 문예文藝와의 접근接近", 환언하면 대중에 대한 문학의 계몽 역할을 실천했던 것이다. 이 면에서 그와 대적할 "경쟁자는 하나도 없었다."[639]

동인은 첫 번째로 "사회 개조라는 명목하에"[640] 문학을 사회 교화의 도구로 전락시킨 이광수의 저널리즘적인 반근대적·반소설적인 계몽론에 도전장을 내민 소설가였다고 할 수 있다. 그는 무개입·무해결·무이상·사회성 외면 등 자연주의 창작 기법들을 대거 동원함으로써 이광수 소설이 집착하는 계몽과 사회 개조라는 반소설적(동인이 보기에) 경향들과 단호하게 결별하고 순문학의 길을 개척해 나갔다. 물론 그 궁극적인 목적은 이러한 소설적 장치들을 이용하여 이광수의 계몽 대상인 대중—약한 자들에게 무지와 어리석음이라는 딱지를 붙이고 경멸함으로써 그의 독주獨走에 제동을 걸고 동시에 차별화를 통해 그와 조선 문단을 이끄는 리더의 지위를 다투려 했던, 다분히 문학적인 승부수라고 할 수 있을 것이다. 이광수의 동정과 계몽이 배제된 동인의 약한 자에 대한 경멸과 냉소는 그 기저에 강한 자와의 연대가 전제될 수밖에 없다는 사실을 인정할 때 강한 자에 대한 그의 두둔과 편들기도 이해의 영역에 포섭될 수밖에 없을 것이다. 이제 우리는 동인이 이광수와 차별화 하기 위해 선택했던 약한 자에 대한 경멸과 냉소서사라는 협애한 문학적 시야에서 벗어나 강한 자(영웅·천재)에게 기대를 걸고 그들을 칭송하는, 찬미 서사의 문학 공간에 입성하게 된 경위에 대해 다음의 탐미주의 담론에서 구체적으로 살펴보게 될 것이다.

IV.

김동인과
서구·일본 탐미주의 문학의
관계

학계에서는 김동인 탐미주의(유미주의) 문학의 계보와 내원, 유사성과 상이성, 그리고 비교 문학적 관점 등 여러 측면에서 연구들이 활발하게 진행되고 있다. 계보와 내원, 비교 문학적 측면에서의 연구는 주로 아일랜드 작가 와일드와 일본 작가 준이치로·류노스케 탐미주의 문학과의 비교를 통해 진행되어 왔다. 학자들의 연구 과정과 내용을 연도별, 작가별로 분류하여 소개하면 아래와 같다.

백철은 동인의 "오만불손한 유아독존의 성격, 인생을 향락적으로 본 점, 예술 의욕을 토대로 해서 세운 문학관"[641] 등을 근거로 그의 탐미주의 계보를 와일드와 연계시키고 있다. 현창우의 연구 역시 백철의 주장에 동의하며 "오만한 성격과 자존심"이 동인 탐미주의 문학을 산생한 모태가 되었으며 "동인의 예술관의 본질을 알기 위해서 가장 적당한 작품"[642]을 「광화사」와 「광염 소나타」라고 지적했다. 김상규는 동인을 "「광화사」, 「광염 소나타」 등에서 나타나는 예술 우위론을 근거로 완전히 예술 지상주의적인 탐미주의 작가"[643]로 규정짓는다. 그러면서 동인이 와일드처럼 탐미주의로 일관되지 않았다손 치더라도 그의 작품에서 압도적으로 그런 경향을 보여 준 유일한 작가[644]라고 지적하고 있다.

최원규는 동인의 탐미주의가 리얼리즘에 의해 묘사되고 표현되었음을 시사하면서 동인의 생애와 미의식을 보들레르적인 미의식과 대비하고 있다.[645] 더 나아가 그가 "동인의 탐미적 경향을 파산·실처 후의 예술적 별천지를 창조하는 데서 자극욕을 만족시키기 위한 신비와 상징"[646]으로 추정하고 있다면, 김은전은 동인의 탐미주의 작품의 연구 범위를 최대한 확대하여 「감자」와 같은 대부분의 사실주의, 자연주의 작품도 탐미주의·악마주의 사상의 소산"[647]으로 간주하면서 "「감자」에서 보이는 추악한 부도덕·치정 살인극도 추악한 아름다움"[648]으로 단정 짓는다.

구창환은 동인의 탐미주의가 선도 미인 동시에 악도 미라는 악마적 사상에서부터 움트기 시작[649]했다고 지적하면서 더 나아가 "미와 예술을 위해서는 악이나 부도덕성도 허용해야 한다는 주장 아래 본격적인 탐미주의 문학자가 되었다고 단정"[650]하고 있다. 구인환도 동인이 "미의식의 추구의 경향으로 기울어 탐미의 추궁에 취하면서 격동하는 시대상황과 의식을 거의 외면한 채 생명과 탐미의 세계에 안주"[651]했다고 보고 있다. 김춘미가 동인 문학을 일본 대정기 문학과의 대비 고찰을 통해 연구를 진행했다면 이용남은 김동인과 와일드의 문학을 비교 문학적으로 고찰하고 있다. 그런가 하면 강인숙은 동인의 탐미주의가 단순히 춘원에 대한 반발로 한 사람에 국한되었을 뿐만 아니라 탐미주의

와 광포를 혼동하고 있다는 이유를 들어 동인 탐미주의의 한계성을 지적하고 있다.[652]

이밖에도 조진기의 『김동인의 유미주의 소설고』(영남대어문학. 1977. 10.), 정동기의 『김동인 문학의 비교 문학적 연구』(동악어문론집), 윤명구의 『김동인 연구』(인문 과학연구소 논문집. 1984. 10.), 김치수의 『동인의 탐미주의와 리얼리즘 재고』(「문학 사상」 1972, 12월 호 271~272), 김홍규의 『황폐한 삶과 영웅주의』(「전집 제17권」. 163~167.), 정인문의 『1910·1920년대 한일근대 문학 교류사』(제이앤씨. 2003. 5. 31.)와 『芥川龍之介作品研究(Ⅰ)』(제이앤씨. 2001. 9.) 등의 연구 논문들이 있다.

이 모든 연구들에는 공통된 결여가 존재하는데, 그것은 동인 탐미주의의 계보와 내원, 발신자와 수신자의 유사성과 독자성, 탐미주의 작품의 연구 범위 등에만 한정될 뿐 동인이 자연주의와 마찬가지로 탐미주의를 채택한 원인에 대해서는, 강인숙을 제외하고는 누구도 명확한 해답을 내놓지 못한다는 사실이다. 동인이 톨스토이와 결별하고 자연주의와 탐미주의에 발을 들여 놓은 데에는 반드시 그럴 만한 이유가 있을 것이 틀림없다. 필자는 이 장의 담론에서 동인이 무엇 때문에 자연주의에서 탐미주의에로 이행했는지에 대해 초점을 맞출 것이다.

1장
김동인과 서구 탐미주의의 연관성

1. 선악 구조의 관성과 서구·김동인 탐미주의 비교

학계에서는 김동인의 탐미주의의 연원을 논할 때 흔히 오스카 와일드를 중심으로 연계시키고 있다. 물론 보들레르와 연관시킨 연구들도 없지 않지만 그 범위가 와일드에 비해 협소한 것이 사실이다. 그런데 김동인 자신이 오스카 와일드에 대해 직접 언급한 것은 단 한 번뿐이다. 그것도 와일드에 대해 직접 거론한 것이 아니라 동시대의 소설가 임노월(林盧月)과 문예지 『영대(靈臺)』를 논하는 글에서 부연 설명의 형태로 언급된 것이다.

그 대신 『창조(創造)』에는 평론가評論家가 없었다. 여기서 여등余 等은 평론가評論家를 하나 물색物色할 필요必要를 느꼈다. 이리하여 얻어 내인 것이 임노월(林盧月)이었다. 후일後日 『창조(創造)』의 후신後身인 『영대 (靈臺)』가 발행發行될 때에 그다지 신기치 못한 소설小說을 연발連發하여

『영대(靈臺)』동인同人들로 하여금 마음을 조리게 하든 노월(蘆月)은 당시當時에는 한 개의 악마주의惡魔主義의 신도信徒요, 오스카 와일드의 숭배자崇拜者로서 한 순전한 학구學究였다. 여등余 等은 평론評論이 부족不足한 『창조(創造)』지상誌上에 오스카 와일드의 학설學說을 소개紹介하기 위하여 노월(蘆月)을 끌어들인 것이었다.[653]

하지만 1920년대에는 이미 김억을 비롯한 일진의 당대 비평가들과 번역자들에 의해 탐미주의가 하나의 문예 사조로 뿐만 아니라 탐미주의 대표 작가인 오스카 와일드의 탐미 사상과 생애 그리고 작품이 동시에 소개되고 있었다. 최승구의 「정감적 생활의 요구」[654]와 김억의 「오스카 와일드」[655]의 경우처럼 1914년, 1916년부터 벌써 조선 문단에 소개되고 있었다. 김동인은 오스카 와일드의 숭배자 임노월과 『영대』에 함께 있었던 것으로 보아 이미 와일드의 탐미주의에 대해 알고 있었음을 짐작할 수 있다.

동인 탐미주의의 계보를 와일드 탐미주의에서 찾는 이유는 반도덕과 추악함 그리고 범죄의 정당화로부터 기인되었음은 주지의 사실이다. 그런데 솔직히 반도덕·추악함·범죄는 김동인이 이미 졸라의 자연주의에서 수용했던 테마이다. 자연주의 대표작 「감자」에서 잘 나타나고 있다. 와일드 역시 졸라를 비판하면서 자연주의 소설의 반도덕과 범죄 테마에 대해 긍정적인 평가를 내리고 있다. 와일드는 졸라의 작품이 "윤리적 관점에서 볼 때 그의 작품은 당연한 면이 있기 때문에 졸라 씨에 대한 우리 시대의 도덕군자의 분노를 전혀 동정할 수 없다"

라며 도덕적 연대를 선언하고 있다. 환언하면 반도덕과 범죄 등에 대한 서사 선호는 자연주의 작품에서 이미 구현된 것이기에 탐미주의 수용의 결정적인 원인이 될 수는 없었다는 것이 필자의 견해다.

따라서 필자는 두 작가의 유사성을 다른 측면에서 유추해 보려고 한다. 첫째는 천재(영웅)의 등장과 미의 창조이며 둘째는 예술 지상주의이며 마지막으로 약한 자에 대한 경멸이다. 와일드의 대표작 『도리언 그레이 초상』에서 나타나는 천재(영웅)와 미의 창조는 동인의 소설에서도 공통적으로 나타나면서 두 작가의 유사성을 형성하고 있다. 와일드는 "예술가의 아름다운 창조"[656] 즉 "미와 미가 우리에게 주는 다양한 인상을 날카롭게 감수感受하는 기질"을 가진 비평가의 "창조"[657]에 대해 강조한다. 소설에서 화가 베질 홀워드는 특유의 대담한 필치⋯⋯ 참으로 세련되고 완벽한 섬세함을 지닌 그 필치"[658]로 도리언의 초상화를 창작한다. 그는 모든 곡선과 모든 색채의 아름다움과 미묘함을 창조해 낸다.[659] 홀워드는 동인 소설 「광화사」의 솔거와 같은, 초상화를 그리는 "창조자"라는 점에서 일치성을 띨 뿐만 아니라 똑같은 천재(영웅)라는 점에서도 비견된다. 와일드의 탐미주의 소설에 등장하는 천재들은 졸라의 자연주의에서는 볼 수 없었던 새로운 형상이다. 자연주의의 경우 저급한 인물은 더러움과 악이라는 환경 속에서 영웅을 배태하는 데 실패하고 있지만 탐미주의에서는 악과 범죄의 동반에도 불구하고 미화된 환경 속에서 천재의 배태에 성공한다. 물론 와일드와 동인의 영웅관은 다른 면도 존재한다. 홀워드는 솔거와 달리 도리어 모델인 도리언의 칼에 살해됨으로써 창조자의 신성함을 상실한다. 도리언에 의해 천재 예술가로 찬양받는 여배우 시빌 베인도 자살한다. 반도덕과 쾌락주의를 선양하는 철학자인 헨리 경도 자신의 이론을 아무런 행동으로도 실천하지 않는다. 환언하면 와일드의 소설에는 창조와 천재는 있으나 동인 소설에 등장하는 다분히 권위적인 영웅은 나타나지 않고 있다. 와일드에게서 천재(영웅)는 미의 소유자(도리언 그레이)이며 동인에게서 영웅(천재)은 미의 창조자(솔거·백성수)이다. "가장 멋진 젊음"과 "아름다운 얼굴을 지닌" 도리언 그레이야말로 "이 세상의 위대한 요소"[660]가 된다. 「광염 소나타」의 주인공 백성수는 "천 년에 한 번, 만 년에 한 번 날지 못 날지 모르는 큰 천재"로서 "힘 있는 예술, 선이 굵은 예술, 야성으로 충일된 예술"[661]의 창조자이다.

와일드의 탐미주의는 예술과 도덕의 분리, 예술과 인생의 분리, 예술과 사회의 분리된 지점에서 그 존재감을 드러낸다. 이른바 예술 지상주의이다. 와일드는 "어떤 사물이 우리에게 유용하고 필요하거나, 고통을 위해서나 즐거움을 위해서 어떤 식으로든 영향을 미치거나, 우리의 동정심에 강하게 호소해 오거나, 우리가 살고 있는 환경의 중요한 부분이 되어 있는 한, 그것은 예술의 적절한 영역 밖의 일이며 예술의 주제에 대해서 우리는 많건 적건 무관심해야 된다"[662]라고 지적하면서 인생뿐만 아니라 자연까지도 예술과 분리시킨다. 와일드에게서 예술이 인생과 자연을 모방하는 것이 아니라 인생이 예술을 모방한다.

김동인이 "순수한 예술을 목표로 기치를 올렸다"[663]라는 점은 주지하는 바이다. 그와 같은 것은 「광화사」와 「광염 소나타」의 솔거와 백성수의 예술적 완성을 위한 집착에서도 잘 드러나고 있다. 솔거는 오로지 단 하나 그림의 완성을 위해 모델인 소경 소녀를 살해하며 백성수는 음악의 완성을 위해 살인과 방화라는 범죄까지 저지른다. 그들에게서 예술의 의미는 도덕은 물론 범죄까지도 초월하는 최상의 가치다.

우리는 앞의 담론에서 도덕적, 윤리적 신조를 바탕으로 한 이광수의 "설교 문학"에 대한 일탈에서 탄생한 김동인 자연주의 문학의 서사적 특징이 약한 자에 대한 경멸과 냉소라는 사실을 이미 확인할 수 있었다. 그런데 신기하게도 와일드의 서사에서도 약한 자 즉 "속중"(민중)에 대한 냉소가 확연히 나타나고 있다는 사실에서 두 작가의 친연 계보가 형성되고 있다. 약한 자에 대한 비난은 영웅 창조와 약한 자에 대한 경멸이라는 동인 문학의 주제 의식과 부합되는 경향이었다. 약한 자에 대한 경멸은 두 작가에게서 공통적으로 나타나고 있다.

오합지중은 괴물이어서 전혀 교양이 없다는 점이다. 황제나 왕인 사람은 화가를 위하여 몸을 굽혀 붓을 집어들 수도 있지만 평민이 몸을 굽히면 그것은 단지 진흙(욕설)을 던지기 위한 것이다. 사실상 그들이 진흙을 던지고 싶으면 전혀 몸을 굽힐 필요가 없다……. 그들의 권위는 눈멀고, 귀먹고, 혐오스럽고, 괴상하고, 비극적이고, 웃기고, 심각하고, 음란한 것이다. 예술가가 '민중'과 함께 살기란 불가능한 일이다.[664]

계집이라는 것은 하인배나 하류배뿐이었다. 하인배, 하류배에도 때때로 미녀로 일컬을 자가 있기는 있었다. 그러나 아무리 산뜻한 미를 갖기는 했다 하나 얼굴에 흐르는 표정이 더럽고 비열하여 캣취할 만한 자가 없었다.[665]

이처럼 동인은 와일드의 탐미주의 기법을 수용하는 반면 상당 부분 거부하는 이중적인 태도를 취하고 있다. 어떤 목적을 핵심으로 선별적인 수용을 택한 셈이다. 그중에서도 가장 눈에 띄는 것은 선악 구도의 장착 여부이다. 오스카 와일드의 소설에서 선악 구도 또는 선과 악 혹은 쾌락과 도덕의 사이에서의 주인공의 동요 또는 심리적 갈등은 양심의 가책과 같은 전통적인 서사 형식으로 여전히 소설의 구조에서 중추를 이루고 있지만 동인의 소설에서는 그와는 정반대의 경우로 나타나기 때문이다. 『도리언 그레이 초상』에서 주인공 도리언은 예술 때문에 천재였고 총명했던 시빌 베인이 사랑을 위해 예술을 포기하자 "천박하고 어리석고 아무런 가치도 없는…… 그냥 예쁘기만 한 삼류 배우일 뿐"[666]이라며 단호하게 절교한다. 하지만 집으로 돌아오자마자 자신의 행위에 대해 양심의 가책을 느낀다.

자신이 얼마나 냉담한 표정으로 그녀를 지켜보았는지 떠올려 보았다. 왜 그런 행동을 했을까? 왜 그런 영혼이 그에게 주어진 것일까?…… 시빌 베인에게 돌아가서 화해하고 그녀와 결혼해서 다시 사랑하려고 노력하리라. 그렇다. 그렇게 하는 것이 그의 의무다. 틀림없이 그녀는 그보다 더 괴로워하고 있을 것이다. 가엾은 사람! 그는 그녀에게 제멋대로 굴면서 말도 안 되는 잔인한 짓을 하고 말았다. ……
둘이서 함께 행복하게 살 것이다.[667]

　도리언은 "초상화의 변화를 통해 자신이 시빌 베인에게 얼마나 부
당하고 잔인하게 굴었는지 깨닫고…… 그 점에 대해 사과하고 보상"[668]
하기 위해 그녀에게 편지를 써 "자신을 비난하고 책망하며 용서"[669]를
구한다. 우리는 화가 홀워드의 "설교"를 통해 소설 이야기가 선악 구
도로 전개되고 있음을 확인할 수 있다. 홀워드는 도리언을 "심장도 없
고 연민도 없는 냉혈한"[670]일 뿐만 아니라 "부도덕하고 타락한 몹쓸 사
람"[671]으로 질책하며 그더러 하느님께 "죄를 용서하고 허물을 말끔히
씻어"[672] 달라고 기도하도록 종용한다. 초상화의 변화와 홀워드의 말은
헨리 경과 도리언 자신의 쾌락 추구와 같은, 악에 대칭하는 선이라고
할 수 있다. 도리언을 포함하여 화가와 헨리 경 모두는 "파우스트적인
또는 지킬과 하이드적인 갈등"[673]과 "도덕적인 관념에서 벗어나지 못
함"으로써 "선과 악을 동시에 지니게"[674] 된다.

　와일드의 다른 소설 『아서 새빌 경의 범죄』에서도 선악 구도는 제
거되지 않은 채 반복되고 있다. 수상술사 포저스 씨에게서 살인의 운
명을 알게 된 아서 경은 클리멘티나 부인을 살해하기 위해 "효과도 매
우 빠르고, 완벽하게 고통도 없는"[675] 아르코틴이라는 독극물을 통증
치료에 좋은 알약이라고 권한 뒤 양심의 가책에 시달린다. 그는 "클리
멘티나 부인에게 편지로 그 알약에 대해 다 말해 버릴까 하는 충동을
느낀다."[676] 쾌락과 도덕 사이에서 동요하는 선과 악에 대한 심리적 갈

등은 포저스를 템스강에 던져 죽인 후에도 동일하게 반복되고 있다.

> 그로부터 며칠 동안 아서 경은 희망과 공포 사이를 왔다 갔다 하
> 며 불안한 시간을 보냈다. 그 사이에서 지칠 대로 지친 아서 경은 차
> 라리 지금이라도 당장 포저스 씨가 멀쩡한 모습으로 아무렇지도 않
> 게 방으로 걸어 들어와 자기 앞에 나타나는 것이 훨씬 낫겠다고 자포
> 자기해 보기도 하고, 또 어떤 때는 운명이 그에게 그렇게 불공평했던
> 것만은 아니라고 스스로 위로하기도 했다.[677]

하지만 이러한 선악 구조의 갈등은 동인의 소설에서는 철저하게 배
제되어 있다. 「광화사」에서 주인공 솔거에게는 소경 소녀의 살해에 대
한 양심의 가책이나 심리적 고뇌 같은 것은 보이지 않는다. 송장과 그
림을 앞에 놓고 "망연히 앉아 있는 화공의 몸은 스스로 멈출 수 없이
와들와들 떨렸을"[678] 따름이다. 그 망연함과 경련은 모르긴 해도 후회
나 자책보다는 공포와 두려움과 더 가까워 보인다. 「광염 소나타」에
서는 그나마 음악 비평가 K씨와 사회 교화자 모 씨의 대화를 통해 선
악과 범죄에 대한 고민이 드러나 있다. 영웅의 창조 과정에서 나타나
는 반도덕 범죄 행위에 대한 K씨의 두둔에 대해 사회 교화자가 "범죄
는 벌해야 한다"[679]라는 견해를 드러내기 때문이다. 하지만 이 경우에
도 선악에 대한 고민과 갈등은 악당들이 저지른 범죄들보다 선한 자들
이 가한 처벌이 더 "가혹하고 구역질이 난다"[680]라는 와일드의 범죄 옹
호 주장과는 배치될 뿐만 아니라 주인공이 아닌 제3자의 의론에 지나

지 않는다는 점에서 작자의 태도가 모호하다고 해야 할 것이다.

이처럼 "동인의 악마주의는 악마와의 투쟁이 없으며" "고통과 번민이 없을" 뿐만 아니라 "악으로 시작해서 악으로 끝나는 철저한 악"[681]이라는 것을 감안할 때, 그의 와일드에 대한 추종은 맹목적이 아니라는 것을 알 수 있게 해 준다. 동인보다 먼저 탐미주의 작품을 창작했던 임노월에게서도 와일드의 선악 패턴이 그대로 답습되고 있다는 점에서도 이러한 추정은 설득력을 부여받는다. 『춘희』에서 병선과 춘희 두 사람은 병선이 정실과 이혼해야 하는 문제를 둘러싸고 도덕적인 고민에 휩싸인다. 병선은 "상식과 도덕은 다 우리의 원시적이요 절대적인 의지를 속박하고 괴롭게 함에 불과한 물건"[682]일 뿐 죄악이 아니라며 쾌락을 향한 자신의 욕망을 정당화하면서도 한편으로는 "이혼은 죄악이자 비극"[683]이며 자신의 쾌락을 위해 "남의 생명을 빼앗는 것은 인도 정의에 위반되는 일"[684]이라는 양심의 가책에 시달려야만 한다. 춘희 역시 병선을 사랑하면서도 자신 때문에 병선이더러 아내와 이혼하게 하는 행위는 "남의 인격을 침해하고 신성한 사랑을 흐리게 한 도덕상 죄인"이며 "악마"[685]라는 양심의 가책에 몸부림친다. 『악마의 사랑』의 사랑에서도 주인공 "나"는 정순과 영희를 놓고 쾌락과 도덕의 사이에서 끊임없이 선택의 고뇌에 빠진 채 허우적댄다. 임노월 윤리 소설의 와일드식 선악 공식은 후기 작품 『악몽』에 와서야 겨우 탈피한다. 단순히 사랑을 위해 H를 독살하고도 A는 쾌락 즉 "행복을 위하는 일이라면 죄 될 것"이 없으며 이 세상에서는 "누구를 선하다 할 것도 없고 누구를 악하다 할 것도 없다"[686]라는 사실에 대한 확고한 믿음을 가질 뿐 양심의 가책 같은 것에 시달리지 않는다.

　단순히 선악 구도의 배제만을 언급할 때 동인의 탐미주의는 와일드보다 보들레르에 더 가깝다. "악에서 아름다움을 뽑아내는 일을 재미로 여긴"[687] 보들레르에게 "살인은 아름다움의 가장 값진 패물들 중 하나"[688]에 불과하기에 아내를 우물에 처넣어 죽이고도 죄의식은커녕 도리어 자유롭고 "임금만큼이나 행복할"[689] 수 있었다. 그렇다면 동인은 왜 탐미주의 발신자로서의 와일드의 선악 구조를 그처럼 철저하게 배격했을까?

　우리가 주목해야 할 것은 동인의 탐미주의 소설에는 선과 악 즉 "악마와의 투쟁이 없다는 점이다." "악으로 시작해서 악으로 끝나는 철저한 악이다. …… 말하자면 고통과 번민이 없는 충격적인 악으로 나타나 있다."[690] 단도직입적으로 말하면 동인에게는 현실 속의 상대미—선과 악에 대한 가치 판단보다는 예술적인 절대미를 창조하는 영웅에 대한 가치 부여가 우선이었다. 선악의 대결은 동인에게 단지 현상 유지의 동어 반복에 지나지 않았다. 거기에는 영웅에 의한 새로운 것에 대한 창조가 없다. 오로지 선의 일방적인 전횡만 존재할 따름이다. 그래서 선악의 단순 구조는 아름답지 않다. 그런데 영웅의 창조는 선악이라는 전통적인 지배 공간 또는 자궁에서는 불가능하다. 반드시 선에 의해 추방된 악의 귀환이 전제되어야 한다. 왜냐하면 악은 영웅의 탄생에 최적의 모태가 되기 때문이다. 따라서 영웅의 탄생은 악을 억압하는 도덕과 범죄의 규제를 풀어 주는 데서부터 시작되지 않을 수 없다. 바로 그 지점에서 창조의 에너지—쾌락의 탄생이 획득되는 것이다.

2. 악쾌惡快 구조의 도입과 서구·김동인 탐미주의 비교

우리는 앞의 담론을 통해 이광수처럼 선악의 대결을 기본 틀로 한 근대 소설의 구조가 탐미주의 작가인 와일드와 임노월에게까지도 상당한 영향을 미쳤음을 확인할 수 있었다. 물론 이러한 영향은 서구에서는 보들레르, 한국에서는 김동인에 의해(임노월은 후기 작품에만 한함)서야 비로소 그 흔적이 지워진다. 악에 대한 긍정 평가와 그 악을 즐기는 쾌락주의가 악과 범죄를 합리화하면서 퇴치될 수 있었다. 리얼리즘과 낭만주의 등 근대 소설의 기본 구조가 선>악=미라면 와일드와 임노월 소설의 기본 구조는 미>악≠쾌라고 할 수 있고 김동인과 보들레르 소설의 기본 구조는 악>쾌≒미라고 정의할 수 있을 것이다.

> 종래從來의 권선징악勸善懲惡과 춘원(春園)의 권악징선勸惡懲善(당시當時의 도덕인道德眼에 비추어)의 사이에는 50보步 100보步의 차밖에는 없다는 점點이다. 종래從來의 습관習慣이며 풍속風俗의 부비不備된 점點을 독자讀者에게 보여 주는 것은 옳은 일이되 개선 방책改善方策을 제시提示하는 것은 소설小說의 타락墮落을 뜻함이나 소설자小說者는 인생人生의 회화繪畵는 될지언정 그 범위範圍를 넘어서서 사회 교화 기관社會敎化機關(직접直接적 의미意味의)이 되어서는 안 되는 것이며 될 수도 없는 것이다.[691]

이광수의 소설이 "낡은 관습에 대한 비판과 체제 개혁적인 시각"[692]을 가졌음에도 불구하고 선악 구조의 멍에를 벗어던지지 못했다고 동인에게 비난받는 이유는 그에 의해 거세된 선의 범위가 극히 제한적이기 때문이다. 이광수가 수용을 거부한 선善은 그 범위가 특정 종교 즉 유교적 선에 한정될 뿐이다. 동인이 이광수의 이른바 권악징선勸惡懲善을 권선징악勸善懲惡과 동일시한 것은 악에 추방된 자리에 새롭게 서구 사회에서 공인된 공공선을 불러들임으로써 선악 구조의 틀에서 완전히 탈피하지 못했기 때문이다. 이를테면 이광수가 자신의 대표작 『무정』을 통해 표현한 "자유연애"와 같은 서구의 근대선은 사회나 공동체에 위해가 되지 않는다는 점에서 법적으로 합리화되며 인간의 생존권에 배치되지 않는다는 점에서도 도덕적 명분을 부여받은, 명실공히 사회 공공선이라고 할 수 있다. 이광수가 문학을 통해 도출해 낸 아름다움은 악에 대한 선의 징벌 즉 사회 교화의 결과물에 불과하다. 그에게서 미의 근원은 선이며 창조는 선한 행위일 뿐 결코 악이나 범죄와 연결되지 않으며 범죄는 여전히 악이다.

하지만 탐미주의자인 와일드와 임노월의 경우 미의 근원은 선이 아니라 악이다. 와일드에게 악인 범죄와 선인 문명 사이에는 본질적인 모순이 없는[693] 같은 것에 불과하다면 임노월에게서도 "악은 미와 경이가 있는"[694] 긍정적인 가치로 분류된다. 이들에게서 선은 많은 경우에 악보다 더욱 부정적인 존재이다.

우리는 악당들이 저지른 범죄들이 아니라, 선한 자들이 가한 처벌들 때문에 정말 구역질이 난다. 그리고 인류 사회는 범죄 발생보다도 습관적인 처벌의 행사에 의하여 엄청날 만큼 더 가혹하게 다뤄지고

있다. 따라서 처벌이 더 가해질수록 그만큼 범죄는 더 초래된다는 것
은 분명한 결론이다. …… 실지로 처벌을 감소한 곳에서는 어디서나
그 결과가 항상 매우 좋았다. 처벌이 적으면 적을수록 범죄는 그만큼
더 적다. 처벌이 전혀 없다면 범죄는 있지 않게 되거나, 그게 발생한
다고 해도 간호와 친절에 의하여 치료될 수 있는 매우 개탄할 만한 치
매 같은 것으로서, 의사들의 치료를 받을 것이다. 왜냐하면 오늘날의
소위 범죄인들은 전혀 범죄인이 아니기 때문이다. 죄가 아니라 굶주
림이 현대에 일어나는 범죄의 이유다. …… 사유 재산이 폐지되면 어
떤 범죄의 필요성도, 범죄의 요구도 없어질 것이다. 범죄는 있지 않게
될 것이다.[695]

내가 악을 찬미함은 악 그것 가운데 미와 경이가 있는 까닭일세.
내가 정사情死와 간통을 찬미함은 여기에 불과 같은 정열이 있는 까닭
일세.[696]

"권선징악은 모두 꾸며 낸 이야기"[697]로 간주하는 와일드는 "도덕
은 위선이고 미가 아니며"[698] 악의 근원을 선의 구역질 나는 처벌과 굶
주림에 돌리고 있다. 임노월은 덕은 악과 마찬가지로 추악한 것[699]이기
때문에 "악인이니 또는 위험 인물이니 하고 저주를 받은 사람들은 실
로 위대한 인물"[700]들이라고 공공연하게 권악勸惡하고 있다. 하지만 미
와 악의 간통으로 출생한 관능적 쾌락은 그것이 사생아인 관계로 날
때부터 정체성 문제에 봉착할 수밖에 없는 운명을 지니게 된다. 앞의

담론에서 확인했듯이 악을 행함으로써 쾌락의 열매를 따 먹은 두 작가의 주인공들은 도덕적 양심의 가책에 시달린다. 도리언은 쾌락으로 인해 짊어진 "자신의 죄를 고백하고 구원을 받으며"[701] "선한 사람이 되기 위해[702] 베질 홀워드를 죽인 칼로 자결한다. 유부남 병선과의 불륜이라는 쾌락을 누린 춘희도 자신을 "남의 인격을 침해하고 신성한 사랑을 흐리게 한 도덕상 죄인"으로 생각하며 "세상 사람에게 악마라는 욕을 듣는 것이 당연한 일"[703]이라고 생각하면서 죄책감에 몸부림치다가 독감에 걸려 죽는다. 따라서 와일드와 임노월의 악으로부터 제공받은 쾌락에는 아직 선이 숨어 있다고 해야 할 것이다. 다만 이들의 창조에는 기존의 미가 전제된다는 점에서는 이광수와 다를 바 없지만 그 결과에는 선과 함께 악이 수반된다는 점에서 이광수와는 변별적이다. 도리언의 초상화가 드러내는 두 가지의 표정이 이러한 주장을 잘 입증해 준다고 할 수 있다.

하지만 보들레르나 동인에게서 미와 쾌락의 발원지는 선이 완전하게 거세된 철저한 악이라는 지점에서 상술한 두 가지 경우를 배격하고 있다. 단지 잔소리가 싫다는 이유로 아내를 우물에 처넣고 임금님만큼이나 행복해하며[704] 악마의 쾌락에 심취한 보들레르는 "악에서 아름다움을 뽑아내는 일을 재미있게 여겼다."[705] 그의 주장에 따르면 "참된 시의 맑은 영역에서는 악도 선도 없기" 때문에 자연스럽게 그의 문학적 과업은 "도덕에 대한 반발들을 정당화"[706]시키는 작업일 수밖에 없었다. 하지만 보들레르의 시에는 악만 정당화될 뿐 영웅이 부재한다는 지점에서 김동인 탐미주의 작품과 행선지를 달리한다. 쾌락의 근원이 악이라는 점에서 보들레르와 동인은 같은 맥락으로 이해되지만 기존의 외재적 미에 대한 향유를 쾌락의 발원지로 간주하는 와일드와 임노월과는 궤적을 달리하고 있다. 동인에게서 쾌락은 영웅의 내재적 정신 활동이라면 그리고 미는 외재적 실재가 아니라 외재적 부도덕과 악에서 창조를 통해 추출해 낸 결과물이라면 와일드와 임노월의 쾌락은 외재적 실재일 뿐만 아니라 육체적이라고 단정할 수 있을 것이다. 와일드와 노월의 쾌락은 선에 대한 배반으로 인한 "비애와 고통에서 온 것"[707]이라고 하면 동인의 쾌락은 영웅의 창조 희열에서 온 것이라고 할 수 있다. 「광화사」에서 눈만 제외하고 소경 소녀의 그림이 완성되었을 때 천재 화공 솔거는 무한한 쾌락을 느낀다. 「광염 소나타」의 천재 음악가 백성수도 노인의 시체를 유린하고 금방 묻은 처녀의 시신을 무덤에서 파내어 보면서 쾌락을 느낀다.

십 년 숙망을 겨우 달한 화공의 심사는 무엇에 비기지 못하도록 기뻤다

"아—아"

이 탄성은 오래 벼르던 일이 끝난 때에 나는 기쁨의 소리였다.[708]

그 송장을 다시 만질 곳이 없이 된 뒤에 저는 그만 곤하여 그 자리에 앉아서 쉬려다가 갑자기 마음이 긴장되고 흥분되어서 집으로 달려왔습니다. 그날 밤에 된 것이 「피의 선율」이었습니다. …… 칠팔 시간 전에 묻어 놓은 그의 무덤의 흙을 다시 파서 그의 시체를 꺼

내어…… 정신이 없이 들여다보고 있다가, 저는 갑자기 흥분이 되어…… 그날 밤에 된 것이, 「사령(死靈)」이었습니다.[709]

백성수의 "보기 드문 희대의 음악을 작곡할 수 있는 힘은 살인·방화를 통해서 야성적 광포한 쾌락미를 즐긴 다음에 조성된다."[710] 그런데 동인의 소설에서 영웅의 쾌락은 솔거는 물론 백성수의 경우에도 여러 가지 원인으로 인해 최종적 미를 생산하는 데는 실패한다. 환언하면 영웅의 쾌락은 미로 이어지지 못한 채 좌절된다. 원인을 요약하면 첫째는 미의 원초적 결핍이고 둘째는 미적 기준의 추상성이며 마지막으로 창조를 위한 환경 미비 즉 온갖 도덕적·법적 규제이다. 동인은 미를 확실하게 반도덕·범법 행위에서 찾는 보들레르와 달리 실재하는 여성미와 범죄 행위 사이에서 방황하는 모습을 보이고 있다. 실재하는 여성미를 표본으로 할 경우 원초적 결핍은 미를 배태하지 못하는 원인이 되고 있다.

「광화사」에서 미녀 소경 소녀는 샘물을 따라 솔거가 있는 곳으로 내려온다. 그 샘물의 발원지는 "오백 년간 갈고 지어서 오늘날의 경성부를 이룬"[711] 그 계곡에 있다. 그리고 소설은 "소나무 숲의 바위틈을 똘똘똘똘 흐르는 샘물을 보고 꾸며 낸 이야기"[712]다. "이 샘물을 따라가면 바다가 있구, 바닷속에는 용궁"[713]이 있으며 그 용궁 안에는 소경 처녀에게 "광명한 일월"을 볼 수 있게 하는 여의주가 있다. 하지만 발원지로 올라가 보았을 때 그 샘가는 "한 뼘 미만의 얕은 물로서 바위 위를 기운 없이 똘똘 흐르는…… 고요하기 짝이 없고…… 꽤 음침한 골

짜기"에[714] 불과했다. 결국 샘물은 전해 내려온 오백 년 역사 전통과 전해 내려갈 재부를 상징한다. 하지만 그 샘물을 따라 내려온 것은 고작 소경 소녀에 불과하다. 그녀는 아름답지만 즐길 수 없고 관능이 거세된, 유교적 아름다움일 따름이다. 따라서 동인이 전수받은 전통 선에는 미가 없었다.

게다가 동인이 추구한 미적 기준은 여체미도 관능미도 아닌 일종의 정신미라는 한계 때문에 더구나 성공이 어려웠을 것이다. "도리언 그레이 초상"에서 도리언의 모친 머거릿 데버루는 "남정네들이 광분"할 정도로 "눈부시게 아름다운 여자"[715]였다. 솔거 모친도 "희세의 미녀"[716]로 등장한다. 하지만 단지 아름다운 표정만을 가진 미녀가 아닌 그녀의 미모는 육체적이거나 관능적이라기보다는 "커다란 눈에 그득히 담긴 눈물, 그러면서도 동경과 애무로써 빛나던 눈, 입가에 떠오르던 미소"[717]로서 다분히 어머니만이 가질 수 있는 정신적인 아름다움에 가깝다.

이처럼 전통(선) 속에서 미를 발견하는 데 실패한 동인은 이번에는 시선을 악과 범죄에로 돌린다. 「광염 소나타」에서 음악가 백성수는 아름다운 음악을 창작하지만 그가 표본으로 삼은 것은 결코 미녀 같은 아름다움이 아니다. 그것은 "방화, 사체 모욕, 시간, 살인"[718]과 같은 추악한 실상들일 따름이다. 하지만 그 역시 아름다운 음악을 창조하는 데는 좌절하고 만다. 그의 실패 원인은 어진 어머니의 교육 때문에 그가 하늘에서 타고난 광포성과 야성이 표면상에 나타나지를 못했고 그 타오르는 야성적 열정과 힘이, 음보音譜로 그려 놓으면 아주 힘없는, 말하자면 김빠진 술같이 되었기[719] 때문도 있지만 그보다 더 중요한 것은 창조를 위한 환경 미비 즉 온갖 도덕적·법적 규제라고 할 수 있다.

동인이 이광수의 계몽주의에 맞서 자연주의 소설에서 약한 자들에 대한 일방적인 경멸과 비난의 한계를 극복하기 위해 탐미주의 작품을 통해 대안으로 제시한 영웅과 창조는 그 시작부터 사회적·법적 환경의 제약을 받게 될 수밖에 없었으므로 정당성을 부여하는 작업이 무엇보다 급선무가 되었다. 와일드와 임노월의 관심사가 쾌락에 정당성을 부여하는 것과는 다른 방법이라 할 수 있다. 동인의 영웅 찬미론은 「배따라기」에서 잘 나타나는데, 이 소설에서 그는 진시황을 공공연히 찬양하고 있다. 동인이 탐미주의의 일반적인 창작 기법인 여체미에 대한 쾌락을 지양하고 그 쾌락의 정당성에 대한 고민을 포기한 것도 영웅의 창조에 걸림돌이 되는 범죄와 도덕을 합리화시키려는 목적이 중요한 관심사였기 때문이라고 할 수 있다. 악이 정당화되지 않는 한 영웅의 창조는 성공할 수 없기 때문이다. 동인이 보기에 미란 오로지 영웅의 창조에 의존하는 것일 뿐이다. 아름다움을 창조하는 주체는 약한 자들이 아니라 영웅과 천재들이다. 그 영웅과 천재는 예술에서는 작가·화가·음악가이며 사회에서는 진시황과 같은 위대한 지도자일 것이다. 그의 이러한 주장 역시 이광수의 대중론—계몽주의를 반대하기 위한 일환이라고 할 수 있다.

2장
김동인과 일본 탐미주의의 연관성

1. 김동인과 다니자키 준이치로

우리는 앞 절의 담론을 통해 김동인의 탐미주의가 서구의 와일드와 보들레르와 연관이 있음을 확인할 수 있었다. 그런데 지금부터는 그의 탐미주의의 다른 한 갈래의 뿌리가 일본 탐미주의에도 박혀 있음을 확인하게 될 것이다. 동인이 가장 많은 영향을 받은 대표적인 일본 작가가 다니자키 준이치로와 아쿠타가와 류노스케이다. 먼저 준이치로와 동인 탐미주의 문학의 연관성에 대해서 논하기로 한다. 준이치로의 영향은 동인의 탐미주의 작품 「광화사」에서 「문신」의 흔적이 발견됨으로써 확인된 바이다. 학계에서는 일반적으로 "동인이 다니자키(谷崎)의 「문신(刺靑)」에서 힌트를 얻어 「광화사」를 상재한 것을 사실로 인정"[720] 하는 추세다.

동인의 유미주의의 원천이 와일드인지, 다니자키 준이치로(谷崎)인지 확연하게 밝힐 자료가 없지만, 양자의 영향이 혼합된 것일 가능성이 많다. 동인의 유학 기간은 일본의 탐미주의의 시기였고, 그의 스승인 후지시마 타케지(藤島武二)가 「명성(明星)」과 관계를 가지고 있었던 만큼 일본의 탐미파의 문학이 동인의 유미주의적 태도에 영향을 주었을 가능성이 많다.[721]

이와 같은 추정은 「광화사」와 「문신(刺靑)」 두 소설의 구성과 내용에서 드러나는 빈번한 유사성에서 명분을 얻는다. 김춘미는 두 작품의 유사성을 아래와 같이 집약하고 있다.

　'솔거'와 '문신刺靑'이 이상적인 미녀를 찾아 몇 년씩 헤맨다는 플롯에도 유사점이 보이고 있다. 그들이 찾아낸 미녀가 16, 7세의 처녀라는 점, 그녀들이 우연히 스스로 찾아온 점도 같다. 이상적 미를 개발하느라고 소도구(그림, 이야기)를 구사하고 있는 것도 동일한 수법이다. '솔거'나 '세이키치(淸吉)'가 공共히 사회성이 결여된 괴팍한 천재 예술가인 점도 같다. 그들은 둘 다 예술 지상주의자이다. 동시에 지적인 사고력을 결缺하고 있다. 그들은 자기의 내적 욕구의 지시에 충실하다. 가장 중요한 것은 예술적 완성을 지향하는 예술가 의식이 두 작품의 기조가 되고 있다는 사실이다.[722]

이밖에도 오이디푸스 콤플렉스와 모친 사모 면에서도 두 작품은 유사성을 보이고 있다. "모친으로 집약시킬 수 있는 여성에 대한 동경으로 점철된 오이디푸스 콤플렉스의 기록"[723]이라고도 할 수 있는 준이치로의 문학과 다를 바 없이 동인 소설 속의 "'솔거'나 '백성수'는 다 같이 오이디푸스 콤플렉스의 소유자"[724]이다. 준이치로의 모친이 "'대퇴부大腿部 부근의 살이 말도 못하게 희고 고와' '함께 목욕하면서 깜짝 놀라 자기도 모르게 다시 보곤 하였을'"[725] 정도로 미인이었던 것처럼 '솔거'의 어머니도 "대대로 이후의 자손의 미까지 모두 미리 빼앗았던지 세상에 드문 미인"[726]이었다. 물론 준이치로와 솔거의 모친 사모는 여체 사모와 모성애라는 지점에서 그 궤적을 달리한다.

두 작품의 상이성에 대한 김춘미의 견해를 요약하면 아래와 같다. 준이치로를 전자로 하고 동인을 후자로 했을 경우 긍정 세계와 부정 세계, 도구로서의 천재와 도구로서의 미녀, 관능미와 모성애, 사회와의 유리와 금기 파기 등으로 귀납할 수 있다. 한마디로 준이치로의 경우 "남녀 관계는 절대적 종적 관계임에 비해 동인의 경우는 대립 관계"[727]라는 구성의 차이점을 드러낸다. 하지만 이들 두 작가의 가장 큰 차이는 모친 사모와 영웅 숭배 문제에서 집약적으로 드러나고 있다고 해야 할 것이다.

준이치로가 추구한 모친 사모가 근친상간적 무의식이 저변에 깔린 관능적인 여체 숭배인 데 비해 동인의 모친 사모는 자식에 대한 사랑이 전제된 즉 모성애다. 그의 모친 사모가 관능적인 육체미에 대한 추구로서의 이성 간의 연정이라는 추정은 1959년에 발표한 "「꿈의 부교(夢の浮橋)」에서 '아들'과 '어머니(계모)' 근친상간"의 장면에서도 확인된다. 뿐만 아니라 『설후암야화(雪後庵夜話)』(1963)에서도 "'어머니도 아니고

연인도 아닌, 연인戀人 같기는 하나, 누군지는 확실치 않은, 그런 여인'과 동침하는 꿈"[728]에 대해 언급하고 있다. 하지만 동인의 경우 모친 사모는 준이치로와 전혀 다른 경향을 나타낸다.

> '솔거'나 '백성수'는 다 같이 오이디푸스 콤플렉스의 소유자이다. 그러나 그 모친 사모의 념念은 동양적인 윤리관에 바탕을 둔다. 그들에게 어머니가 의미하는 것, 그것은 모성애로 집약된다. 어머니는 사회에서 소외되고 핍박받는 '솔거'나 '백성수'를 무한정의 사랑으로 감싸 주는 유일한 존재다.[729]

준이치로의 모친 사모가 관능적인 여체미에 대한 숭배에 뿌리를 둔 것이라면 동인의 모친 사모는 일종의 "정신적 세계에 속하는 미"[730]에 대한 갈망이다. 물론 동인에게서 모친 사모는 영웅의 창조를 가능케 하는 근원적인 모태가 된다. 창조는 모친에 대한 원초적인 그리움에서부터 발단된다. 하지만 준이치로의 영웅(천재)이 미녀 창조의 도구 또는 소모품에 불과한 것과는 반대로 동인의 영웅관에서는 미녀가 도구 또는 소모품으로 사용된다. 영웅의 창조에 필요한 소재를 제공하지 못한 미녀—소경 소녀는 천재 화공의 손에 죽는다. 반대로 「문신」에서 문신사 세이키치(淸吉)는 미녀를 창조한 뒤 그녀의 "첫 비료"[731]가 되어 "마침내 파멸되어 버린다."[732] 준이치로에게서 강한 자인 미녀는 불멸의 존재인 동시에 천재는 유한한 존재로서 파멸되었다면, 동인에게서 약한 자인 미녀는 죽고 강한 자(영웅)는 파멸되지 않는다. 그리하여 준이치로에게서 천재의 창조는 범죄와 악의 결핍에도 불구하고 단지 자기 거세(희생)만으로도 이루어지지만 동인에게서 천재의 창조는 도리어 과잉 범죄와 도덕으로 인해 좌절된다. 영웅의 창조에 쇠고랑을 채우는 범죄와 도덕은 그래서 동인의 비난을 받는다. 준이치로의 탐미주의 작품에 범죄와 악, 반도덕의 결여가 드러난다는 것은 많은 연구자들이 그의 작품을 엉뚱한 사디즘으로 몰고 갈 수밖에 없었음을 예고하는 것이기도 하다. 느닷없이 사디즘을 불러내어 악을 급조하는 이유는 악을 미화하는 탐미주의 이론에 부합돼야 하기 때문이기도 하다. 그럼에도 준이치로의 「문신」에는 범죄도 반도덕도 악도 존재하지 않는다는 견해는 불변한다. 문신을 통한 육체적 아픔과 그것을 즐기는 행위는 사디즘적 악이라기보다는 직업적 반응이라고 해야 하기 때문이다. 뿐만 아니라 이른바 문신을 통한 성 학대는 여성을 넘어 남성에게도 똑같이 가해지며 아이러니하게도 성 학대의 쾌락을 줄이는, 통증을 경감시키기 위해 "네덜란드 의사에게 받은 마취제"[733]까지 사용한다. 준이치로에게서 범죄의 부재를 유발한 악의 상실에도 불구하고 탐미주의 작품이 가능했던 것은 영웅의 쾌락이 자기 거세라는 소극적 또는 합법적 창조를 통해 법과 도덕과의 직접적인 충돌을 완충시켰기 때문이다.

두 작가의 상이점은 준이치로의 "발"에 대한 집착과 동인의 "눈"에 대한 집착에서 극명하게 대조된다. 준이치로의 "새하얀 여인의 맨발은…… 남자의 생혈로 거죽을 살찌우고, 남자의 시체를 짓밟을 발"이다. 하지만 이 발은 관능적 탐닉을 위한 육체의 일부이기 전에 수컷들이 미녀를 위해 "목숨을 버리게"[734] 하는 강자의 상징이기도 하다. 소녀의 등에 새긴 무당거미가 던지는 은유도 홀시할 수 없다. 무당거미는 무려 여덟 개나 되는 다리를 가지고 있는데 암컷은 이 다리로 교미하려는 수컷을 잡아먹기도 한다. "발"이 단순한 육체적 부위라는 의미를 초월하는 상징성이 있다는 추측은 준이치로의 후기 소설『중풍 노인의 일기』에서 더욱 확연하게 드러나고 있다.

> 노인은 사쓰코의 발을 탁본으로 떠서 자기 묘비에 새겨 불족석佛足石을 만들려고 한다. "나는 어차피 하느님도 부처님도 안 믿는다. 종교 따위 아무래도 상관없다. 나의 신불神佛은 사쓰코다. 내 바람은 사쓰코의 입상立像 밑에 누워서 영면하는 것이다."[735]

> 그녀의 온몸이 내리누르는 무게를 느끼고 아픔을 느끼고 발바닥의 부드러움을 느낄 것이다. …… 나는 울면서 "아이쿠! 아이쿠!" 하고 소리 지를 것이다. 아프기는 하지만 나는 한없이 행복할 것이다. 살아 있을 때보다도 백배는 더 행복할 것이다. "더 세게! 더 세게 짓밟아 줘!"[736]

미녀의 발은 관능보다는 마조히즘적 남자에게 성적 쾌락을 주는 도구인 동시에 강한 자(천재)를 무릎 꿇게 하고 약한 자(여성)를 강한 자로 도약시키는 첨단 무기이기도 하다. 하지만 동인에게서 약한 자에게는 눈이 거세됨으로써 애초부터 신분 상승의 도구나 무기이기를 포기한다. 육체성, 관능미의 거세로 인해 모성애라는 상징성만 남는다. 남자를 학대할 수 있는 발은 아이러니하게도 남자에 의해 제공된 것이다. 그리고 문신사는 그 발아래의 노예가 되어 짓밟히는 비료가(희생품) 된다. 강한 자는 자신의 강함을 희생하여 약한 자를 강한 자로 창조한다. 남자인 문신사는 강한 자·가학자·계몽자로부터 비료·피학자·"산 제물"[737]이 된다. 문신사를 계몽자라 함은 두려움에 떠는 소녀의 공포에도 불구하고 과거와 미래를 포함한 『말희(妹喜)』와 『비료(肥料)』라는 그림을 통해 그녀가 미녀임을 깨우쳐 주고 있는 장면[738]을 통해서도 입증이 가능하다. 한마디로 이들의 강약 관계는 창조를 통해 완전히 전도된다고 할 수 있다.

반면 동인에게서 눈은 때로는 "아름답게 빛나는 눈"이지만 때로는 "병신 눈"[739]으로서 이중적인 이미지를 가지고 있다. 개안開眼 욕망을 가진 소녀에게 "용궁에 가서 여의주를 빌어 눈을 고친 후 광명한 일월을 볼 수 있게"[740] 해 주겠다는 솔거의 약속은 실명된 눈의 생기를 회복시킴으로써 그림을 완성하기 위한, 한낱 위장 수단일 뿐 가능성이 없는 기만에 불과한 것이다. 만일 가능한 일이었다면 솔거가 여의주를 구해 눈을 치료만 해 주면 원하는 눈빛을 얻을 수 있었기 때문이다. 솔직히 솔거는 소녀의 개안을 원하지 않았다. 시력이 정상적인 여자들은 그의 추한 몰골을 보고는 "기절하여 도망"가거나 "못 살겠다고 떼질 쓰며"[741] 그를 배반했다. 소녀도 눈을 뜨고 화공의 얼굴을 보면 도망칠 것이기 때문이다. 화공은 실제로 자신을 "스물네 살 난 풍신 좋은 사내라고 자랑"[742]까지 했다. 사실 소녀의 눈이 "지어미의 눈, 애욕의 눈"으로 된 탓은 솔거가 소녀의 미모에 탐해 그녀의 순결을 유린했기 때문인데도 화공은 그 잘못을 약한 자(소녀)에게 뒤집어씌우고 급기야는 살인하기에 이른다. 여기서도 강한 자(영웅·천재)에 대한 동인의 일방적인 두둔과 비호가 잘 나타나고 있다. 결국 자연주의 작품에서 일관되게 지켜온 강한 자에 대한 두둔과 약한 자에 대한 경멸의 기조는 탐미주의 작품에서도 흔들림 없이 작동하고 있음을 알 수 있다. 동인의 주장에 따르면 영웅의 창조가 실패로 끝난 것은 약한 자의 결함 때문이다.

2. 김동인과 아쿠타가와 류노스케

우리는 앞의 담론을 통해 준이치로의 탐미주의 문학에서 영웅의 몰락과 파멸 그리고 악의 함량 미달 현상이 존재함을 확인할 수 있었다. 그런데 준이치로의 이러한 경향은 류노스케에게서도 그대로 나타날 뿐만 아니라 한 걸음 더 나아가 쾌락의 순도에서마저 불완전함을 보이고 있음을 알게 될 것이다. 동인의 「광염 소나타」 창작에 영향을 주었을 것으로 추정되는 류노스케의 『지옥변』은 예술을 위한 영웅(천재)의 탈선된 광기에 대한 이야기다. 이 소설에서 주인공 요시히데는 제자에 대한 학대, 불타 죽는 딸에 대한 방관 등 이른바 그가 행한 "악행"이 법과 도덕의 규제 대상이 될 만큼 극렬한 것이 아님에도 그 고통의 후유증으로 자살까지 단행한다.

　　요시히데에게 시종일관 나쁜 평을 하고 있는 '나'의 이야기를 살펴보면 작품 내에서 요시히데가 다른 인물들에게 도덕적으로 나쁜 일을 한다거나 비난받을 일을 한 적은 없다. 단지 '나'가 그렇게 평가하고 있을 뿐으로 다른 인물에 비해 특이한 행동을 하는 것은 그림 그리기와 관계된 일 이외에는 없다는 것을 알 수 있다.[743]

요시히데가 감행한 악행은 그 수치가 준이치로와 마찬가지로 악행이라 하기에는 정도 미달의, 직업에 미친 광기 수준이다. 쇠사슬로 제자를 묶은 후 사납게 잡아당겨 쓰러뜨린 사건[744], 수리부엉이를 꾀어 제자를 습격하게 한 사건[745], 딸이 타 죽는데도 병풍 그림을 그리고 싶어 한 사건[746]은, 앞의 두 가지 경우에는 "지옥의 죄인을 그리기 위한"[747] 것이라는 목적이 불순하지 않을 뿐만 아니라 인명 피해로 이어지지도 않았으며 행위 결과에서도 범죄나 도덕에 저촉되지 않는다. 불에 타 죽는 딸을 방관했다는 세 번째 경우에도 악의 발단은 '호리카와의 나리님'이지 요시히데가 아니다. '나리님'이 요시히데의 딸을 불에 태워 죽인 원인이 "이루지 못한 사랑의 원망 때문에였든지…… 병풍 그림을 그리려고 한 그림쟁이의 그릇된 근성을 혼내줄 심산"[748]에서였든지는 불문에 부치더라도 두 가지 경우 모두 범죄 행위이고 반윤리적인 행위임은 분명하기 때문이다. "그림을 위해 부녀간의 천륜마저 저버리는 인면수심의 괴팍한 자"라는 악인의 칭호 뒤에는 사실은 주동적이 아닌 타자의 강요에 의한 수동적인 행위였으며 거기에 직업적 광기가 추가되어 발생한 결과였다.

반면 천재를 위한 창조 환경 개선이 목적인 동인의 작품 「광염 소나타」는 창작의 기술적 과정보다는 천재의 생존 환경에 초점이 맞추어져 있다. 백성수가 저지른 악은 법과 도덕에 저촉됨에도 그 규제를 해제할 것을 강력히 호소하고 있다. 천재의 악행이 예술을 위한 것이라는 점에서는 두 작가의 견해가 일치하지만 백성수의 악은 요시히데와 달리 주동적·의지적인 결과물이라는 점에서는 궤를 달리한다. 요시히데는 제자를 학대하나 죽음에 이르지는 않았고 딸을 구원하지 않았지만(사실 구원할 수도 없었다) 살인자는 아니었다. 하지만 "방화, 사체 모욕, 시간, 살인"[749] 등 백성수의 모든 악행은 그 자신이 직접 획책하고 저지른 범행들이다. 단지 창조를 위한다는 명분 하나로 이런 만행에 면죄부가 주어져야 한다는 주장은 설령 "천재 예술가에게는 모든 것이 용납되어야 한다는 사상과 그들을 용납하지 않는 사회 현상에 대한 분노"[750]라고 할 수 있을지라도 사실은 그 저변에 영웅에 대한 동인의 과분한 기대와 관용 내지 비호가 두텁게 깔려 있기 때문이다. 그것은 다시 말하면 약한 자에 대한 실망에서 파생된 다른 형태의 보완책이기도 할 것이다.

류노스케에게서 강한 자는 악한 자다. 예술가는 "미의 진실을 위해 일체의 도덕을 무시"하고 "혼을 악마에게 팔지만" 딸의 죽음을 즐기는 한편 정신적 괴로움 때문에 자살을 하는, 일면 강하면서도 일면 약한 자이다. 반면 진정으로 강한 자인 '나리님'은 하녀를 점유하려 하고 뜻대로 되지 않자 불에 태워 죽일 뿐만 아니라 "굳게 입술을 다물고 이따금 섬뜩한 웃음을 지으시는"[751] 악한이다. 하지만 류노스케는 약한 자에 대해서는 연민의 시선을 보내고 있다. "처참하게 쇠사슬로 묶여 있는 여인"[752], "긴 속눈썹 끝에 눈물이 가득 고인"[753] 요시히데의 딸에 대한 연민의 시선이 소설의 곳곳에서 표현되고 있다.

> 연기에 숨이 막혀 뒤로 젖힌 그 하얀 얼굴, 불길을 떨쳐 내려고 마구 흐트러트린 기다란 머리채, 그리고 순식간에 불로 변해 가는 벚꽃 당의의 그 아름다움…… 참으로 얼마나 참혹한 광경이었는지요.[754]

하지만 모든 관심을 영웅에게 집중시킨 동인은 류노스케와는 달리 「광염 소나타」에서도 예외 없이 강한 자를 두둔하고 비호한다. 백성수의 "죄를 용서해야 한다"[755]라고 주장하는 음악 평론가는 사실 범죄를 사주한 공범과 다름없음에도 어떠한 비난도 받지 않는다. 음악 평론가는 『지옥변』의 '나리님'과 대칭되는 강한 자의 형상으로서 "방화? 살인? 변변치 않은 집 개, 변변치 않은 사람 개는 그의 예술의 하나가 산출되는 데 희생하라면 결코 아깝지 않습니다"라며 공공연히 범죄를 두둔하고 있지만 강한 자에만 관심이 많은 작가에 의해 도덕적 비난에서 자유롭다. 대신 류노스케와는 달리 약한 자에 대해서는 무자비하다. 강한 자에 의해 죽은 자는 단지 "변변치 않은 사람 개"로서 죽어도 "아깝지 않은" 존재들일 뿐이다.

『지옥변』과 「광염 소나타」에서 또 하나의 중요한 유사성은 죽음이라는 테마이다. 『지옥변』에서는 요시히데와 그의 딸이 죽고 「광염 소나타」에서는 백성수의 창작을 위해 "변변치 않은 사람"들이 희생물이 된다. 류노스케의 "염두에는 죽음의 문제가 늘 도사리고 있었고 그에게는 그것이 하나의 강박 관념으로 작용"했을 뿐만 아니라 소설에까지 죽음의 그늘이 길게 드리웠다면 동인 작품 역시 "골격을 이루고 있는 무대 장치는 죽음"[756]이다. 하지만 두 사람의 죽음에 대한 견해는 전혀 상반된다. 류노스케의 죽음이 정서적·윤리적인 통과 의례를 거친다면 동인의 죽음은 사건적·생리적인 과정에 수렴된다. 그 죽음의 대상이 약한 자(딸)일 경우 강한 자의 부당한 압력에 억울함을 당하는 피해자에 대한 연민과 동정이 첨부된다면 강한 자일 경우에는 직업적 광기가 식은 후에는 도덕적·인간적 고민이 뒤따른다. 그에게서 강한 자의 힘의 논리에 떠밀려 강요당한 약한 자의 죽음은 억울하기에 동정과 연민으로 달래주고 도덕적 책임감에 대한 자기 처벌로서의, 강한 자의 죽음은 당연하기에 "누구의 무덤인지도 모르게 이끼가 끼도록" 방관한다. 약한 자의 죽음은 부당하고 강한 자의 죽음은 당연하다는 지점에서 두 죽음의 가치는 균형을 이루고 대등해지는 것이다.

하지만 동인의 경우 죽음에 대한 접근은 류노스케와는 전혀 다른 형태를 보이고 있다. 죽음에 대한 동인의 인식을 놓고 학계의 분석은 여러 가지로 분류된다. 간략하게 소개하면 아래와 같다. 윤흥로(尹弘老)는 "죽음은 억눌림에 대한 새 질서 탄생을 위한 항거이며…… 육체의 소멸로부터 영혼은 새 질서를 향해 복귀한다고 하는 영혼 회귀설"을 주장하고 이인복(李仁福)은 "동인의 죽음은 '민족과 국가'라는 삶의 인생관人生觀과 일치하는"[757] 것으로 인지하고 있다. 한편 이재선(李在銑)은 동인의 "자기 파괴적인 죽음을 정신 분석학적으로 입증"[758]하고 유금호는 "동인의 죽음을 감당할 수 없는 현실의 부조화의 현재에서 마지막 탈출구"[759]로 파악한다. 그런가 하면 정인문은 동인의 죽음을 불합리한 사회에 대한 분노의 표출로 간주한다.

　　단편 「감자」에서 "복녀"의 죽음은 그녀 자신의 책임이라기보다는 사회 환경 탓이다. 그렇게 될 수밖에 없었던 것은 가난 때문이고 그 가난 때문에 연유된 사건의 하나하나는 모두 모욕에서 비롯되고, 그 모욕은 부도덕적이기는 하나 일종의 저항 정신으로서 분노화하고 있다. 이 분노는 '남'으로부터 '나'에게 가해진 무례한 행위에 대한 반발이기 때문에 '나'의 인간으로서의 존재를 다시 말하면 인격적 주체를 부정한 데서 오는 분노이다. "복녀"의 분노는 바로 이로부터 비롯된 것이다. 모욕은 분노를 낳고 저항을 동반한다. 나름대로의 저항 정신을 수반하면서 어떤 행동을 야기시킨다. 그리하여 끝내는 사회에서 금기로 되어 있는 영역까지도 파괴하면서 저항한다.[760]

　　하지만 「감자」에서 복녀의 죽음만 놓고 보더라도 단지 가난의 그림자인 모욕에서 비롯된 것이라고 하기에는 무리가 따르면서 "영혼 회귀설"이나 "'민족과 국가'라는 삶의 인생관人生觀"론 그리고 "정신 분석학적 분석"과 같은 다른 주장들과 함께 설득력이 떨어진다. 차라리 "한 인물의 죽음이 우리의 일상사日常事 속에서 아무런 충격도 파문도 없이 일상 속에 용해되어 소멸되어 버릴 수 있다는 현실을 말하고 싶었는지도 모른다"[761]라는 그의 주장이 더 개연성이 있어 보인다. 이인복도 동인의 소설에 나오는 죽음은 "사건 진행 및 이야기 구성상 필요한 소재로서의 죽음이 허용되고 있을 뿐"[762]이라고 그 의미를 한정하고 있다.

우리가 홀시해서는 안 되는 것은 동인에게서 죽음은 그 초점이 약한 자에게 맞춰져 있다는 사실이다. 죽음이라는 이 사건은 「감자」의 주인공 복녀나 「태형」의 등장인물 영원 영감처럼 항상 약한 자에게서만 일어나는 특수한 현상이다. 그것은 죽음이 어리석고 무지하고 힘없는 자들이 최종적으로 선택할 수밖에 없는, 현실로부터의 거세 통로이기 때문이다. 환언하면 동인에게서 죽음은 약한 자의 무능과 어리석음의 결과물에 지나지 않는다. 강한 자와의 대결에서 그가 던질 수 있는 마지막 카드이기도 하다. 현실의 높은 벽과 충돌했을 때 지혜와 능력이 결여된 자들의 최종 안식처이다. 「감자」에서 복녀의 죽음은 자신도 유부녀이고 왕 서방도 유부남이라는 현실, 남자인 왕 서방이 여자인 자신보다 힘에서 우월하다는 사실조차 인지하지 못하는 무지와 어리석음이 불러온 비극일 따름일 뿐 그 무슨 윤리적이지도 질서 파괴적이지도 정신 분석학적이지도 않다. 「태형」의 영원 영감의 죽음도 조금이라도 편해지려고 자신을 죽음의 길로 떠밀어 넣은 감옥 죄수들의 음모를 간파하지 못한 무지 혹은 어리석음의 결과물에 불과할 따름 그 어떤 거창한 의미도 부과되지 않는다. 그것은 약한 자에 대한 동인의 경멸에서 파생된 비난의 한 측면일 뿐 그 이상도 이하도 아니다. 「광염 소나타」에서 보이듯이 강한 자는 죽지 않는다. 그러나 약한 자는 강한 자의 직업인 "예술의 완미完美를 위해서 희생되어야만 하는 범용凡庸한 인간"[763]들로서 죽음은 이들의 전유물이다. 결과적으로 탐미주의 작품에서도 예외 없이 동인에게서 강한 자는 영원한 비호의 대상이고 약한 자는 경멸의 대상임을 알 수 있다. 그의 영웅 숭배는 다름 아닌 이러한 사상에 근원을 두고 있다.

악에서 미를 발견하고 쾌락을 느끼는 면에서도 류노스케는 서로 다른 스타일을 고수하고 있다. 류노스케가 예술 창작에서 느끼는 쾌락에는 그 정점에서 도덕적 고민과 충돌한다면 동인의 창조를 통한 쾌락에는 도덕과 죄의식이 철저하게 배제되어 있기 때문이다. 류노스케는 『지옥변』에서 주인공 요시히데가 딸이 불에 타 죽는 모습을 보며 아버지로서의 슬픔과 화가로서의 직업적 환희의 사이에서 정신적으로 방황하는 심리 상태를 아주 핍진하게 그려 내고 있다. 우차 안에 딸이 묶여 있는 것을 본 요시히데는 "갑자기 펄쩍 뛰어 일어나는가 싶더니 두 팔을 앞으로 뻗은 채 우차 쪽으로 저도 모르게 달려가려고 했다."[764]

또한 끊임없이 씰룩거리는 뺨의 경련만 봐도 그의 마음에 교차하는 두려움과 슬픔과 놀람이 역력하게 드러나 있었습니다. 목이 잘리기 직전의 도둑이라도, 혹은 십왕청十王廳 앞에 끌려나온 극악무도한 죄인이라도, 그토록 고통스러운 표정은 짓지 않았을 것입니다.[765]

조금 전까지 지옥의 형벌에 시달리는 듯하던 요시히데가 이제는 무어라 말할 수 없는 광채를, 황홀한 법열과도 같은 광채를 주름이 쪼글쪼글한 얼굴에 가득 담은 채 나리님 앞이라는 것도 잊었는지 단단히 팔짱을 끼고 우뚝 서 있는 게 아닙니까. 아무래도 그 사람의 눈에는 딸이 몸부림치며 죽어 가는 모습이 눈에 들어오지 않는 모양이었습니다. 오로지 아름다운 화염의 빛깔과 그 속에서 고통받는 여인의 모습에 한없이 들뜬 그런 모습으로 보였습니다. 더욱 이상한 것은 그 사람이 제 외동딸의 단말마의 고통을 기쁜 듯이 바라보고 있었다는 그것만이 아닙니다.[766]

딸의 죽음을 목도하는 요시히데는 아비로서 "지옥의 형벌에 시달리는 듯한" 두려움과 슬픔과 고통에 시달리는 한편 화가로서는 황홀한 광채와 아름다운 화염의 빛깔을 기쁜 듯이 바라본다. 딸의 죽음을 앞에 두고 느끼는 환희가 설령 예술을 위한 것이라 할지라도 그것이 쾌락이 되기에는 아비로서 감내해야 하는 슬픔과 고통이 너무 격심했다. 딸의 죽음에 대한 요시히데의 방관 또는 관찰이 그림을 위한 기술적 작업의 일환일망정 결코 육체적인 쾌감은 아니었다. 창작의 희열은 고통을 수반하기 때문이다. 결국 그러한 슬픔과 도덕적 자책감은 그림이 완성된 후 요시히데의 자살로 치환됨으로써 화가의 쾌락을 냉각시켰던 슬픔의 수위가 얼마나 높았던가를 알게 한다.

병풍을 다 그린 그다음 날 밤에 자기 집 대들보에 밧줄을 걸고 목을 매달아 죽은 것입니다. 외동딸을 앞세운 그 사람은 아마 자기만 편히 살아 있다는 게 견딜 수 없었던 모양이지요.[767]

보다시피 요시히데는 예술을 위해 모든 것을 포기(딸과 자신의 생명)했다. 하지만 백성수는 예술을 위해 아무것도 포기한 것이 없다. 담뱃가게의 돈을 훔치고 감옥에 들어간 후 병든 어머니는 "아들을 찾으며 길에까지 기어 나와서 죽었다."[768] 창작의 영감을 위한 살인·방화죄로 다시 옥살이를 하게 된 것을 포함하여 이 모든 것은 법에 의해 죗값을 치르며 상실당한 것이지 스스로 포기한 것은 아니었다. 요시히데는 나리님에 의해 불에 타 죽는 딸을 구할 수 있었음에도 그림을 위해 스스로 포기한다. 요시히데의 악행은 개인과 사회에 피해를 주지 않았으며 법과 도덕 질서를 어기지도 않는다. 제자들에 대한 구박도 인명 피해로 이어지지 않았기 때문이다. 하지만 백성수는 약한 자들에 대한 박해와 살인을 당연한 것으로 여기며 그들을 제물로 삼아 사회적·법적·도덕적 시스템의 감독을 거부하려고 한다. 이는 약한 자를 제외시키고 강한 자 혹은 영웅(천재)에게 무소불위의 권위를 주려는 동인의 사상에서 기인한 것이다. 물론 약한 자에 대한 경멸과 강한 자에 대한 숭배 사상은 이광수의 대중 계몽과 사회 개량론에 반기를 든 지점에서부터 싹튼 것이라 할 수 있다.

　이러한 연유로 동인은 류노스케가 붙인 그 모든 도덕적·인간적 첨가물들을 제거한 뒤 순수한 쾌락만 뽑아 영웅 백성수에게 전달한다. 동인에게 도덕적·법적 규제는 영웅의 창조에 걸림돌이 되기 때문이다. 약한 자—민중을 경멸하는 동인이 의탁할 수 있는 사람은 오로지 영웅뿐이기 때문이다.

결론

　동인이 영위한 순수 문학의 역정은 리얼리즘, 자연주의, 탐미주의 라는 무려 세 개나 되는 문예 사조를 섭렵하고 있다. 이 세 개의 단계 는 각각 "인형 조종술", "약한 자 경멸", "영웅 찬미"와 대응한다. 동인 이 이처럼 짧은 시기에 세 개나 되는 문예 사조를 넘나든 것은 반드시 그에 해당하는 목적이나 이유가 있을 것이다. 일반적으로 하나의 문예 사조는 지배적이었던 기존의 문예 사조를 전복하는 지점에서 산생하 기 마련이다. 그리고 매개 문예 사조는 그것을 배태·육성하고 리드한 대표 작가들이 전제된다. 따라서 구체적으로 새로운 사조의 탄생은 기 존의 작가들에 대한 비판과 거부를 통한 차별화에서부터 시작될 수밖 에 없다.

　자연주의 문학의 창시자 졸라의 경우만 일견해도 우리는 이러한 주 장이 설득력이 있음을 금방 알 수 있다. 한마디로 졸라의 자연주의 문 학 사조의 창시는 리얼리즘의 대가인 발자크와 플로베르를 능가하기 위한 전략적 책략의 일환이었다. 왜냐하면 당시 발자크와 플로베르는 리얼리즘 문학의 정상을 정복하고 있었기 때문에 그러한 문학 사조의 시스템 안에서는 그 누구도 도저히 이들과 경쟁의 대상이 될 수 없었다. 이들과 경쟁할 수 있는 경로는 오로지 하나 차별화 전략이었다. 우리는 이러한 추정의 합리성을 고향 친구 바이유(Baille)에게 보낸 졸라의 편지에서 엿볼 수 있다.

> 내가 문학이라는 작업을 결정적으로 취하게 된다면 '전부 아니면 무(Tout ou rien)'라는 내 모토를 취하겠다. 그러기 때문에 그 누구의 발자취를 따라가지도 않을 생각이다. 그것은 내가 어떤 한 파派의 두목이 되겠다는 뜻이 아니다. 대개 그런 사람은 반드시 체계적이 된다. 내가 바라는 것은 어떤 미지未知의 길을 찾아내고 우리 시대의 그 숱한 3류 작가의 틈에서 벗어나는 것이다.[769]

졸라는 이 편지에서 "선배들이 개척하지 않은 새로운 분야를……발견하겠다는 포부를 피력"[770]한다. "그 누구의 발자취"란 플로베르와 발자크가 개척한 리얼리즘의 길일 것이며 "3류 작가"란 졸라를 비롯하여 플로베르와 발자크로 대변되는 리얼리즘의 그늘 속에서 기를 펴지 못하던 동시대 작가들을 가리킬 것이다. 졸라가 찾으려 한 "어떤 미지의 길" 즉 플로베르나 발자크와 같은 "선배들이 개척하지 않은 새로운 분야"의 발견이란 곧 이들과의 차별화 선언이나 다름없는 것이다. 결국 그가 찾은 차별화는 플로베르와 발자크가 홀시한 생활의 암흑면에 시선을 집중하는 자연주의라는 새로운 문예 사조였던 것이다. 결과적으로 졸라는 이 차별화 전략을 통해 리얼리즘의 대가들인 플로베르와 발자크와 어깨를 나란히 하는 대문호가 되는 데 성공했던 것이다.

김동인의 경우도 졸라의 전략과 별반 다르지 않다. 당시 조선 문단을 주름잡던 이광수의 독주를 견제하고 그와 우열을 겨루기 위해서는 그가 채택한 리얼리즘의 시스템에서 이탈하여 새로운 시스템을 가동해 그와 차별화해야 그나마 일말의 가능성을 운운할 수 있었다. 초학자이던 김동인이 "인형 조종술"로 인해 그처럼 높이 숭배하던 톨스토이와 결별할 수밖에 없었던 이유도 이광수에 반기를 들기 위해서였다. 왜냐하면 이광수 역시 톨스토이의 리얼리즘 계열의 작가였기 때문이다. 그들의 업적에 의해 완전하게 정복되어 그들의 식민지가 되고 그들의 지배하에 떨어진 리얼리즘의 틀 속에서는 결코 이광수와 경쟁 대상으로 부상하기 힘들다는 판단이 작용한 결과였다.

김동인의 선구자적 위치를 이야기하면서 빼놓을 수 없는 것은 그와 이광수와의 관계이다. 김동인이 이광수에 대하여 맹렬한 경쟁의식을 가지고 있었다는 것은 유명한 이야기거니와, 사실 교만하기 이를 데 없는 김동인으로서는 이 유명한 선배가 몹시도 신경 쓰이는 존재이었을 것임에 틀림없다. 자기가 제아무리 여러 가지 점에서 '최초'를 자랑한다 하더라도 가장 크고 중요한 '최초'의 영예는 엄연히 이광수가 차지하고 있다는 사실이 그에게는 얼마나 화나는 일이었을 것인가. 그럴수록 김동인은 이광수와 다른 존재로 스스로를 부각시키려는 욕망을 간절히 품게 된다. 이 욕망은 김동인의 작품 세계에도 커다란

영향을 끼쳤으리라고 우리는 단언할 수 있다.[771]

김동인은 이광수라는 벽을 넘어갈 특수한 사다리를 몇 가지 서사 전략을 동원하여 제작하려고 시도했다. 이를테면 사상적 측면에서 이광수의 계몽주의와·사회성을 과학주의와 생물성으로 대체한다든지, 기교적 측면에서 이광수의 이상화와 사회 개량을 무개입·무이상·무해결로 대체한다든지 하는 것과 같은 작업들이다. 그의 이광수 초월 전략 몇 가지만 살펴보면 금방 실상을 파악할 수 있다.

김동인의 자연주의 문학은 처음에 톨스토이 리얼리즘의 영향 속에서 배태되었는데, 그것은 '인형 조종술'과 '채찍술'로 요약될 수 있다. '인형 조종술'은 사실은 사회 현실에 대한 톨스토이의 뛰어난 통찰력을 알지 못했던 김동인의 오해가 낳은 결과이다. 톨스토이와 김동인은 둘 다 귀족주의적 오만으로 가득했다는 점에서 동일하지만 톨스토이는 참회와 성찰을 통해 약한 자에 대한 연민과 강한 자에 대한 분노로 그 오만을 사회의 강자에 대한 비판적 서사로 승화시켰고, 그러한 자기 성찰을 거치지 못한 동인은 이를 약한 자를 맹렬하게 비난하는 냉소 미학으로 귀결시켰다는 차이가 있다.

톨스토이의 비판적 통찰력에 대한 동인의 오해에서 산출된 '인형 조종술'은 동인의 냉소서사의 구축에 긍정적인 영향을 미쳤다. 작가를 신격화하는 '인형 조종술'은 뜻밖에도 그에게 작중 인물을 임의로 배치하고 조종할 수 있는 권위를 부여함으로써 나약한 자에 대한 경멸적인 태도를 더욱 강화시켜 주었기 때문이다. 동인은 사건의 전개에서

'인형 조종술'을 약한 자의 무식함, 어리석음을 부각시키는 최상의 기법으로 여겼던 것이다. 그는 「약한 자의 슬픔」에서 작중 인물의 개성에 어긋나고 타당성이 결여된다는 우려에도 불구하고 엘리자베트의 불행이 스스로의 무지에서 초래된 것처럼 조종함으로써 약한 자에 대한 노골적 비하를 서슴지 않았다.

또한 동인은 톨스토이가 애용한 '채찍술'에서 그 교화의 기능을 거세한 후 경멸의 기능으로 교체하여 활용하기도 했다. 톨스토이와 이광수는 소설을 통해 인도주의를 선양하고 대중을 계몽한다는 점에서 매우 설교적인데, 바로 이 지점에서 동인은 톨스토이와 다르며, 동인은 적극적으로 그와의 차별화를 꾀한다. 그는 독자를 향한 '채찍술'의 설교적 작용을 해제하고 대신 경멸과 냉소를 장착한 다음 그것으로 작중 인물인 약한 자들을 비판하고 공격하였다.

이광수는 대표작 『무정』 등 자신의 문학 실천에서 대중(민중 혹은 민초)을 계몽 운동과 교화를 통해 사회 개량의 중심 역량으로 만들 수 있다는 긍정적 이미지를 구축했다. 그는 대중이 어리석고 무지한 것은 낡은 유교 도덕과 봉건적 관습의 악영향 때문이며 그것을 계몽의 힘으로 퇴치하기만 하면 새로운 사회 개량의 주력군이 될 수 있다고 간주했다. 하지만 이광수의 사상과 문학 업적을 전복해야만 하는 김동인은 자연주의 힘을 빌려 그의 이 사상에부터 수술의 메스를 들이댄다. 그는 이른바 약한 자들에게 부여된 긍정적 가치를 전면 청산함과 동시에 이들의 이미지를 육체 하나만으로 막연하게 물질적 삶을 버텨 내는 구제 불능의 속물들로 규정한다. 설령 이들에게 선과 악을 포함한 아름다움이 있다 하더라도 "얼굴에 흐르는 표정이 더럽고 비열한"[772] 사람들일 뿐이다. 약한 자들이 계몽의 대상이 아니라 경멸의 대상이 되는 것은 이들이 어리석고 무지하기 때문이다. 이들의 신분에 적합하게 개발된 것이 동인의 이른바 냉소서사이다.

다른 한편으로 동인은 약한 자들의 대척 세력으로서의 강한 자들에 대해 굉장히 우호적인 시각을 드러내면서 이들을 사회 변화의 대안으로 제시함과 동시에 공공연히 비호하고 감싸 주기 시작한다. 그가 보기에 강한 자들은 박식과 지혜로 삶을 지혜롭게 살아가는 선각자들이기 때문이다. 유미주의 시기에 들어와서는 이 사상을 확대하여 영웅숭배 사상으로 승화시킴으로써 사회와 인간의 운명을 그들에게 맡기려고 시도했다. 이들에 대한 서사는 경멸과 냉소가 아닌 생략과 방관 또는 찬미로 일관된다.

이광수도 물론 과거 시제를 사용했다. 하지만 일관되지 못했고 철저하지도 못했다. 그것은 이광수에게는 무엇보다도 당면한 현실과 그 현실에 대한 개조가 초미의 관심사였고 그러기 위해서는 과거 시제가 없는 기존의 문체로도 계몽과 교화를 통한, 현실을 겨냥한 이상화 효과는 충분했을 것이다. 하지만 동인의 경우는 달랐다. 동인은 선을 선전하는 것에만 만족하지 않았고 악과 암흑면도 있는 그대로 묘사해야만 하는 자연주의 작가였기 때문이다. 따라서 그는 이광수가 이상화를 위해 수용한 리얼리즘적 원근법에 의해 가려진 현실의 배면과 이면 더 나아가 암흑면을 동시에 노출시킴으로써 문학 작품을 삶과 생활의 진실에 한 걸음 더 접근시킬 필요를 느끼게 되었던 것이다. 뿐만 아니라

기교 측면에서도 이광수가 즐겨 사용한 작가의 개입을 철회함으로써 유리된 현실과 소설의 거리를 좁혔다.

하지만 동인은 이광수와의 변별화를 위한 모든 예술적 조치를 취했음에도 아이러니하게도 한계에 부딪칠 수밖에 없었다. 약한 자들을 위해 개발된 경멸과 냉소서사라는 자궁만으로는 그의 기대에 부합되는 영웅의 형상을 잉태해 낼 수가 없었던 것이다. 그 해결책을 동인은 유미주의 이론에서 찾는다. 즉 영웅 숭배에 적합한 새로운 서사—찬미 서사를 수용하게 되는 것이다. 찬미 서사는 약한 자들에 대한 경멸과 냉소서사의 한계점에서 돌연변이로 산생한 서사 수단이었을 뿐만 아니라 약한 자들에 의해 두절된 사회 진화의 지속성을 담보하기 위한 하나의 상징적인 탈출구이기도 하다. 약한 자들의 어리석음과 무지에 대한 실망감이 컸던 만큼 영웅에 대한 동인의 기대감도 그만큼 클 수밖에 없었다. 중국의 영웅 손일선의 예를 들며 동인은 이렇게 영웅을 갈망하고 있다.

요컨대 하나의 영웅을 가져야 할 것이외다. …… 말하자면 어떤 민족이든 단체든 성공을 하려 하면 반드시 그 민족 혹은 단체의 중심이 되고 힘의 원동력이 될 만한 영웅이 한 사람(다만 한 사람) 있어야 할 것이외다. 하늘이 그 민족이나 단체에게 그런 영웅을 주시지 않는 때에는 그 민족이나 단체의 지도계급에서라도 한 사람의 영웅을 제조해 내여 세워야 할 것이외다. 약한 민족이나 단체! 자신력이 부족한 민족이나 단체일수록 거기는 더욱 영웅의 존재가 필요합니다. 영웅이 저절로 나지 않는 경우에는 몇몇 지도 계급에서 영웅을 만들어서라도 놓아야 할 것이외다. …… 말하자면 전 민족 혹은 전 단체가 단합되기 위하여는 그 돌쩌귀가 될 만한 다만 하나의 영웅이 필요한 것이외다. 그 영웅이 간 뒤에는 후계자로서 역시 다만 하나의 영웅이 될려 한 것이외다. …… 서양에서는 지금 각 방면의 영웅을 제조하기에 급급한 모양이외다. 하늘의 영웅, 북국의 영웅, 스포츠의 영웅, 의학의 영웅, 자연 과학의 영웅, 심지어는 키 크기, 키 작기, 얼굴 이쁘기의 영웅까지 제조하려고 식자, 학자, 신문 등등이 매우 노력하는 것을 볼 수가 있습니다. …… 우리는 영웅을 못 가졌습니다. 우리는 과거에 있어서 영웅을 가져 온 일은 있지만 현재에는 영웅을 못 가졌습니다.[773]

동인은 사회 변화와 발전에 대한 모든 기대를 영웅의 탄생에 걸고 있다. 그것은 사회 발전을 대중 계몽을 통해 이룩하려는 이광수와는 전혀 다른 사회 진화론이라고 할 수 있다. "약한 민족"은 이광수가 생각하는 것처럼 이들에 대한 계몽을 통해 진보하는 것이 아니라 영웅에 의해서만 그것이 가능하다는 게 동인의 사회 진화론이다. 하지만 유감스럽게도 동인의 이 희망은 환경 미숙이라는 조건 때문에 물거품이 된다. 결국 동인은 그토록 비난해 온 약한 자들을 경멸과 냉소의 불모지에 버려둔 채, 영웅도 창조하지 못한 채 쓸쓸하게 순수 문학의 역정에 종지부를 찍고 스스로의 배신자가 되면서 대중 문학으로 선회한다.

이광수를 배격하고 한국 문학의 개척자가 되기 위해 그의 문학 사상에 정면으로 반하는 예술 지상주의 문학의 기치를 높이 들었던 김동인—그의 문학은 다분히 개인적이면서도 동시에 한국적이었다. 그가 창작한 순수 문학 작품 중에 우리에게 가장 깊은 인상을 남긴 것이 있다면 그것은 아마도 예술에 대한 숭배와 함께 약한 자들에 대한 그 도도했던 경멸과 냉소서사가 아닐까 생각한다.

이광수에 대한 동인의 라이벌 의식이 본격적으로 가동한 시기는 톨스토이와 결별을 하고 졸라와 손을 잡았을 때부터이다. 동인은 자신의 약한 자에 대한 경멸과 냉소에 졸라의 자연주의를 접목시킴으로써 약한 자를 향한 냉소 미학을 완성했다. 졸라에 대한 동인의 긍정적인 평가 중에서 우리가 가장 먼저 주목해야 할 점은 과학이다. 동인은 자연주의 소설의 과학성을 높이 평가하고 그것을 수용하여 스스로 화학자나 물리학자의 작업과 다를 바 없는 자연 탐구에 몰두했다. 졸라에 대한 동인의 두 번째 긍정 평가는 '하류 사회 묘사'이다. 이 하류 사회의 인간들이야말로 그의 냉소 미학이 겨냥한 과녁—약한 자들의 생존 공간이라는 이유 때문에 긍정적 비중이 부여된 것이다.

반면 졸라에 대한 동인의 부정적인 평가는 지루함, 통일된 이야기의 부재, 구성과 플롯의 부재 등으로 개괄할 수 있다. 환경을 포함한 모든 것을 묘사한다는 주장을 고집하는 졸라의 작품은 만연체가 될 수밖에 없으므로 동인에게는 하품을 유발하기 마련이다. 동인에게 필요한 건 이광수의 동정과 연민의 대상인 약한 자들을 무지와 어리석음밖에 없는 인물로 부각할 수 있는 냉소 미학뿐이었기 때문이다. 그러므로 약한 자에 대한 경멸과 냉소의 시선에 불필요한 서사는 자연스럽게 수용과정에서 걸러 낼 수밖에 없었다.

동인 작품 속에서 나타나는 졸라의 자연주의 경향은 본문에서 두 가지로 분류하였다. 그 첫 번째는 주제에서 나타나는 자연주의 경향이고 두 번째는 서사에서 나타나는 자연주의 요소이다. 자연주의 소설이 주목하는 제재는 위인偉人 선호와 현실의 암흑면이다. 자연주의 소설을 대표하는 졸라 작품에서 우리는 인간의 추한 모습과 악한 모습을 대면할 수 있었다. 추와 악은 하류 사회 계층에 머물러 있는 사람들의 생존 방식이었기 때문이다. 동인도 자신의 작품에 자연주의적 특징을 적용했다. 동인 작품에서도 주인공들의 생활 배경은 더러운 공간이다. 그 환경에서 생존하는 사람들은 도덕과 법을 무시하고 범죄와 방탕을 생활 수단으로 삼는다. 따라서 매춘으로 인한 도덕적 죄의식, 살인으로 인한 법적 책임 등 모든 것이 문제시되지 않는다. 하지만 졸라와 동일한 궤도를 달리고 있던 동인은 서사의 초점이 작품 속에서 상대적으로 강자라는 인물에 맞춰지는 순간 냉소를 거두며 졸라와의 차이점을 드러낸다. 인간의 추함과 악함을 묘사하는 자연주의적 특징을 강자와 약한 자에 공동으로 적용하는 졸라와 달리 동인은 오로지 약한 자에게만 적용하고 있기 때문이다. 강한 자에 대한 동인의 태도는 방관과 침묵을 넘어 심한 경우에는 두둔하고 감싸 주기까지 한다.

김동인과 일본 자연주의는 그와 졸라 자연주의에 비해 그 연관성이 떨어진다. 동인 스스로도 일본 영향을 받았다는 것에 거부감을 보였듯이 작품에서도 일본 자연주의적 특징은 찾아내기 어렵다. 하지만 동인이 자신의 문학 세계를 구축하는 과정에서 일본 유학 생활의 비중이 제일 크고 그곳에 몸을 담고 있을 때 의도치 않게 영향을 받았을 것으로 추정된다.

　김동인과 일본 자연주의와의 영향 관계는 창작 초기에 받은 묘사 기법상의 문제와 주제에서의 무해결·무이상의 문제에 국한된다. 우리는 동인의 초기 작품에서 그가 일원 묘사와 객관 묘사 사이에서 방황하고 있었음을 알 수 있었다. 일원 묘사는 일본의 이와노 호메이의 영향을 받은 것이지만 동인은 일찌감치 일원 묘사의 불합리성을 인식했다. 다시 말해 일원 묘사가 본인이 주장하는, 약한 자에 대한 경멸과 냉소서사에 배치되는 역작용을 함을 인지했다는 것이다. 따라서 동인은 1925년을 기점으로 순객관 묘사로 전향한다.

　자연주의의 공통된 특징으로서의 무각색·무개입·무이상·무해결 측면에서도 동인 작품과 일본 자연주의 작품은 유사성과 차이점을 동시에 나타낸다. 그 근본적인 차이는 본 논문의 핵심인 약한 자에 대한 동인의 냉소 미학으로 인해 발생했다. 무각색이라는 측면에서 볼 때 졸라는 작가의 관찰이 미치지 못하는 지점에서 허구와 상상력이 발동하는가 하면 일본 작가들은 내면이 인지 못 하는 지점에서 상상력이 발동한다고 할 수 있다. 하지만 동인은 이와 반대로 관찰과 인지가 가능한 평범한 지점에서 출발한다. 동인은 간략 묘사와 상세 묘사를 통해 무각색이라는 자연주의적 특징에 반기를 들고 나오면서 약한 자의 무지와 어리석음을 현실에서의 관찰을 통해 부각하려 했다.

　무개입 즉 주관의 개입을 거부하고 객관성을 옹호하는 자연주의 창작 기법에서도 동인과 졸라 및 일본 자연주의 작가들 사이에는 마찬가지로 차이점이 존재한다. 졸라는 주관적 개입을 주로 사회적인 측면에 적용하여 불합리한 사회적 현실에 질문을 던지면서 발전을 도모했다면 일본 자연주의 작가들은 그들의 작품에서 무개입의 원칙을 공통으로 적용하고 있다. 반면에 오로지 동인만이 철저한 객관성을 유지했다. 그는 약한 자의 비참한 인생의 원인을 사회나 환경에서 찾은 것이 아니라 그들 자신의 무지와 어리석음에 있다고 보고 이를 강조하기 위해서 무개입의 원칙을 선택했던 것이다.

무이상·무해결의 경우에도 상황은 다를 바 없다. 졸라는 작품에서 실험을 통해 범죄의 문제를 해결함으로써 공간을 남겨둔 데 반해 일본 자연주의 작가들과 동인은 이 원칙을 완벽하게 준수했다. 일본 자연주의는 현실 세계의 복잡한 상호관계를 강조하며 작가가 어떠한 해결책도 제시할 수 없다고 주장하는 반면 동인은 무이상·무해결의 원칙을 깨고 문학을 사회 교화의 도구로 전락시킨 이광수의 소설에 대한 저항의 의미에서 수용했다고 할 수 있다.

탐미주의는 어떤 의미에서 냉소 미학이라는 좁은 오솔길에서 강행군하는, 폐쇄적인 동인 문학에 도피 통로를 제공해 주었다고 할 수도 있다. 사회적 근대성의 결여를 미적 근대성으로의 우회를 통해 보완하려 했지만 의외로 그 갈림길에서 약한 자에 대한 냉소 미학의 한계점을 인식하고 영웅주의를 하나의 대안으로 받아들였기 때문이다. 다시 말해 동인은 사회적 근대성 결여의 원인을 약한 자들의 결함 때문이라고 판단하고 그 대안으로 사회를 개량할 수 있는 영웅을 찾아 나선 것이다. 탐미주의와 자연주의는 사실은 모두 사회의 더러운 면 즉 암흑면과 추악한 면을 서술하고 있다. 하지만 자연주의는 도덕이 파괴된

무법 공간에서 영웅(천재)의 잉태에 실패했다면 탐미주의는 사회적 악행이 정당화되는 부조리한 공간에서 영웅(천재)을 탄생시키는 데 성공한다. 바로 이 영웅의 존재가 동인으로 하여금 탐미주의 문학 사조를 수용하게 하였던 것이다. 그렇다고 동인이 자신의 작품에서 줄곧 고집해 온 약한 자에 대한 냉소서사를 포기했다는 것은 아니다. 그는 약한 자에 대한 경멸과 냉소를 일관적으로 유지함과 동시에 영웅주의를 끌어들임으로써 역으로 냉소 미학의 완성도를 높였다.

와일드의 탐미주의에서 영웅은 창조의 천재이고 권위적이지는 않으며 쾌락과 도덕 사이에서 심리적 갈등이 존재한다. 와일드는 미를 기존에 존재하는 형상에 있고 이에 대한 향유를 쾌락의 발원지로 간주한다. 다시 말하면 그의 쾌락은 선에 대한 배반이며 육체적인 것이다. 일본 탐미주의는 관능적인 여체미 숭배이고 쾌락에 부과된 도덕적 고민의 강도가 높기 때문에 악이 결여되었다고 볼 수 있다. 그 과정에서 영웅(천재)은 미를 창조함과 동시에 소멸된다. 하지만 동인의 탐미주의는 악으로 시작해서 악으로 끝난다. 이 면에서 그는 와일드보다는 보들레르에 더 가깝다. 그렇지만 보들레르의 탐미주의는 영웅이 결여되어 있는 반면 동인의 탐미주의에는 영웅이 등장할 뿐만 아니라 절대적인 권위까지 부여된다. 동인에게서 영웅은 악에서 미를 창출하고 그 지점에서 쾌락을 느끼지만 그렇다고 도덕적인 고민은 하지 않는다.

동인은 탐미주의 문학 사조를 수용하면서도 여전히 약자에 대한 경멸은 고집하고 있었다. 반면 영웅(천재)에 대해서는 절대적인 찬미를 구사했다. 방화, 살인 등의 악행도 예술이라는 명분으로 감싸 주며 창조적 조건을 부여하였다. 어쩌면 약한 자의 무지와 어리석음에 실망한 나머지 찾아낸 다른 형태의 보완책인 영웅주의는 역으로 냉소서사를 최고점에 도달하게 한 고도의 책략이었을지도 모를 일이다.

본고는 김동인 문학의 자연주의와 탐미주의에 대한 외국 문학과의 비교 연구를 수행하였고, 김동인 문학이 자연주의와 탐미주의에 경도하게 된 것이 약한 자에 대한 경멸적 적의에 기초한 냉소 미학과 강한 자를 찬미하는 영웅주의 때문이라는 것을 논증하려고 노력하였다. 하지만 이 과정에서 김동인의 외국 문학 작가나 사조와의 영향을 입증할 만한 보다 구체적이고 직접적인 증거를 확보하지 못한 점이나 냉소 미학, 영웅주의 등에 대한 보다 깊이 있는 설명과 접근을 성취하지 못한 점 등은 필자의 역량 부족에 의한 한계로서 앞으로 후속 연구를 통해 가다듬어 나가야 할 과제라고 생각한다.

참고 문헌

1. 김동인 연구 목록

단행본

田營澤. 「김동인론」, 『朝鮮文壇』. 1925. 6.

김억. 「김동인」, 『朝鮮文壇』. 1926. 6.

김동리. 「자연주의의 구경—김동인론」, 『현대한국작가연구』. 민음사. 1976.

채훈. 「'감자'와 빈곤문제」, 『김동인 연구』. 새문사. 1982.

이문구. 『김동인 소설의 미의식 연구』. 경인문화사. 1995.

임영환. 「김동인론」, 『육사논문집』. 1999.

김우종. 「김동인론」, 『작가론』. 동화문화사. 1973.

윤홍로. 「금기파괴의 명수-김동인론」, 『현대한국작가연구』. 민음사. 1976.

김윤식. 『김동인 연구』. 민음사. 2000.

김열규·신동욱. 『김동인 연구』. 새문사. 1982.

박태상. 『한국 문학의 죽음』. 문학과지성사. 1993.

이인복. 『죽음과 구원의 문학적 고찰』. 셉요셉출판사. 1989.

유금호. 『한국 현대소설에 나타난 죽음의 연구』. 동천사. 1988.

金春美. 『金東仁研究』. 高大民族文化研究所出版部. 1985.

강인숙. 『자연주의 문학론 Ⅰ』. 고려원. 1991.

강인숙. 「김동인 연구」, 『한국현대작가론』. 동화출판사. 1971.

전혜자. 『김동인과 오스커리즘』. 국학자료원. 2003.

이인복. 『한국문학에 나타난 죽음의식의 사적연구』. 열화당. 1979.

정한모. 「김동인과 이효석—문체를 중심으로」, 『현대작가연구』. 범조사. 1960.

김형자. 『한국 근대 소설의 문체론적 연구』. 삼지원. 1985.

장백일. 『김동인 문학연구』. 인문당. 1989.

윤명구. 『김동인 소설연구』. 인하대출판부. 1990.

이재선. 『김동인』. 서강대학교출판부. 1998.

이영아. 「김동인의 참사랑론과 소설적 형상화 양상 고찰」. 문학사와 비평학회. 『김동인 문학의 재조명』. 새미. 2001.

김용성·우한용. 『한국현대소설사』. 성문각. 1978.

문학사와 비평학회. 『김동인 문학의 재조명』. 새미. 2001.

조연현. 『한국현대문학사』. 성문각. 1982.

김봉군·이용남·한상무. 『한국현대작가론』. 민지사. 1997.

학술지·간행물

주요한. 「성격 파산—동인군의 '마음이 옅은 자여'를 봄」, 『창조』 제8호. 1921. 1.

한상무. 「김동인 소설의 성 이데올로기」, 『국어교육』. 한국국어교육연구회. 2000.

홍태식. 「김동인론⑴—그 악마적 경향에 대하여」, 『새국어교육』. 한국국어교육학회. 2002.

강요열. 「작가의 삶과 작품에 나타난 윤리 양상: 현대문학 초창기 작가 이광수 김동인을 중심으로」, 『유관순연구』 제4호. 2005.

이용남. 「동인 문학에 나타난 기독교 의식」, 『관악어문연구』 제6집. 1981.

구인환. 「김동인 소설의 미학」, 『이송녕선생고희기념논문집』. 1977.

이유식. 「20년대 작품과 죽음의 결말고찰」, 『현대문학』 1981년 6월 호.

이용남. 「김동인과 오스카 와일드 유미주의」, 『비교 문학』. 1995.

이인모. 「문장 형성법과 작가의 성격—염상섭과 김동인의 작품을 중심으로」, 『현대문학』 제

25~28호.

김영덕. 「김동인 문학의 성격과 일본 문학과의 關係考」, 『李幹求紀念論輯』. 1970.

김송현. 「김동인의 여인상」, 『현대문학』. 1965. 12.

강인숙. 「에로티시즘의 저변—김동인의 애정관」, 『현대문학』 제132호. 1965. 12.

김창룡. 「동인 여성관의 새로운 방법론적 모색」, 『논문집』 제7집. 한성대학교. 1983.

장백일. 「김동인 문학의 갈등과 죽음의 문제」, 『어문학논총』 제1집. 국민대학교 어문학연구
　　소. 1981.

장백일. 「김동인 문학의 폭력적 죽음에 관한 연구」, 『어문학논총』 제3집. 국민대학교 어문
　　학연구소. 1984.

학위 논문

장병희. 「김동인 단편 소설 연구」. 연세대 박사논문. 1983.

윤병구. 「김동인 소설 연구」. 서울대 박사논문. 1984.

장신재. 「김동인 소설 연구」. 국민대 박사논문. 1992.

정연희. 「김동인 소설의 서술자 연구」. 고려대 박사논문. 2002.

김희중. 「김동인과 시마자키 도손 연구: 자연주의와 사소설적 경향을 중심으로」. 성균관대
　　박사논문. 2006.

우남득. 「한국 근대 소설의 인물·서사유형 연구: 이광수와 김동인의 작품을 중심으로」. 이
　　화여대 박사논문. 1984.

황수진. 「한국 근대 소설 속에 나타난 신여성상 연구」. 건국대 박사논문. 1999.

강우용. 「춘원과 동인 문학의 비교연구」. 고려대교육대학원 석사논문. 1972.

남은미. 「아쿠타가와 류노스케와 김동인의 예술 지상주의 대비」. 한국외대 석사논문. 1993.

김정근. 「김동인 문학의 심리적 연구」. 성균관대 석사논문. 1992.

하지현. 「김동인의 두 단편 소설에 대한 정신역동적 고찰—광염 소나타, 광화사」. 서울대 의
　　학석사논문. 1999.

김석봉. 「1920년대 초기 단편 소설의 서사론적 연구」. 서울대 석사논문. 1997.

이혜령. 「김동인 소설 연구—작품 속에 반영된 여인상을 중심으로」. 세종대 석사논문. 1986.

김재만. 「김동인 단편 소설의 여인상 연구」. 국민대 석사논문. 1989.

조경자. 「김동인 소설에 나타난 여성상 연구」. 중앙대 석사논문. 1996.

안윤자. 「김동인 단편 소설에 나타난 여성인물 유형 연구」. 목포대 석사논문. 2000.

구경란. 「김동인 단편 소설 연구―작품에 나타난 영성상을 중심으로」. 계명대 석사논문. 1981.

김지은. 「김동인 단편 연구―여성인물 분석을 중심으로」. 연세대 석사논문. 1990.

李眞明. 「김동인 단편 소설의 여성인물 연구」. 대전대 석사논문. 2008.

2. 졸라 연구 목록

단행본

정명환. 『졸라와 自然主義』. 민음사. 1982.

강인숙. 『자연주의 문학론 Ⅰ』. 고려원. 1991.

이건우 외. 『한국근현대문학의 프랑스문학수용』. 서울대학교출판문화원. 2009.

김윤식. 「한국자연주의 문학론」, 『근대한국 문학연구』. 일지사. 1973.

정명환. 『나가이 가후(永井荷風)와 졸라, 「졸라와 자연주의」』. 민음사. 1982.

손정수. 「한국 근대초기비평에 나타난 자연주의 개념 변모양상」, 『개념사로서의 한국 근대 비평사』. 역락. 2002.

김병철. 『한국 근대 서양 문학이입사연구(상·하)』. 을유문화사. 1998.

김학동. 「자연주의 소설론」, 『한국 근대 문학연구』. 서강대학교 인문과학연구소. 1969.

논문 간행물

백대진. 「현대 조선에 '자연주의 문학'을 제창함」, 『신문계』 제29호. 1915. 12.

필자 미상. 「예술과 도덕의 관계」, 『개벽』 제6호. 1920. 12.

김한규. 「八代文豪略傳」, 『신천지』 제4호. 1922. 1.

염상섭. 「개성과 예술」, 『개벽』 제22호. 1922. 4.

김억. 「근대문예―자연주의, 신낭만주의(부표상파 시가와 시인)」, 『개벽』 제21호. 1922. 3.

김억. 「예술의 독립적 가치」, 『동아일보』. 1925. 6. 29.

박영희. 「자연주의에서 신이상주의로 기울여지는」, 『개벽』 제44호. 1924. 2.

박영희. 「투쟁기에 있는 문예비평가의 태도」, 『조선지광』 제63호. 1929. 1.

김윤식. 「한국 자연주의 문학론고에 대한 비판」, 『국어국문학』 제29호. 1965.

강인숙. 「자연주의 연구-불·일·한 삼국 대비론」. 숙명여대 박사논문. 1985.

주민재. 「독자 개념의 형성과 글쓰기의 관계—김동인의 '참문학'과 상상된 독자 개념을 중심으로—」, 『韓民族語文學』 第69輯. 2015.

김성태. 「진보사상이 한국 근·현대 소설의 형성에 미친 영향 연구—한국 근대 계몽 문학과 자연주의 문학을 중심으로」. 서강대 박사논문. 1996.

미주

1   정한숙.『현대한국작가론』. 고대출판부. 1976. p.48.

2   윤호병.『문학과 문학의 비교』. 푸른사상사. 2008. p.22.

3   정인문.『한일 근대 비교문학 연구』. 수서원. 1996. p.53.

4   P. 방 티겜, 김종원 역.『비교문학』. 예림기획. 1999. p.22.

5   F. 클로동·K. 아다 보틀링, 김정락 역.『비교문학개요』. 동문선. 2001. p.31.

6   김학동.『비교문학』. 새문사. 1990. p.34.

7   용석인.「김동인(金東仁)과 시마자키 도송(島崎藤村)의 자연주의 소설연구」, 『인문학연구』제13집. 관동대학교인문과학연구소. 2009. p.155.

8   P. 방 티겜, 김종원 역.『비교문학』. 예림기획. 1999. p.61.

9   김학동.『韓國文學의 比較文學의 研究』. 일조각. 1979. pp.65, 70.

10   윤채한.『新문예사조론』. 우리문학사. 1994. p.124.

11   김학동.『韓國文學의 比較文學의 研究』. 일조각. 1979. p.65.

12   김희보.『한국의 명작』. 종로서적출판주식회사. 1991. p.81.

13   叶渭渠·唐月梅著.『日本20世纪文学史』. 青岛出版社. 1999. p.48.

14   「남은 말」,『창조』제1호. 1919. 2.

15   우정권.「김동인의 "마음이 여튼 者여" 텍스트 형성에 관한 연구」,『비교문학』제27집. 한국비교문학학회. 2001(8). p.281.

16   「남은 말」,『창조』제1호. 1919. 2.

17   김학동.『韓國文學의 比較文學의 研究』. 일조각. 1979. p.128.

18 　　　김동인. 「조선의 작가와 톨스토이」, 『매일신보』. 1935. 11. 20.

19 　　　앞의 글.

20 　　　주요한기념사업회. 『주요한문집 1』. 1981. pp.17~18.

21 　　　앞의 책. p.18.

22 　　　「文壇三十年史 <文學과 나>」, 『한국 문학총서 5 김동인』. 1980. p.352.

23 　　　金春美. 『金東仁硏究』. 高大民族文化硏究所出版部. 1985. p.89.

24 　　　앞의 책. p.90.

25 　　　郑彭年. 『日本西方文化摄取史』. 杭州大学出版社. 1996. p.225.

26 　　　李喜所. 『近代留学生与中外文化』. 天津人民出版社. 1992. p.211.

27 　　　叶渭渠·唐月梅. 『日本20世纪文学史』. 青岛出版社. 1999. p.48.

28 　　　박진영. 『한국에 온 톨스토이』. 한국근대문학회. 2011. p.207.

29 　　　앞의 책. p.208.

30 　　　「文壇三十年史 <文學과 나>」, 『한국 문학총서 5 김동인』. 1980. p.354.

31 　　　앞의 책. p.354.

32 　　　김동인. 「문예비평과 이데올로기」, 『김동인평론전집』. 삼영사. 1984. p.23.

33 　　　「文壇三十年史 <文學과 나>」, 『한국 문학총서 5 김동인』. 1980. p.354.

34 　　　김동인. 「문예비평과 이데올로기」, 『김동인평론전집』. 삼영사. 1984. p.58

35 　　　레프 톨스토이 지음, 박형규 옮김. 『부활 1』. 민음사. 2007. p.179.

36 　　　앞의 책. p.181.

37 　　　앞의 책. p.230.

38 　　　김동인. 「마음이 옅은 자여」, 『金東仁文學全集 7卷』. 大衆書館. 1983.
　　　　p.43.

39 　　　앞의 책. p.66.

40 　　　앞의 책. p.109.

41 　　　앞의 책. p.67.

42 　　　앞의 책. p.82.

43 　　　앞의 책. p.91.

44 　　　앞의 책. p.69.

45 　　　앞의 책. p.69.

46 앞의 책. p.139.

47 김윤식.『김동인 연구』. 민음사. 2000. p.481.

48 김동인.「허구문학의 의미」,『김동인평론전집』. 삼영사. 1984. p.58.

49 앞의 책. p.22.

50 김동인.「문예비평과 이데올로기」,『김동인평론전집』. 삼영사. 1984. p.22.

51 문석우 외.「한국 근대 문학과 러시아 사실주의 문학」,『한국근대문학의
    비교문학적 연구』. 한국학술정보. 2004. p.230.

52 김동인.「조선근대소설고」,『김동인평론전집』. 삼영사. 1984. p.75.

53 김동인.「춘원연구」,『김동인평론전집』. 삼영사. 1984. p.94.

54 김윤식.『김동인 연구』. 민음사. 2000. pp.28, 391.

55 金春美.『金東仁硏究』. 高大民族文化硏究所出版部. 1985. pp.1~2.

56 鄭哲仁.『한국자연주의의 비교문학의 연구』. 조선대학교 대학원 박사학
    위 논문. 1974.

57 鄭漢淑.『現代韓國作家論』. 高大出版部. 1976. p.48.

58 金春美.『金東仁硏究』. 高大民族文化硏究所出版部. 1985. p.71.

59 尹弘老.『韓國文學의 解釋學的 硏究』. 一志社. 1976. p.255.

60 김동인.「감자」,『金東仁文學全集 7卷』. 大衆書館. 1983. p.366.

61 앞의 책. p.370.

62 P. 방 티겜 지음, 김종원 옮김.『비교문학』. 예림기획. 1999. p.87.

63 앞의 책. p.163.

64 문석우 외.『한국 근대 문학의 비교문학적 연구』. 한국학술정보. 2004.
    pp.230, 257.

65 앞의 책. p.251.

66 앞의 책. p.250.

67 김동인.「자기의 創造한 世界」,『김동인 전집 11卷』. 大衆書館. 1983.
    p.181.

68 김윤식.『김동인 연구』. 민음사. 2000. p.30.

69 앞의 책. p.480.

70 김윤식.『김동인 연구』. 민음사. 2000. p.149.

71 김학동.『比較文學論』. 새문사. 1990. p.34.

72 레프 톨스토이 지음, 박형규 옮김. 『부활 1』. 민음사. 2003. p.16.

73 김동인. 「약한 자의 슬픔」, 『김동인전집 7권』. 大衆書館. 1978. p.9.

74 앞의 책.

75 앞의 책. p.16.

76 레프 톨스토이 지음, 박형규 옮김. 『부활 1』. 민음사. 2003. p.102.

77 김동인. 「약한 자의 슬픔」, 『김동인전집 7권』. 大衆書館. 1978. p.13.

78 레프 톨스토이 지음, 박형규 옮김. 『부활 1』. 민음사. 2003. p.52.

79 김동인. 「약한 자의 슬픔」, 『김동인전집 7권』. 大衆書館. 1978. p.26.

80 레프 톨스토이 지음, 박형규 옮김. 『부활 1』. 민음사. 2003. p.199.

81 김동인. 「약한 자의 슬픔」, 『김동인전집 7권』. 大衆書館. 1978. p.26.

82 울리히 바이스슈타인, 이유형 옮김.『비교문학론』. 弘盛社. 1985. p.46.

83 김동인. 「약한 자의 슬픔」, 『김동인전집 7권』. 大衆書館. 1978. p.24.

84 레프 톨스토이 지음, 박형규 옮김. 『부활 1』. 민음사. 2003. p.24.

85 앞의 책. p.32.

86 앞의 책. p.16.

87 김동인. 「약한 자의 슬픔」, 『김동인전집 7권』. 大衆書館. 1978. p.13.

88 앞의 책. p.39.

89 앞의 책. p.45.

90 앞의 책. p.13.

91 레프 톨스토이 지음, 박형규 옮김. 『부활 1』. 민음사. 2003. p.32.

92 앞의 책. p.113.

93 김동인. 「약한 자의 슬픔」, 『김동인전집 7권』. 大衆書館. 1978. p.15.

94 레프 톨스토이 지음, 박형규 옮김. 『부활 1』. 민음사. 2003. p.112.

95 김동인. 「약한 자의 슬픔」, 『김동인전집 7권』. 大衆書館. 1978. p.15.

96 『온라인 표준국어대사전』 https://stdict.korean.go.kr/search/searchResult.do

97 레프 톨스토이 지음, 박형규 옮김. 『부활 1』. 민음사. 2003. p.17.

98 앞의 책. p.260.

99 김동인. 「약한 자의 슬픔」, 『김동인전집 7권』. 大衆書館. 1978. p.18.

100   앞의 책. p.34.

101   레프 톨스토이 지음, 박형규 옮김. 『부활 1』. 민음사. 2003. p.230.

102   앞의 책. p.22.

103   김동인. 「약한 자의 슬픔」, 『김동인전집 7권』. 大衆書館. 1978. p.42.

104   앞의 책. p.35.

105   레프 톨스토이 지음, 박형규 옮김. 『부활 1』. 민음사. 2003. p.231.

106   김동인. 「약한 자의 슬픔」, 『김동인전집 7권』. 大衆書館. 1978. p.38.

107   앞의 책. p.47.

108   『現代文學硏究 55輯-59輯』(1983~1984). 1987. 2. 16. 太學社. p.63.

109   레프 톨스토이 지음, 박형규 옮김. 『부활 1』. 민음사. 2003. p.18.

110   김동인. 「약한 자의 슬픔」, 『김동인전집 7권』. 大衆書館. 1978. p.52.

111   레프 톨스토이 지음, 박형규 옮김. 『부활 1』. 민음사. 2003. p.260.

112   앞의 책. p.117.

113   김동인. 「약한 자의 슬픔」, 『김동인전집 7권』. 大衆書館. 1978. p.39.

114   앞의 책. p.42.

115   김동인. 「약한 자의 슬픔」, 『김동인전집 7권』. 大衆書館. 1978. p.43.

116   P. 방 티겜 지음, 김종원 옮김. 『비교문학』. 예림기획. 1999. p.87.

117   앞의 책. p.66.

118   앞의 책. p.87.

119   김동인. 「약한 자의 슬픔」, 『김동인전집 7권』. 大衆書館. 1978. p.43.

120   앞의 책. p.22.

121   김동인. 『金東仁文學全集』. 三英社. 1984. p.23.

122   김윤식. 『김동인 연구(개정판)』. 민음사. 2000. p.34.

123   신동욱. 「김동인 문학의 하강적 미의식」; 이재선 외. 『김동인』. 서강대학
교출판부. 1998. p.29.

124   김윤식. 『韓國文學의 近代性 批判』. 문예출판사. 1993. p.143.

125   신동욱. 「김동인 문학의 하강적 미의식」; 이재선 외. 『김동인』. 서강대학
교출판부. 1998. p.29.

126   『現代文學硏究「55輯-59輯』(1983~1984). 1987. 2. 16. 太學社. p.63.

127   김동인. 「자기의 創造한 世界」, 『김동인전집 11권』. 大衆書館. 1983.

p.179.

128 김동인. 「Ⅱ 批評的 思考의 領域」, 『金東仁文學全集』. 三英社. 1984. p.21.

129 P. 방 티겜 지음, 김종원 옮김. 『비교문학』. 예림기획. 1999. p.60.

130 레프 톨스토이 지음, 박형규 옮김. 『부활 1』. 민음사. 2003. p.269.

131 앞의 책. p.363.

132 앞의 책. p.367.

133 김동인. 『金東仁文學全集』. 三英社. 1984. p.80.

134 『現代文學研究「55輯-59輯」』(1983~1984). 1987. 2. 16. 太學社. p.59.

135 김억. 「근대문예-자연주의, 신낭만주의(부 표상파 시가와 시인)」, 『개벽』 제19호. 1922. 1.

136 앞의 글.

137 앞의 글.

138 김동인. 「나의 문단 생활 20년 회고기」, 『김동인평론전집』. 삼영사. 1984. p.409.

139 郑彭年. 『日本西方文化摄取史』. 杭州大学出版社. 1996. p.289.

140 叶渭渠·唐月梅. 『日本20世纪文学史』. 青岛出版社. 1999. p.5.

141 앞의 책. p.6.

142 叶渭渠·唐月梅. 『日本20世纪文学史』. 青岛出版社. 1999. p.83.

143 「소설 작법」, 『조선중앙일보』. 1934. 15~22.

144 鲁迅. 『鲁迅回忆录(上中下)』. 北京出版社. 1991. p.1044.

145 周作人. 『关于鲁迅之二「<瓜豆集>」』. 河南教育出版社. 2002. p.165.

146 李喜所. 『近代留学生与中外文化』. 天津人民出版社. 1992. p.211.

147 박성창. 「자연주의 담론의 형상과 전개-플로베르·모파상·졸라의 수용을 중심으로」; 이건우 외. 『한국근현대문학의 프랑스문학수용』. 서울대학교출판문화원. 2009. p.119.

148 백대진. 「현대 조선에 '자연주의 문학'을 제창함」, 『신문계』 제29호. 1915. 12.

149 김억. 「근대문예-자연주의, 신낭만주의(부 표상파 시가와 시인)」, 『개벽』 제19호. 1922.

150 김억. 「근대문예-자연주의, 신낭만주의(부 표상파 시가와 시인)」, 『개벽』 제21호. 1922.

151 김억. 「예술적 생활」, 『개벽』 제6호. 1920. 12.

152 김동인. 「時評과 世評 '사람이 사는 참 모양'」, 『창조』 제7호. 1920. 7.

153 김억. 「근대문예-자연주의, 신낭만주의(부 표상파 시가와 시인)」, 『개벽』 제19호. 1922.

154 앞의 글.

155 앞의 글.

156 강인숙. 『자연주의 문학론』. 고려원. 1991. p.290.

157 앞의 책. p.290.

158 에밀 졸라 지음, 유기환 옮김. 『실험소설 외』. 책세상. 2007. p.158.

159 김동인. 「태형」, 『김동인전집 7권』. 大衆書館. 1978. p.234.

160 앞의 책. p.245.

161 앞의 책. p.235.

162 에밀 졸라. 『인간 짐승』. 문학동네. pp. 519, 569, 570, 571.

163 김동인. 「소설 작법」, 『김동인평론전집』. 삼영사. 1984. p.37.

164 강인숙. 『자연주의 문학론』. 고려원. 1991. p.201.

165 앞의 책. p.195.

166 앞의 책. p.200.

167 에밀 졸라 지음, 유기환 옮김. 『실험소설 외』. 책세상. 2007. p.84.

168 앞의 책. p.88.

169 에밀 졸라 지음, 이미혜 옮김. 『사랑의 한 페이지』. 장원. 1994. p.387.

170 에밀 졸라 지음, 유기환 옮김. 『실험소설 외』. 책세상. 2007. p.87.

171 金春美. 『金東仁硏究』. 高大民族文化硏究所出版部. 1985. p.236.

172 叶渭渠·唐月梅. 『日本20世纪文学史』. 青岛出版社. 1999. pp.75~76.

173 王向远. 『中日现代文学比较论』. 湖南教育出版社. 1998. p.63.

174 沈雁冰. 「为新文学研究者进一解」, 『小说月报』 第十三卷(6). 1920.

175 박성창. 「자연주의 담론의 형상과 전개-플로베르·모파상·졸라의 수용을 중심으로」; 이건우 외. 『한국근현대문학의 프랑스문학수용』. 서울대학교출판문화원. 2009. p.133.

176 김억. 「근대문예-자연주의, 신낭만주의(부 표상파 시가와 시인)」, 『개벽』 제19 호. 1922.

177 김억. 「근대문예-자연주의, 신낭만주의(부 표상파 시가와 시인)」, 『개벽』 제19 호. 1922.

178 「예술과 도덕의 관계」, 『개벽』 제6호. 1920. 12. p.36.

179 이건우 외. 『한국근현대문학의 프랑스문학수용』. 서울대학교출판문화 원. 2009. p.114.

180 앞의 책. p.121.

181 김억. 「근대문예-자연주의, 신낭만주의(부 표상파 시가와 시인)」, 『개벽』 제19 호. 1922.

182 윤채한. 『新문예 사조론』. 우리문학사. 1994. p.127.

183 이건우 외. 『한국근현대문학의 프랑스문학수용』. 서울대학교출판문화 원. 2009. p.122.

184 에밀 졸라 지음, 박명숙 옮김. 『제르미날 1』. 문학동네. 2014. p.27.

185 앞의 책. p.60.

186 앞의 책. p.48.

187 앞의 책. p.48.

188 에밀 졸라 지음, 유기환 옮김. 『목로주점 1』. 열린책들. 2011. pp.13~14.

189 앞의 책. p.145.

190 앞의 책. p.50.

191 앞의 책. p.204.

192 에밀 졸라 지음, 유기환 옮김. 『목로주점 2』. 열린책들. 2011. p.495.

193 김동인. 「감자」, 『김동인전집 7권』. 大衆書館. 1978. p.365.

194 앞의 책. p.368.

195 김동인. 「태형」, 『김동인전집 7권』. 大衆書館. 1978. p.235.

196 에밀 졸라 지음, 유기환 옮김. 『목로주점 2』. 열린책들. 2011. p.451.

197 앞의 책. p.181.

198 에밀 졸라 지음, 박명숙 옮김. 『제르미날 2』. 문학동네. 2014. p.137.

199 앞의 책. p.164.

200 앞의 책. pp. 161, 167, 100.

201 윤채한. 『新문예 사조론』. 우리문학사. 1994. p.130.

202 신곽균. 『서양문예사조』. 건국대학교출판부. 1993. p.174.

203 이건우 외. 『한국근현대문학의 프랑스문학수용』. 서울대학교출판문화원. 2009. p.115.

204 김동인. 「나의 소설」, 『김동인 문학전집 12』. 大衆書館. 1983. p.477.

205 이건우 외. 『한국근현대문학의 프랑스문학수용』. 서울대학교출판문화원. 2009. p.116.

206 左拉著, 毕修勺译. 『土地』. 山东文艺出版社. 1993. pp.460~461.

207 에밀 졸라 지음, 이철의 옮김. 『인간 짐승』. 문학동네. 2014. pp.513~514.

208 김동인. 「유서」, 『金東仁文學全集 7卷』. 大衆書林. 1983. p.301.

209 앞의 책. p.302.

210 앞의 책. p.303.

211 김동인. 「태형」, 『金東仁文學全集 7卷』. 大衆書林. 1983. p.246.

212 김동인. 「명문」, 『金東仁文學全集 7卷』. 大衆書林. 1983. p.358.

213 김동인. 「유서」, 『金東仁文學全集 7卷』. 大衆書林. 1983. p.299.

214 김동인. 「명문」, 『金東仁文學全集 7卷』. 大衆書林. 1983. p.360.

215 김동인. 「유서」, 『金東仁文學全集 7卷』. 大衆書林. 1983. p.299.

216 앞의 책. p.293.

217 앞의 책. pp.296, 298.

218 김동인. 「명문」, 『金東仁文學全集 7卷』. 大衆書林. 1983. p.360.

219 앞의 책. p.362.

220 김동인. 「유서」, 『金東仁文學全集 7卷』. 大衆書林. 1983. p.296.

221 앞의 책. p.296.

222 김동인. 「명문」, 『金東仁文學全集 7卷』. 大衆書林. 1983. p.359.

223 앞의 책. p.362.

224 앞의 책. p.358.

225 앞의 책. p.358.

226 에밀 졸라 지음, 김치수 옮김. 『나나』. 문학동네. 2014. p.563.

227 앞의 책. p.566.

228 김동인. 「약한 자의 슬픔」, 『金東仁文學全集 全12卷』. 大衆書林. 1983. p.110.

229 이건우 외. 『한국근현대문학의 프랑스문학수용』. 서울대학교출판문화원. 2009. p.125.

230 金春美. 『金東仁研究』. 高大民族文化研究所出版部. 1985. p.416.

231 김동인. 「감자」, 『金東仁文學全集 7卷』. 大衆書林. 1983. pp.369~370.

232 에밀 졸라 지음, 김치수 옮김. 『나나』. 문학동네. 2014. pp.600~601.

233 左拉著, 毕修勺译. 『土地』. 山东文艺出版社. 1993. p.461.

234 에밀 졸라 지음, 박명숙 옮김. 『제르미날 2』. 문학동네. 2014. p.121.

235 앞의 책. pp. 122~123.

236 김동인. 「약한 자의 슬픔」, 『金東仁文學全集 7卷』. 大衆書林. 1983. p.266.

237 이건우 외. 『한국근현대문학의 프랑스문학수용』. 서울대학교출판문화원. 2009. p.124.

238 左拉著, 毕修勺译. 『土地』. 山东文艺出版社. 1993. p.238.

239 김동인. 「태형」, 『金東仁文學全集 7卷』. 大衆書林. 1983. p.239.

240 김동인. 「감자」, 『金東仁文學全集 7卷』. 大衆書林. 1983. p.370.

241 에밀 졸라 지음, 김치수 옮김. 『나나』. 문학동네. 2014. p.566.

242 에밀 졸라 지음, 박이문 옮김. 『테레즈 라캥』. 문학동네. 2003. pp.105~106.

243 앞의 책. p.41.

244 앞의 책. p.49.

245 앞의 책. p.159.

246 앞의 책. p.135.

247 앞의 책. p.180.

248 앞의 책. 「서문」. p.9.

249 앞의 책. 「서문」. p.8.

250 앞의 책. 「서문」. p.9.

251 강인숙. 『김동인―작가의 생애와 문학』. 건국대학교출판부. 1994. p.12.

252 김윤식. 『김동인 연구』. 민음사. 2000. p.19.

253   앙리 미테랑 지음, 김미연 옮김.『졸라와 자연주의』. 1993. p.13.

254   앞의 책. p.17.

255   앞의 책. p.12.

256   鄭明煥.『졸라와 自然主義』. 민음사. 1982. p.13.

257   이광수.「朝鮮의 文學」,『李光洙全集 第16卷』. 三中堂. 1963. p.202.

258   이광수.「朝鮮小說史」,『李光洙全集 第16卷』. 三中堂. 1963. p.208.

259   김동리.『자연주의 (究竟)-김동인론』. 계간문예. 2013. 12. p.16.

260   앞의 책. p.25.

261   앞의 책. p.27.

262   강인숙.『김동인―작가의 생애와 문학』. 건국대학교출판부. 1994. p.13.

263   앞의 책. p.11.

264   앞의 책. p.13.

265   김동인.「文壇三十年史」,『김동인 문학전집 12』. 大衆書館. 1983. p.260.

266   강인숙.『김동인―작가의 생애와 문학』. 건국대학교출판부. 1994. p.13.

267   「外国文学评介丛书――左拉」,『世界文学评介丛书』. 海南出版社出版.
      1993.

268   『조선문단』제4호. 1925. 1.

269   에밀 졸라 지음, 이철의 옮김.『인간 짐승』. 문학동네. 2014. pp.12~13.

270   앞의 책. p.15.

271   『창조』제9호. 1921. 6.

272   「外国文学评介丛书――左拉」,『世界文学评介丛书』. 海南出版社出版.
      1993.

273   앞의 책.

274   에밀 졸라 지음, 박명숙 옮김.『제르미날 1』. 문학동네. 2014. p.48.

275   에밀 졸라 지음, 박명숙 옮김.『제르미날 2』. 문학동네. 2014. pp.322~323.

276   앞의 책. pp.369~370.

277   김동인.「文壇 30年의 照明」,『김동인평론전집』. 삼영사. 1984. p.430.

278   김동인.「태형」,『감자 외』.

279   左拉著, 毕修勺译.『土地』. 山东文艺出版社. 1993. p.240.

280   앞의 책. p.241.

281 「外国文学评介丛书——左拉」, 『世界文学评介丛书』. 海南出版社出版. 1993.

282 앙리 미테랑 지음, 김미연 옮김. 『졸라와 자연주의』. 탐구당. 1993. pp.20 ~21.

283 유기환. 『에밀 졸라』. 건국대학교출판부. 1996. p.25.

284 정명환. 『졸라와 自然主義』. 민음사. 1982. p.24.

285 에밀 졸라 지음, 유기환 옮김. 『실험소설 외』. 책세상. 2007. pp.17, 28.

286 정명환. 『졸라와 自然主義』. 민음사. 1982. p.18.

287 강인숙. 『김동인—작가의 생애와 문학』. 건국대학교출판부. 1994. p.10.

288 김동인. 「나의 文壇生活 二十年 回顧記」, 『김동인평론전집』. 삼영사. 1984. p.409.

289 김동인. 「Ⅱ文壇 30年의 照明」, 『김동인평론전집』. 삼영사. 1984. pp. 431~432.

290 白大鎭. 「二十世紀初頭歐洲諸大文學家를 追憶함」, 『신세계』 제5호. 1916. p.7.

291 崔承萬. 「文藝에 對한 雜感」, 『신문계』. 1920. p.8.

292 강인숙. 『자연주의 문학론 Ⅰ』. 고려원. 1991. p.71.

293 앞의 책. p.86.

294 앞의 책. p.86.

295 김동인. 「文壇 30年의 照明」, 『김동인평론전집』. 삼영사. 1984. pp. 430~431.

296 김동인. 「나의 文壇生活 二十年 回顧記」, 『김동인평론전집』. 삼영사. 1984. p.409

297 제프리 노웰 스미스 지음, 이순호 옮김. 『옥스퍼드 세계 영화사』. 열린책들. 2005. p.273.

298 피종호 외. 『유럽 영화 예술』. 한울아카데미. 2003. p.59.

299 김동인. 「유서」, 『金東仁文學全集 7』. 大衆書館. p.275.

300 앞의 책. pp.266, 269, 271, 273.

301 柯南道尔著, 原畅编译. 『福尔摩斯探案集「血字的研究」』. 吉林出版集团有限公司. 2011.

302 에드거 앨런 포 지음, 정익순 옮김. 『잃어버린 편지』. 이가출판사. 1997.

p.23.

"그 서류는 현재 그것을 가지고 있는 소유자에게 어떤 크나큰 위력을 발휘하는 어떤 부서에 대해 행할 수 있는 권력을 준답니다."

303   앞의 책. p.42.

"18개월 동안 장관은 그 귀부인을 자기 손아귀에 움켜쥐고 있었다."

304   앞의 책. p.42.

"이번에는 그가 그 귀부인에게 무릎을 꿇을 차례지."

305   앞의 책. p.40.

306   柯南道尔著, 原畅编译. 『福尔摩斯探案集』. 吉林出版集团有限公司. 2011. 1. pp.152~153.

307   에밀 졸라 지음, 이철의 옮김. 『인간 짐승』. 문학동네. 2014. p.582.

308   김동인. 「문단30년사」, 『金東仁文學全集 12』. 大衆書館. p.299.

309   에밀 졸라 지음, 이철의 옮김. 『인간 짐승』. 문학동네. 2014. p.91.

310   앞의 책. p.393.

311   앞의 책. pp.510, 513.

312   앞의 책. p.516.

313   앞의 책. pp.417~418.

314   김동인. 「유서」, 『金東仁文學全集 7』. 大衆書館. p.259.

315   앞의 책. p.269.

316   앞의 책. p.264.

317   앞의 책. p.266.

318   앞의 책. p.277.

319   앞의 책. p.295.

"설혹 하느님이 못 구원한다 할지라도 이 OO는 꼭 구원해 줄게."

320   앞의 책. p.296.

321   P. 방 티겜 지음, 김종원 옮김. 『비교문학』. 예림기획. 1999. p.68.

322   김동인. 「유서」, 『金東仁文學全集 7』. 大衆書館. p.272.

323   앞의 책. p.273.

324   에밀 졸라 지음, 이철의 옮김. 『인간 짐승』. 문학동네. 2014. pp.83~84.

325   앞의 책. p.303.

326   앞의 책. p.360.

327   앞의 책. p.394.

"자신의 기관차가 눈 속에서 멈춰 선 뒤로 더 이상 옛날의 그 튼튼하고 굳센 기관차가 아니라는 것을 잘 알고 있었기 때문이다. 아마도 라리종호는 피스톤과 슬러이드밸브 등을 수리하는 과정에서 자신의 영혼, 그러니까 조립을 어떻게 하느냐에 따라 결정되는 그 신비로운 생명의 균형감을 잃어버린 것 같았다. …… 수리의 요구를 매번 거부당하면서 라리종호는 골병이 들었고, 마땅히 취할 조치가 더는 아무것도 없다는 확신이 들면서 그는 점점 침울해졌다."

328   앞의 책. p.367.

329   앞의 책. p.514.

330   김동인. 「유서」, 『金東仁文學全集 7』. 大衆書館. p.277.

331   앞의 책. p.280.

332   앞의 책. p.276.

333   앞의 책. p.285.

334   앞의 책. p.284.

335   앞의 책. p.295.

336   에밀 졸라 지음, 이철의 옮김. 『인간 짐승』. 문학동네. 2014. pp.519, 569, 570, 571.

337   앞의 책. p.365.

338   앞의 책. p.367.

339   앞의 책. p.214.

340   앞의 책. pp.330, 334.

341   앞의 책. p.216.

342   앞의 책. p.336.

343   앞의 책. p.335.

344   앞의 책. p.444.

345   김동인. 「유서」, 『金東仁文學全集 7』. 大衆書館. p.272.

346   앞의 책. pp.265, 264.

347   앞의 책. p.280.

348   앞의 책. p.296.

349   앞의 책. p.296.

350   앞의 책. p.296.

351   에밀 졸라 지음, 이철의 옮김. 『인간 짐승』. 문학동네. 2014. pp.85, 86, 363, 407.

352   김동인. 「유서」, 『金東仁文學全集 7』. 大衆書館. p.259.

353   앞의 책. p.260.

354   앞의 책. pp.265, 279, 277.

355   에밀 졸라 지음, 이철의 옮김. 『인간 짐승』. 문학동네. 2014. p.85.

356   김동인. 「유서」, 『金東仁文學全集 7』. 大衆書館. p.277.

357   『中韓辭典』. 高大民族文化研究院. 中國語大辭典編纂室. 2002. 2.

358   김동인. 「유서」, 『金東仁文學全集 7』. 大衆書館. p.287.

359   앞의 책. p.285.

360   에밀 졸라 지음, 박명숙 옮김. 『제르미날 2』. 문학동네. 2014. pp.403~ 404.

361   김동인. 「배회」, 『金東仁全集 全7卷』. 大衆書館. 1983. p.419.

362   앞의 책. p.424.

363   에밀 졸라 지음, 박명숙 옮김. 『제르미날 1』. 문학동네. 2014. p.257.

364   앞의 책. p.258.

365   앞의 책. p.374.

366   앞의 책. p.227.

367   김동인. 「배회」, 『金東仁全集 全7卷』. 大衆書館. 1983. p.433.

368   에밀 졸라 지음, 박명숙 옮김. 『제르미날 1』. 문학동네. 2014. p.224

369   김동인. 「배회」, 『金東仁全集 全7卷』. 大衆書館. 1983. p.421.

370   앞의 책. p.436.

371   앞의 책. p.436.

372   에밀 졸라 지음, 박명숙 옮김. 『제르미날 1』. 문학동네. 2014. p.274.

373   앞의 책. p.372.

374   김동인. 「배회」, 『金東仁全集 全7卷』. 大衆書館. 1983. p.433.

375   앞의 책. p.438.

376   에밀 졸라 지음, 박명숙 옮김. 『제르미날 1』. 문학동네. 2014. p.259.

377   앞의 책. p.265.

378   김동인. 「배회」, 『金東仁全集 全7卷』. 大衆書館. 1983. pp.425, 427, 438.

379   에밀 졸라 지음, 박명숙 옮김. 『제르미날 1』. 문학동네. 2014. p.452.

380   앞의 책. p.451.

381   앞의 책. p.327.

382   앞의 책. p.126.

383   앞의 책. pp.369~370.

384   김동인. 「배회」, 『金東仁全集 全7卷』. 大衆書館. 1983. p.420.

385   앞의 책. p.420.

386   에밀 졸라 지음, 박명숙 옮김. 『제르미날 2』. 문학동네. 2014. p.422.

387   앞의 책. p.167.

388   앞의 책. p.139.

389   김동인. 「배회」, 『金東仁全集 全7卷』. 大衆書館. 1983. p.424.

390   앞의 책. p.412.

391   앞의 책. p.435.

392   김동인. 「배회」, 『金東仁全集 全7卷』. 大衆書館. 1983. p.412.

393   에밀 졸라 지음, 박명숙 옮김. 『제르미날 2』. 문학동네. 2014. p.452.

394   김동인. 「배회」, 『金東仁全集 全7卷』. 大衆書館. 1983. pp.434~435.

395   앞의 책. p.417.

396   에밀 졸라 지음, 박명숙 옮김. 『제르미날 2』. 문학동네. 2014. p.422.

397   앞의 책. p.75.

398   앞의 책. p.92.

399   앞의 책. p.94.

400   앞의 책. p.95.

401   앞의 책. p.137.

402   앞의 책. p.243.

403   앞의 책. p.246.

404   앞의 책. p.248.

405   앞의 책. p.107.

406   앞의 책. pp.387~388.

407   에밀 졸라 지음, 박명숙 옮김. 『제르미날 1』. 문학동네. 2014. p.77.

408   앞의 책. p.136.

409   앞의 책. p.224.

410   앞의 책. p.354.

411   김동인. 「배회」, 『金東仁全集 全7卷』. 大衆書館. 1983. p.412.

412   앞의 책. p.436.

413   앞의 책. p.423.

414   에밀 졸라 지음, 박명숙 옮김. 『제르미날 1』. 문학동네. 2014. p.102.

415   앞의 책. p.117.

416   앞의 책. p.117.

417   앞의 책. pp.115~116.

418   앞의 책. p.257.

419   앞의 책. p.257.

420   앞의 책. p.256.

421   앞의 책. p.259.

422   앞의 책. p.357.

423   에밀 졸라 지음, 박명숙 옮김. 『제르미날 2』. 문학동네. 2014. p.138.

424   에밀 졸라 지음, 박명숙 옮김. 『제르미날 1』. 문학동네. 2014. p.353.

425   앞의 책. p.395.

426   에밀 졸라 지음, 박명숙 옮김. 『제르미날 2』. 문학동네. 2014. p.368.

427   김동인. 「배회」, 『金東仁全集 全7卷』. 大衆書館. 1983. p.413.

428   앞의 책. p.421.

429   앞의 책. p.421.

430   앞의 책. p.430.

431   앞의 책. p.429.

432   앞의 책. p.417.

433   앞의 책. p.412.

434   앞의 책. p.437.

435   앞의 책. pp.434~435.

436   에밀 졸라 지음, 박명숙 옮김.『제르미날 1』. 문학동네. 2014. p.221.

437   앞의 책. p.220.

438   김동인.「배회」,『金東仁全集 全7卷』. 大衆書館. 1983. p.415.

439   앞의 책. p.416.

440   에밀 졸라 지음, 박명숙 옮김.『제르미날 1』. 문학동네. 2014. p.111.

441   앞의 책. p.175.

442   앞의 책. p.428.

443   김동인.「배회」,『金東仁全集 全7卷』. 大衆書館. 1983. p.434.

444   에밀 졸라 지음, 박명숙 옮김.『제르미날 1』. 문학동네. 2014. p.415.

445   앞의 책. p.425.

446   앞의 책. p.355.

447   앞의 책. p.259.

448   앞의 책. p.376.

449   앞의 책. p.225.

450   앞의 책. p.227.

451   앞의 책. p.274.

452   김동인.「배회」,『金東仁全集 全7卷』. 大衆書館. 1983. p.419.

453   앞의 책. p.423.

454   앞의 책. p.433.

455   앞의 책. p.438.

456   에밀 졸라 지음, 박명숙 옮김.『제르미날 1』. 문학동네. 2014. p.50.

457   김동인.「배회」,『金東仁全集 全7卷』. 大衆書館. 1983. p.414.

458   에밀 졸라 지음, 박명숙 옮김.『제르미날 1』. 문학동네. 2014. p.50.

459   앞의 책. p.247.

460   김동인.「배회」,『金東仁全集 全7卷』. 大衆書館. 1983. pp.414, 416.

461   에밀 졸라 지음, 박명숙 옮김.『제르미날 1』. 문학동네. 2014. p.50.

462   김동인. 「배회」, 『金東仁全集 全7卷』. 大衆書館. 1983. p.414.

463   에밀 졸라 지음, 박명숙 옮김. 『제르미날 1』. 문학동네. 2014. p.51.

464   앞의 책. p.238.

465   앞의 책. p.398.

466   앞의 책. pp.398~421.

467   김동인. 「배회」, 『金東仁全集 全7卷』. 大衆書館. 1983. p.421.

468   에밀 졸라 지음, 박명숙 옮김. 『제르미날 1』. 문학동네. 2014. p.425.

469   앞의 책. p.398.

470   앞의 책. p.396.

471   김동인. 「배회」, 『金東仁全集 全7卷』. 大衆書館. 1983. p.416.

472   앞의 책. p.425.

473   에밀 졸라 지음, 박명숙 옮김. 『제르미날 1』. 문학동네. 2014. p.265.

474   앞의 책. p.430.

475   김동인. 「배회」, 『金東仁全集 全7卷』. 大衆書館. 1983. p.421.

476   앞의 책. p.426.

477   앞의 책. p.427.

478   에밀 졸라 지음, 박명숙 옮김. 『제르미날 1』. 문학동네. 2014. p.252.

479   앞의 책. p.144.

480   김동인. 「배회」, 『金東仁全集 全7卷』. 大衆書館. 1983. p.413.

481   앞의 책. p.416.

482   앞의 책. p.414.

483   앞의 책. p.415.

484   에밀 졸라 지음, 박명숙 옮김. 『제르미날 1』. 문학동네. 2014. p.278.

485   김동인. 「배회」, 『金東仁全集 全7卷』. 大衆書館. 1983. p.413.

486   앞의 책. p.415.

487   앞의 책. p.416.

488   에밀 졸라 지음, 박명숙 옮김. 『제르미날 1』. 문학동네. 2014. p.151.

489   김동인. 「배회」, 『金東仁全集 全7卷』. 大衆書館. 1983. p.412.

490   에밀 졸라 지음, 박명숙 옮김. 『제르미날 1』. 문학동네. 2014. p.77.

491   앞의 책. p.77.

492   鄭明煥.『졸라와 自然主義』. 민음사. 1982. p.78.

493   에밀 졸라 지음, 박명숙 옮김.『제르미날 1』. 문학동네. 2014. p.89.

494   앞의 책. p.91.

495   앞의 책. p.91.

496   앞의 책. p.92.

497   앞의 책. p.280.

498   앞의 책. p.281.

499   앞의 책. p.282.

500   앞의 책. p.285.

501   앞의 책. p.285.

502   앞의 책. p.286.

503   앞의 책. p.287.

504   앞의 책. p.71.

505   앞의 책. p.62.

506   앞의 책. p.119.

507   앞의 책. p.394.

508   앞의 책. p.405.

509   앞의 책. p.398.

510   에밀 졸라 지음, 박명숙 옮김.『제르미날 2』. 문학동네. 2014. p.367.

511   김동인.「배회」,『金東仁全集 全7卷』. 大衆書館. 1983. p.418.

512   앞의 책. p.418.

513   앞의 책. p.413.

514   앞의 책. p.425.

515   앞의 책. p.435.

516   앞의 책. p.436.

517   에밀 졸라 지음, 박명숙 옮김.『제르미날 1』. 문학동네. 2014. p.77.

518   앞의 책. p.48.

519   에밀 졸라 지음, 박명숙 옮김.『제르미날 2』. 문학동네. 2014. p.77.

520   김동인. 「배회」, 『金東仁全集 全7卷』. 大衆書館. 1983. p.417.

521   앞의 책. p.424.

522   앞의 책. p.425.

523   앞의 책. p.430.

524   鄭明煥. 『졸라와 自然主義』. 민음사. 1982. p.60.

525   앞의 책. p.58.

526   에밀 졸라 지음, 박명숙 옮김. 『제르미날 2』. 문학동네. 2014. pp.77~78.

527   앞의 책. p.136.

528   앞의 책. p.334.

529   김동인. 「문단 30년의 자취」, 『김동인평론전집』. 삼영사. 1984. p.433.

530   앞의 책. p.433.

531   앞의 책. p.433.

532   강인숙. 『자연주의 문학론 Ⅰ』. 고려원. 1991. p.322.

533   앞의 책. p.298.

534   강인숙. 『자연주의 문학론 Ⅱ』. 고려원. 1991. p.18.

535   강인숙. 『자연주의 문학론 Ⅰ』. 고려원. 1991. p.323.

536   김동인. 「근대 소설의 승리」, 『金東仁平論全集』. 삼영사. 1984. p.52.

537   안영희. 『한일 근대소설의 문체 성립―다야마 가타이·이와노 호메이·김동인』. 소명출판. 2011. p.16.

538   앞의 책. p.40.

539   김동인. 「약한 자의 슬픔」, 『金東仁全集 全7卷』. 大衆書館. 1983. p.39.

540   안영미. 『한일 근대소설의 문체 성립―다야마 가타이·이와노 호메이·김동인』. 소명출판. 2011. p.41.

541   김동인. 「나와 소설」, 『김동인평론전집』. 삼영사. 1984. p.79.

542   김동인. 「소설 작법」, 『김동인평론전집』. 삼영사. 1984. p.44.

543   김동인. 「약한 자의 슬픔」, 『金東仁全集 全7卷』. 大衆書館. 1983. pp.23~24.

544   앞의 책. p.9.

545   앞의 책. p.31.

546   김동인. 「마음이 옅은 자여」, 『金東仁全集 全7卷』. 大衆書館. 1983.

pp.136~137.

547   앞의 책. pp.58~59.

548   앞의 책. p.59.

549   김동인. 『김동인평론전집』. 삼영사. 1984. pp.46~47.

550   앞의 책. p.47.

551   안영희. 『한일 근대소설의 문체 성립―다야마 가타이·이와노 호메이·김
       동인』. 소명출판. 2011. p.233.

552   앞의 책. pp.260~261.

553   앞의 책. p.258.

554   앞의 책. p.235.

555   앞의 책. p.235.

556   앞의 책. p.258.

557   강인숙. 『자연주의 문학론 Ⅱ』. 고려원. 1991. p.301.

558   앞의 책. p.387.

559   안영희. 『한일 근대소설의 문체 성립―다야마 가타이·이와노 호메이·김
       동인』. 소명출판. 2011. p.15.

560   김동인. 『김동인평론전집』. 삼영사. 1984.

561   안영희. 『한일 근대소설의 문체 성립―다야마 가타이·이와노 호메이·김
       동인』. 소명출판. 2011. p.258.

562   김동인. 「감자」, 『金東仁全集 全7卷』. 大衆書館. 1983. p.368.

563   안영희. 『한일 근대소설의 문체 성립―다야마 가타이·이와노 호메이·김
       동인』. 소명출판. 2011. p.123.

564   앞의 책. p.95.

565   앞의 책. p.97.

566   앞의 책. p.96.

567   이숭녕. 『중세국어문법』. 을유문화사. 1961. p.164.

568   안영희. 『한일 근대소설의 문체 성립―다야마 가타이·이와노 호메이·김
       동인』. 소명출판. 2011. p.111.

569   김동인. 「약한 자의 슬픔」, 『金東仁全集 全7卷』. 大衆書館. 1983. p.48.

570   김동인. 「망국인기」, 『金東仁平論全集』. 參英社. 1984. p.518.

571   안영희.『한일 근대소설의 문체 성립—다야마 가타이·이와노 호메이·김
       동인』. 소명출판. 2011. p.120.

572   장혜영.『한국 전통문화의 허울을 벗기다』. 어문학사. 2010. pp.267~
       268.

573   李賦宁编.『英语史』. 商务印书馆. 2005. p.50.

574   『英国中古时期文学史』. 外语教学与研究出版社. 2005. pp.3, 5.

575   김동인.「망국인기」,『金東仁平論全集』. 參英社. 1984. pp.518, 434.

576   김동인.「약한 자의 슬픔」,『金東仁全集 全7卷』. 大衆書館. 1983. pp.
       23, 23, 29, 29.

577   김동인.「명문」,『金東仁全集 全7卷』. 大衆書館. 1983. p.356.

578   앞의 책. p.359.

579   김동인.「망국인기」,『金東仁平論全集』. 參英社. 1984. p.518.

580   앞의 책. p.424.

581   박진수.「한국·일본의 소설과 '언문일치체'—근대적 시점과 서술양식의
       형성과정」,『일본학연구』제21집. 2007. p.147.

582   안영희.『한일 근대소설의 문체 성립—다야마 가타이·이와노 호메이·김
       동인』. 소명출판. 2011. p.126.

583   박진수.「한국·일본의 소설과 '언문일치체'—근대적 시점과 서술양식의
       형성과정」,『일본학연구』제21집. 2007. p.143.

584   앞의 책. p.146.

585   앞의 책. p.148.

586   안영희.『한일 근대소설의 문체 성립—다야마 가타이·이와노 호메이·김
       동인』. 소명출판. 2011. p.153.

587   앞의 책. p.153.

588   김동인.「문단 30년의 자취」,『金東仁平論全集』. 參英社. 1984. p.424.

589   앞의 책. p.424.

590   김동인.「망국인기」,『金東仁平論全集』. 參英社. 1984. pp.518~519.

591   김동인.「문단 30년의 자취」,『金東仁平論全集』. 參英社. 1984. p.424.

592   박진수.「한국·일본의 소설과 '언문일치체'—근대적 시점과 서술양식의
       형성과정」,『일본학연구』제21집. 2007. p.150.

593   李孝德 지음, 박성관 옮김.『표상 공간의 근대』. 소명출판. 2002. p.54.

594   앞의 책. p.76.

595   앞의 책. p.69.

596   앞의 책. p.111.

597   앞의 책. p.118.

598   박진수. 「한국·일본의 소설과 '언문일치체'—근대적 시점과 서술양식의 형성과정」, 『일본학연구』 제21집. 2007. p.142.

599   안영희. 『한일 근대소설의 문체 성립—다야마 가타이·이와노 호메이·김동인』. 소명출판. 2011. p.155.

600   김동인. 『金東仁平論全集』. 參英社. 1984.

601   이광수. 『무정(無情)』. 세계문학전집250. 민음사. 2010. p.29.

602   김동인. 「약한 자의 슬픔」, 『감자 외』. 문학사상사. 1993. pp.45~46.

603   박진수. 「한국·일본의 소설과 '언문일치체'—근대적 시점과 서술양식의 형성과정」, 『일본학연구』 제21집. 2007. p.150.

604   앞의 책. p.145.

605   강인숙. 『자연주의 문학론 Ⅰ』. 고려원. 1991. p.142.

606   앞의 책. p.147.

607   叶渭渠·唐月梅. 『20世纪日本文学史』. 青岛出版社. 1999. 1. p.49.

608   강인숙. 『자연주의 문학론 Ⅰ』. 고려원. 1991. p.464.

609   앞의 책. p.469.

610   에밀 졸라 지음, 유기환 옮김. 『실험소설 외』. 책세상. 2007. p.22.

611   앞의 책. p.73.

612   叶渭渠·唐月梅. 『20世纪日本文学史』. 青岛出版社. 1999. p.61.

613   정명훈. 『졸라와 自然主義』. 민음사. 1982. p.148.

614   에밀 졸라 지음, 박명숙 옮김. 『제르미날 2』. 문학동네. 2014. p.323.

615   에밀 졸라 지음, 박명숙 옮김. 『제르미날 1』. 문학동네. 2014. p.98.

616   에밀 졸라 지음, 박명숙 옮김. 『제르미날 2』. 문학동네. 2014. p.323.

617   叶渭渠·唐月梅. 『20世纪日本文学史』. 青岛出版社. 1999. p.61.

618   다야마 가타이 지음, 한영옥 옮김. 『삶(生)』. 소화. 1998. p.122.

619   다야마 가타이 지음, 김욱송 옮김. 『시골선생』. 숲. 2006. p.101.

620   앞의 책. p.159.

621 김동인. 「창작수첩」, 『金東仁平論全集』. 參英社. 1984. p.262.

622 강인숙. 『자연주의 문학론 Ⅰ』. 고려원. 1991. p.155.

623 앞의 책. p.149.

624 에밀 졸라 지음, 유기환 옮김. 『실험소설 외』. 책세상. 2007. p.68.

625 앞의 책. p.42.

626 정명훈. 『졸라와 自然主義』. 민음사. 1982. p.148.

627 앞의 책. pp.124~125.

628 앞의 책. p.123.

629 에밀 졸라 지음, 유기환 옮김. 『실험소설 외』. 책세상. 2007. p.42.

630 앞의 책. p.43.

631 叶渭渠·唐月梅. 『20세기 일본 문학사』. 青岛出版社. 1999. p.61.

632 강인숙. 『자연주의 문학론 Ⅰ』. 고려원. 1991. p.153.

633 에밀 졸라 지음, 유기환 옮김. 『실험소설 외』. 책세상. 2007. p.40.

634 강인숙. 『자연주의 문학론 Ⅰ』. 고려원. 1991. p.55.

635 앞의 책. p.55.

636 김동인. 「근대 소설의 승리」, 『金東仁平論全集』. 參英社. 1984. p.53.

637 김동인. 「조선근대소설고」, 『金東仁平論全集』. 參英社. 1984. p.68.

638 한영원. 『한국 신문연재소설의 사적 연구』. 푸른사상. 2010.

639 김동인. 「조선근대소설고」, 『金東仁平論全集』. 參英社. 1984. p.68.

640 앞의 책. p.69.

641 백철. 『김동인 선생의 인간과 예술』. 신천지. 1953. pp.271~272.

642 현창우. 『김동인의 탐미주의』. 자유문학. 1961. p.219.

643 김상규. 「오스카 와일드와 김동인에 대한 비교연구」, 『어문학』 제7호. 한국어문학회. 1961. 3. 31.

644 앞의 글.

645 최원규. 「東仁의 미美의식에 대하여」, 『어문연구』 제5호. 충남대 어문연구회. 1967. 11. 16.

646 전혜자. 『김동인과 오스커리즘』. 국학자료원. 2003. p.17.

647 김은전. 『동인 문학과 유미주의』. 서울대사대. 1976. p.181.

648 앞의 책. p.181.

649 구창환. 「다니자키 준이치로 및 오스카 와일드와 비교해 본 김동인의 탐미주의」, 『조선대어문학론』. 1968. p.53.

650 김혜정. 『김동인의 유미주의 연구』. 건국대대학원 석사논문. 2003.

651 구인환. 『한국 근대 소설연구』. 삼영사. 1977. p.187.

652 강인숙. 「유미주의의 한계」, 『한국현대작가연구』. 大韓公論社. 1971.

653 김동인. 「文壇懷古」, 『김동인평론전집』. 三英社. 1984. p.383.

654 『학지광』 제3호. 1914. 12.

655 『근대사조』. 1916. 1.

656 앞의 책. p.11.

657 앞의 책. p.142.

658 오스카 와일드 지음, 한명남 옮김. 『도리언 그레이 초상/살로메』. 동서문화사. 2012. p.32.

659 앞의 책. p.23.

660 앞의 책. pp.33~34.

661 김동인. 「광염 소나타」, 『감자 외』. 문학사상사. 1993. p.268.

662 오스카 와일드 지음, 이보영 옮김. 『오스카 와일드 예술평론』. 예림기획. 2001. p.25.

663 전혜자. 『김동인과 오스커리즘』. 국학자료원. 2003. p.73.

664 오스카 와일드 지음, 이보영 옮김. 『오스카 와일드 예술평론』. 예림기획. 2001. pp.253~254.

665 김동인. 「광화사」, 『金東仁全集 全8卷』. 大衆書館. 1983. pp.170~171.

666 오스카 와일드 지음, 한명남 옮김. 『도리언 그레이 초상/살로메』. 동서문화사. 2012. p.106.

667 앞의 책. pp.110~111.

668 앞의 책. p.115.

669 앞의 책. p.117.

670 앞의 책. p.129.

671 앞의 책. p.177.

672 앞의 책. p.181.

673 전혜자. 『김동인과 오스커리즘』. 국학자료원. 2003. p.40.

674 앞의 책. pp.44~45.

675 오스카 와일드 지음, 최성진 옮김. 『아서 새빌 경의 범죄』. 북이데아. 2009. p.42.

676 앞의 책. p.47.

677 앞의 책. p.70.

678 김동인. 「광화사」, 『金東仁全集 全8卷』. 大衆書館. 1983. p.179.

679 김동인. 「광염 소나타」, 『金東仁全集 全8卷』. 大衆書館. 1983. p.398.

680 오스카 와일드 지음, 이보영 옮김. 『오스카 와일드 예술평론』. 예림기획. 2001. p.236.

681 전혜자. 『김동인과 오스커리즘』. 국학자료원. 2003. p.86.

682 임노월. 『춘희(외)』. 범우사. 2005. p.57.

683 앞의 책. p.59.

684 앞의 책. p.62.

685 앞의 책. p.62.

686 앞의 책. p.143.

687 C.보들레르 지음, 박은수 옮김. 「꽃들의 머리말」, 『보들레르 시 전집』. 민음사. 1995. p.347.

688 앞의 책. 「아름다움의 찬가」. p.16.

689 앞의 책. 「살인자의 술」. pp.207~209.

690 전혜자. 『김동인과 오스커리즘』. 국학자료원. 2003. p.87.

691 김동인. 「朝鮮近代小說考」, 『김동인평론전집』. 三英社. 1984. p.48.

692 이재용. 『이광수와 김동인의 역사소설 연구』. 인하대학원 박사학위논문. 2013. p.36.

693 오스카 와일드 지음, 이보영 옮김. 『오스카 와일드 예술평론』. 예림기획. 2001. p.185.

694 임노월. 『춘희(외)-대화 편』. 범우사. 2005. p.169.

695 오스카 와일드 지음, 이보영 옮김. 『오스카 와일드 예술평론』. 예림기획. 2001. p.236.

696 임노월. 『춘희(외)-대화 편』. 범우사. 2005. p.169.

697 오스카 와일드 지음, 한명남 옮김. 『도리언 그레이 초상/살로메』. 동서

문화사. 2012. p.432.

698   앞의 책. p.432.

699   앞의 책.「경이와 비애에서」. p.184.

700   앞의 책.「경이와 비애에서」. p.184.

701   앞의 책. p.253.

702   앞의 책. p.252.

703   임노월.『춘희(외)-소설 편』. 범우사. 2005. pp.62, 64.

704   C·보들레르 지음, 박은수 옮김.『보들레르 시 전집』. 민음사. 1995. p.209.

705   앞의 책. p.347.

706   앞의 책. p.358.

707   임노월.『춘희(외)-시 편』. 범우사. 2005. p.30.
       "청춘과 환락은 비애의 종자일러라"

708   김동인.「광화사」,『金東仁全集 全8卷』. 大衆書館. 1983. p.177.

709   김동인.「광염 소나타」,『金東仁全集 全8卷』. 大衆書館. 1983. p.396.

710   전혜자.『김동인과 오스커리즘』. 국학자료원. 2003. p.74.

711   김동인.「광화사」,『金東仁全集 全8卷』. 大衆書館. 1983. p.164.

712   앞의 책. p.166.

713   앞의 책. p.174.

714   앞의 책. p.176.

715   오스카 와일드 지음, 한명남 옮김.『도리언 그레이 초상/살로메』. 동서 문화사. 2012. p.46.

716   김동인.「광화사」,『金東仁全集 全8卷』. 大衆書館. 1983. p.169.

717   앞의 책. p.169.

718   김동인.「광염 소나타」,『金東仁全集 全8卷』. 大衆書館. 1983. p.397.

719   앞의 책. p.392.

720   정인문.『1910·20년대의 한일 근대문학 교류사』. 제이앤씨. 2003. p.233.

721   강인숙.『자연주의 문학론 I』. 고려원 1991. p.475.

722   김춘미.『김동인 연구』. 고대민족문화연구소출판부. 1985. p.225.

723   앞의 책. p.199.

724   앞의 책. p.220.

725   앞의 책. p.198.

726   김동인. 「광화사」, 『金東仁全集 全8卷』. 大衆書館. 1983. p.169.

727   정인문. 『1910·20년대의 한일 근대문학 교류사』. 제이앤씨. 2003.
       p.230.

728   앞의 책. p.202.

729   앞의 책. p.220.

730   앞의 책. p.220.

731   다니자키 준이치로 지음, 김용기 등 옮김. 『다니자키 단편집 「문신(刺
       青)」』. 책사랑. 2014. p.22.

732   金龍紀. 『다니자키 준이치로(谷崎潤一郎)의 생애와 작품』. 보고사. 2001.
       p.206.

733   다니자키 준이치로 지음, 김용기 옮김. 「문신(刺青)」, 『다니자키 준이치로
       단편집』. 책사랑. 2014. p.18.

734   앞의 책. p.17.

735   김춘미. 『다니자키 준이치로-영원한 여체미의 동경』. 건국대학교출판부
       1996. p.52.

736   谷崎润一郎著, 竺家荣译. 『疯癫老人日记』. 上海译文出版社. 2010.6.
       p.126.

       感受到她全身的重压，感到疼痛，感到她脚底的光滑……我一边哭
       泣一边叫喊：＂疼死了！疼死了！＂＂疼是疼，可我高兴极了，比活着
       的时候高兴一百倍。＂＂使劲踩啊！再使劲一些！＂

737   다니자키 준이치로 지음, 김용기 옮김. 「문신(刺青)」, 『다니자키 준이치로
       단편집』. 책사랑. 2014. p.16.

738   앞의 책. pp.16~17.

739   김동인. 「광화사」, 『金東仁全集 全8卷』. 大衆書館. 1983. p.177~178.

740   앞의 책. p.177.

741   앞의 책. p.167.

742   앞의 책. p.177.

743   권희주. 『아쿠타가와 류노스케(芥川龍之介)의 지옥변(地獄変)론』. 고려대박

사학위논문. 2005.

744   아쿠타가와 류노스케 지음, 양윤옥 옮김. 『지옥변』. 시공사. 2011. p.95.

745   앞의 책. p.100.

746   앞의 책. p.121.

747   앞의 책. pp.108~109.

       "죄인은 어찌하겠는가." …… "저는 쇠사슬에 묶인 자를 본 적이 있습니
다. 괴조에게 쫓기는 자의 모습도 자세히 보고 그렸습니다. 그러니 죄인
이 형벌에 고통받는 모습을 모른다고는 할 수 없지요."

748   앞의 책. p.121.

749   김동인. 「광염 소나타」, 『감자 외』. 문학사상사. 1993. p.267.

750   정인문. 『1910·20년대의 한일 근대문학 교류사』. 제이앤씨. 2003. p.193.

751   아쿠타가와 류노스케 지음, 양윤옥 옮김. 『지옥변』. 시공사. 2011. p.118.

752   앞의 책. p.116.

753   앞의 책. p.106.

754   앞의 책. p.118.

755   김동인. 「광염 소나타」, 『金東仁全集 全8卷』. 大衆書館. 1983. p.398.

756   鄭寅汶. 「金東仁과 芥川龍之介 文學의 죽음의 문제」, 『芥川龍之介作
品硏究(1)』. 제이앤씨. 2001. pp.142, 127.

757   앞의 책. p.127.

758   앞의 책. p.128.

759   앞의 책. p.130.

760   앞의 책. p.133.

761   앞의 책. p.133.

762   앞의 책. p.127.

763   앞의 책. p.133.

764   아쿠타가와 류노스케 지음, 양윤옥 옮김. 『지옥변』. 시공사. 2011. p.118.

765   앞의 책. pp.117~118.

766   앞의 책. pp.119~120.

767   앞의 책. p.122.

768   김동인. 「광염 소나타」, 『金東仁全集 全8卷』. 大衆書館. 1983. p.390.

769 정명환.『졸라와 自然主義』. 민음사. 1982. p.18.

770 앞의 책. p.18.

771 이동하.「김동인의 삶과 문학」,『한국 문학의 현대적 해석 16 김동인』. 서강대학교출판부. 1998. p.237.

772 김동인.「광염 소나타」,『金東仁全集 全8卷』. 大衆書館. 1983. p.171.

773 김동인.「杏村에서-英雄崇拜」,『김동인평론전집』. 삼영사. 1984. pp. 360~361.